Eilers / Storch

Dolce Vita mit Diabetes

Für Pulce und Theo, Gustl und Ludwig

Giovanna Eilers & Maja Storch

Dolce Vita mit Diabetes

Ein genussvoller Leitfaden für den Umgang mit Diabetes

Bibliografische Information der Deutschen Nationalbibliothek
Die Deutsche Nationalbibliothek verzeichnet diese Publikation in der Deutschen Nationalbibliografie; detaillierte bibliografische Daten sind im Internet über http://dnb.d-nb.de abrufbar.

Anregungen und Zuschriften bitte an:
Hogrefe AG
Lektorat Psychologie
Länggass-Strasse 76
CH-3000 Bern 9
Telefon: 0041 (0)31 300 45 00
E-Mail: verlag@hogrefe.ch
Internet: www.hogrefe.ch

Programmleitung: Dr. Susanne Lauri
Bearbeitung: Maria Schorpp, Konstanz
Herstellung: Daniel Berger
Gesamtgestaltung und Illustrationen: Claude Borer, Riehen
Druck und buchbinderische Verarbeitung: Finidr s.r.o., Český Těšín
Printed in Czech Republic

1. Auflage 2016

(E-Book-ISBN_PDF 978-3-456-95543-8)
(E-Book-ISBN_EPUB 978-3-456-75543-4)
ISBN 978-3-456-85543-1

Inhalt

Danksagung und Vorwort von Giovanna Eilers 7

1 Die Hauptpersonen 9

1.1 Elvira 10
1.2 Leander 22
1.3 Renate 34
1.4 Steffi 42
1.5 Christoph 56

2 Das Dolce-Vita-Ressourcenmanagement 71

2.1 Der Strudelwurm 76
2.2 Der Strudelwurm und Selbstmanagement 84
2.3 Der gewürgte Wurm bei Diabetes 93
2.4 Den Strudelwurm ins Boot holen mit Wunschelementen 112
2.5 Den Ideenkorb auswerten mit dem Strudelwurm 132
2.6 Den Wurm motivieren mit Motto-Zielen 140
2.7 Ein Motto-Ziel bauen 151
2.8 Was das Motto-Ziel alles kann 162
2.9 Erinnerungshilfen festlegen 173
2.10 Selbstcoaching mit dem Situationstypen-ABC 189

3 Das Einzelcoaching von Renate 211

3.1 Erste Sitzung 212

3.2 Zweite Sitzung ... 219
3.3 Dritte Sitzung ... 225

4 Theoretischer Rundflug: Wieso Diäten nicht gegen Diabetes helfen ... 233

4.1 Gewicht und Gesundheit ... 238
4.2 Gewicht und Diabetes ... 246
4.3 Gewichtsabnahme und Ernährung ... 249

5 Die Selbstcoaching-Phase ... 263
5.1 Erstes Treffen ... 264
5.2 Zweites Treffen ... 301

Anhang ... 315

Literatur mit Kommentaren ... 316
Arbeitsblätter ... 321
Ausbildung und Adressen ... 329
Die Autorinnen ... 331

Danksagung und Vorwort

von Giovanna Eilers

Unser Dank auf dem Weg zu diesem Buch gilt den Patienten, die Maja Storch und mir wertvolle Ideen und anregende Gespräche geschenkt haben.

Besonderer Dank gilt meinen Kollegen Dr. Gunter Frank, der als Arzt und ZRM-Trainer unser Wissens-Kapitel in doppelter Funktion unter die Lupe genommen hat und dem sehr geschätzten Professor Achim Peters für sein intensives und konstruktives Korrekturlesen und den Diskurs zum gemeinsamen Thema.

Gedankt sei auch meinen Patienten, die die Geschichten unserer erfundenen Helden gelesen und vorgekostet haben sowie Matthias für das geduldige, akribische und wertschätzende Korrekturlesen. Mein Dank gilt nicht zuletzt meinem Mann Dietmar für den Rückenwind, den ich von ihm immer wieder bekommen habe.

Als ich während meiner Ausbildung zur ZRM-Trainerin Maja Storch kennenlernte, konnte ich kaum die erste Pause im Kurs erwarten, um zu Maja zu stürmen und zu fragen: Gibt es schon jemanden, der diese Methode für Menschen mit Diabetes anwendet?

Über ein Jahrzehnt arbeitete ich zu diesem Zeitpunkt als Diabetologin mit Menschen zusammen, die sich gezwungenermaßen tagtäglich mit ihrem Diabetes beschäftigen. Viele, wirklich viele von ihnen kamen in meine Sprechstunde und erzählten mir, dass es «nicht rund liefe» mit dem Diabetes. Dass sie es selber gerne anders machen möchten. Es so oft versucht haben, aber einfach nie an ihren Vorsätzen dranbleiben konnten. Immer wieder kamen ihnen Dinge in die Quere und es hatte einfach nicht geklappt, motiviert dranzubleiben. Was konnte ich meinen Patienten anbieten, vor allem wenn es ums Thema Motivation ging?

Die Antwort bekam ich, als ich das ZRM (Zürcher Ressourcen Modell) kennenlernte und damit arbeitete: Jetzt hatte ich eine wissenschaftlich fundierte Methode in der Hand, die in kurzer Zeit für jeden, also auch für meine Patienten, erlernbar ist. Eine Methode, die einen in die Lage versetzt, als sein eigener Experte mit einer Schritt-für-Schritt Strategie eigene Themen anzupacken, ohne dass einem ein Ratgeber gegenübersitzt. Ein Verfahren, dass darüber hinaus einen ganz klaren Leitfaden für das Angehen der konkreten Situationen im Alltag besitzt.

So hatte ich das große Glück, ein Buch mit Maja Storch für Menschen mit Diabetes schreiben zu dürfen. In diesem Buch lernen unsere Protagonisten, wie sie mit dem ZRM ihre Vorsätze auf eine genussvolle, abwechslungsreiche und zündende Art anpacken können. Dieses Buch richtet sich gleichermaßen an Menschen mit Typ 1 und mit Typ 2 Diabetes.

Wir haben uns entschlossen, ein Kapitel über die neuen wissenschaftlichen Erkenntnisse zum Thema Übergewicht und Typ 2 Diabetes zu schreiben. Wir denken, gerade Patienten sollten über diese Erkenntnisse Bescheid wissen, damit sie sie für sich nutzen können.

Dieses Buch ist in erster Linie ein Buch für Patienten, richtet sich aber auch an alle, die Patienten behandeln und beraten, denn das Dolce-Vita-Ressourcenmanagement ist eine Methode mit einer ausgezeichneten Didaktik, die sich für die Anwendung in der Praxis bestens eignet.

Diejenigen, die sich entschließen, das Dolce-Vita-Ressourcenmanagement zu erlernen, um es als Profi mit Patienten anzuwenden, werden im gleichen Zuge erleben, wie es auf sie selbst ausstrahlt und dass es eine wundervolle Möglichkeit ist, die eigene Perspektive in Richtung Ressourcen, Kraftquellen und Lebensqualität zu fokussieren.

1 Die Hauptpersonen

1.1 Elvira

Elvira sitzt im vollen Wartezimmer dieser neuen Diabetes-Praxis. Sie hat es gerade eben pünktlich zum Termin geschafft, auf den sie vier Monate gewartet hat. Leicht außer Atem ist sie angekommen und hat sich in einen der gemütlichen Stühle fallen lassen. Beim Umsteigen am Bahnhof Zoo ist die S-Bahn ausgefallen, sodass sie den Schienenersatzverkehr nehmen und die letzte Strecke bis zur Praxis im Eiltempo laufen musste.

Es ist erst zehn Uhr morgens, aber ihr kommt der Tag schon ewig lang vor: Ihre beiden kleinen Kinder, Jesper und Jule, haben heute mal wieder getrödelt – Jule wollte partout ihre Lieblingshose anziehen, die gerade in der Waschmaschine war, und hat einen Wutanfall vom Feinsten hingelegt, bis sie endlich einen Kompromiss fanden. Jesper dagegen wollte auf keinen Fall in die Vorschule gehen und hat bitterlich geweint.

Während des Frühstückens hat Elvira gemerkt, dass sie ihren Blutzucker nicht gemessen und auch noch vergessen hat, das Insulin zu spritzen. Wenigstens das Spritzen will sie nachholen. Erst einmal sind aber Jesper und Jule dran mit frühstücken. Jesper hockt mit traurigen Augen am Frühstückstisch und lässt sich Stückchen für Stückchen von Elvira mit liebevollen Worten in den Mund schieben, während sich Jule T-Shirt und Hose vollkleckert, sodass sie sich in aller Eile umziehen muss.

Endlich sind alle drei bereit zum Abmarsch. Erst werden sie zu Jules Schule fahren, dann bringt Elvira Jesper zur Vorschule. Dort kann sie das Fahrrad abstellen und mit den öffentlichen Verkehrsmitteln zum Termin in die Praxis weiterfahren. Was muss sie alles für den Tag

Milch

bedenken? Stimmt, Jules Klasse macht heute einen Ausflug, da muss sie eine zusätzliche Brotdose vorbereiten. Ach ja, die Kinder sollen die Regenhosen und Mückenmittel mitnehmen für den Waldausflug. Wie gut, dass sie daran gedacht hat! Und Jesper... Moment, da war doch auch was? Was war das nur? Wegen des heutigen Praxistermins kommt sie viel später zur Arbeit in den Verlag und wird das Büro erst um 17 Uhr verlassen können. Wer wird, um Himmels willen, Jesper von der Vorschule mitnehmen können? Vielleicht die Mutter von Tina? Nein, die hat ja dienstags immer selbst ihren langen Tag in der Firma. Oles Mutter kann sie unmöglich schon wieder bitten, Jesper mitzunehmen, die hat das letzte Mal bereits irritiert reagiert. Und Elviras Mutter, die hat dienstags ihren Sauna-Tag, der ist ihr heilig.

Also muss sie sich überwinden und Lauras Mutter anrufen, obwohl sie sie noch nicht wirklich kennt. Die Italienerin war angenehm offen und hat viel gelacht, als sie sich letztens kurz unterhalten haben, und ihr angeboten, Jesper mal mitzunehmen, falls Elvira Unterstützung braucht. Elvira greift zum Telefon und hat Glück: Lauras Mutter geht ans Telefon (wie heißt sie nur mit Vornamen?) und sagt sofort zu, als sie Elviras Bitte hört.

Bevor es dann wirklich losgeht, befällt Elvira ein komisches Gefühl: Da war doch noch was. Das Insulin, natürlich, das hat sie nicht gespritzt! Das ist jetzt wichtig. Hurtig läuft sie zu ihrer Handtasche und sucht zwischen Lippenstift, Kalender, Portemonnaie und Schlüsseln den Pen – da ist er. Halt: Das ist der Pen für das Basisinsulin zur Nacht, die beiden Pens darf sie nicht verwechseln. Das ist ihr vor einer Woche an einem ähnlichen Morgen passiert, und der ganze Tag ist fürchterlich gelaufen, weil sie ständig Angst gehabt hat zu unterzuckern und nicht richtig wusste, wie das versehentlich gespritzte Insulin wirken würde. Sie hat dann das Insulin für das Essen weggelassen, wodurch der Blutzucker in schwindelerregende Höhen gestiegen ist. So einen Tag möchte sie nicht noch einmal erleben.

Wo ist aber nun der richtige Pen, der orangefarbene? Wo hat sie ihn denn nur hingelegt? Moment – wann hat sie das letzte Mal Essensinsulin gespritzt? Das muss gestern zum Abendbrot gewesen sein. Hat sie da gespritzt, oder hat sie das etwa auch vergessen?? Wie war das – sie hat für die Kinder Abendbrot gemacht, und die haben sich beim Essen so gestritten, dass sie selbst nicht zum Essen gekommen ist. Als die beiden Kinder später in der Badewanne hockten, hat die Nachbarin geklingelt und gefragt, ob Elvira während ihrer Abwesenheit ihren Briefkasten leeren und die Blumen gießen könnte. Und da hat Elvira sie reingebeten, ihr einen Tee angeboten und ihren Teller mit den Nudeln in der Küche stehen lassen. Dann, als die Nachbarin weg war, hat sie die kalten Nudeln in sich reingestopft und: Genau, da hat sie den Pen mit ins Bad genommen zu den Kindern und sich rasch das Abendbrot-Insulin gespritzt! Eilfertig läuft Elvira ins Bad, und dort findet sie den Pen. Wie viele Einheiten soll sie spritzen? Sie hat völlig vergessen, den morgendlichen Blutzucker zu messen, und ohne eine Vorstellung davon, ob der Blutzucker beim Aufstehen bei 70 oder bei 350 mg% gelegen hat, ist es immer schwierig, die richtige Insulindosis abzuschätzen. Wenn sie den Blutzucker jetzt misst, ist er durch das Frühstück beeinflusst und sicher höher. Aber in welchem Ausmaß?

Mitten in diesen Überlegungen wird Elvira durch das verzweifelte Weinen von Jule unterbrochen: Jule will ihre neuen roten Turnschuhe anziehen und die Schleife selber binden, aber es gelingt ihr nicht. Sie hat schon mehrere Doppelknoten fabriziert, und nun will nichts mehr gehen. Für Elvira heißt das: trösten, bestärken, gleichzeitig diese verflixten Knoten zu lösen versuchen und Jesper ermuntern, in seine Schuhe zu steigen, die glücklicherweise Klettverschlüsse haben. Es bleibt keine Zeit mehr, um den Blutzucker zu messen. Sie hat das auch oft ohne Messen geschafft.

Sie flitzt ins Bad, nimmt den Pen und dreht ihn auf acht Einheiten auf. Das muss genügen, um einen rasanten Anstieg des Blutzuckers zu verhindern, und dürfte nicht zu einer Unterzuckerung führen – sie spritzt das Insulin. Flüchtig fällt ihr ein, dass sie die Nadel auf dem Pen auch schon lange nicht mehr ausgewechselt hat. Ihr Diabetologe hat sie beim letzten Mal rügend angeschaut und gefragt, ob sie denn die Nadel nach jedem dritten Spritzen auswechsle. Das ist ziemlich peinlich gewesen, in etwa so, wie wenn sie Jule fragt, ob sie sich die Hände gewaschen hat nach dem Klo. Ach was, jetzt geht es auch so. Die Schule wartet nicht, und sie müssen los.

Im Fahrradkeller merkt Elvira, dass Jesper seinen Fahrradhelm vergessen hat, und muss erneut in die Wohnung. Sie schaffen es gerade zum Klingeln der Schulglocke zur ersten Stunde. Eine Mutter aus Jules Klasse spricht Elvira an und will wissen, wann es denn endlich einen Elternabend gibt. Elvira ist Elternvertreterin. Sie versucht ruhig zu bleiben und verspricht, sich um einen zeitnahen Termin zu kümmern, während Jesper an ihrer Jacke zupft und sie immerzu fragt, wann sie losfahren. Endlich muss die redselige Mutter selbst los, und Elvira ist erlöst, nur Jesper ist weg. Wo ist er nur? Ah, er hat sich hinter dem Müllcontainer versteckt und erwartet, dass Elvira ihn sucht. Da sie in Gedanken schon bei der Abschiedsszene in der Vorschule ist, spielt sie das Suchspiel mit. Jesper ist begeistert, und nun können sie zur Vorschule radeln. Sich nur keine Unruhe anmerken lassen, denkt Elvira, das überträgt sich auf Jesper. Sie ist mit Absicht geduldig beim Verabschieden. Was für ein Glücksfall: Jespers Lieblingserzieher Markus ist heute aus dem Urlaub zurückgekommen. Jesper rennt zu ihm, und Elvira zwinkert Markus zu, der sofort weiß, was die Stunde geschlagen hat. Elvira kann die Gunst der Stunde nutzen, Jesper zuwinken und

sich zügig verabschieden. Sie schließt im Hof ihr Fahrrad ab und läuft eine Querstraße weiter. Puh, sie atmet durch und lobt sich, dass sie alles innerhalb des Zeitplans geschafft hat.

Nun sitzt sie in diesem Wartezimmer und schaut sich um: Wie viele Menschen hier sitzen und stehen. Alte, grau aussehende Menschen, manche mit einem Verband am Fuß, manche im Rollstuhl oder mit einem Rollator. Dort in der Ecke sitzt ein mittelaltes Paar und schaut ins Leere. Gehören die wirklich zusammen? Na, er hat die Handtasche der Frau auf dem Schoß. Ihr gegenüber sitzt eine schwangere Frau mit ihrem Partner, der ihre Hand hält. Haben die alle Diabetes? Wie lange wohl schon? Und wie kriegen die es eigentlich hin?

Warum muss sie überhaupt in diesem Wartezimmer sitzen? Warum hat gerade sie diese nervtötende Krankheit Diabetes? Elvira ist 37 Jahre alt und schlägt sich seit 22 Jahren mit Diabetes herum. Fünfzehn war sie. Sie erinnert sich gut daran, dass sie damals nicht viel damit anfangen konnte, als ihr Arzt ihr und ihrer Mutter mitteilte, dass sie Diabetes habe. Und ihn für immer behalten würde. Sie erinnert sich auch daran, dass ihre Mutter mehrfach täglich kontrollierte, ob Elvira ihren Blutzucker gemessen hat. Ob sie ihn in diesem lästigen Zuckertagebuch notiert hat und die Broteinheiten und die entsprechende Insulinmenge ausgerechnet hat. Wie sehr hat sie diesen Diabetes gehasst und so getan, als ob es ihn nicht gäbe, einfach geschwindelt und behauptet, sie hätte alles erledigt. Und oft ist es schiefgelaufen – zum Beispiel wenn sie auf einer Party gewesen ist und viel getanzt und Alkohol getrunken hat. Das eine Mal kassierte Elvira eine heftige Unterzuckerung und ist erst in der Notaufnahme wieder aufgewacht. Sie erinnert sich an den sorgenvollen und enttäuschten Blick der Mutter beim Abholen. Und an den damaligen Arzt, der Elvira zu einer Diabetes-Wiederholungsschulung verpflichtet hat. Wie eine Strafe hat sie das empfunden. Später, als Elvira ausgezogen war, waren die verbrämten Kontrollanrufe ihrer Mutter Routine, wenn sie sich mal einen Tag nicht zu Hause gemeldet hatte. Der Diabetes glich einem unsichtbaren feindlichen Begleiter. Elvira musste an Peter Pans Schatten denken. Leider verlor man diesen aufdringlichen Schatten nie. Von Diabetes gibt es keinen Urlaub – nie, nirgends, nicht einmal eine kleine Auszeit.

Meine Güte, wie viel Zeit ist seitdem vergangen. Was hat sie nicht alles erlebt und durchgestanden. Sie hat studiert, Bert kennengelernt und mit ihm Jule und Jesper bekommen. Nach der Geburt der Kinder hat sie ihren Job verloren. Bert ist ausgezogen, als er seine Neue kennengelernt hatte, und sie haben sich endgültig getrennt. Inzwischen hat sie das Leben als berufstätige und alleinerziehende Mutter für ihr Dafürhalten recht gut im Griff.

Sie weiß, sie muss einmal im Vierteljahr einen Sprechstundentermin beim Diabetologen absolvieren. In der Diabetespraxis werden alle nötigen Kontrollen durchgeführt: Man nimmt ihr Blut ab, piekst ihr in den Finger und bestimmt den Blutzuckerwert. Ihr Blutzucker-Messgerät wird auf seine Messgenauigkeit hin überprüft, ihre Insulin-Spritzstellen an Bauch und Oberschenkeln untersucht, die Urineiweißausscheidung, der Blutdruck, das Gewicht und der Bauchumfang werden gemessen. Dann bekommt sie einen zusätzlichen Termin für die Fußuntersuchung. Außerdem wird sie zum Augenarzt geschickt. Und nun hat ihr Diabetologe auch noch vorgeschlagen, sie solle einen Termin beim Kardiologen machen, um das Herz und seine Leistungsfähigkeit zu überprüfen. Hat der eigentlich gar keine Ahnung, was sie sonst noch alles zu tun hat? Zu wie viel Ärzten soll sie denn noch gehen? Wozu, sie fühlt sich gesund.

Jedes Mal, bevor der Termin bei ihrem Diabetologen naht, stellt sich ein ungutes Gefühl bei ihr ein. Sie weiß genau, sie ist säumig gewesen. Er wird sie sicher nach dem verhassten Ding, diesem Di-a-betes-Ta-ge-buch fragen. Sie hat es einfach nicht geschafft, die paar Werte, die sie gemessen hat, dort einzutragen. Es ist ihr unangenehm, dieses Büchlein tagsüber mitzunehmen und in der Mittagspause vor den Arbeitskolleginnen herauszuholen – oder in der Bar beim Cappuccino. Sie ist kein Schulkind! Das muss der Diabetologe doch verstehen. Wenn sie ihm am überdimensionierten Schreibtisch gegenübersitzt, dann hat sie das Gefühl, auf ihrem Stuhl zu schrumpfen. Sie kennt den Ablauf: Erst ein paar höfliche, allgemeine Erkundigungen nach ihrem Befinden und der Gesundheit der Kinder, dann schwenkt das Gespräch zur bekannten Frage: «Haben Sie heute das Blutzucker-Tagebuch mitgebracht?» Sie hat schon ein paar Mal die Ausrede benutzt, das Buch vergessen oder verloren zu haben. Beim letzten Mal ist es ihr zu albern vorgekommen zu lügen, und sie hat offen gesagt, dass sie es in der Tasche hat, aber ohne aktuelle Einträge.

Daraufhin hat ihr Arzt einen langen Vortrag über die Notwendigkeit der Dokumentation gehalten; darüber, dass der Blutzucker, die Broteinheiten und die gespritzte Insulinmenge das Minimum der Dokumentation darstellten und dass auch Bemerkungen wie Sport, Stress, Alkohol in das Tagebuch gehörten; dass ohne solche Daten eine Anpassung der Therapie nicht möglich sei; dass sie selbst die Verantwortung für ihre Krankheit habe; dass sie den Zusammenhang zwischen schlechten Blutzuckerwerten und der Entstehung von Diabetes-Folgekrankheiten kenne. Sie habe doch zwei kleine Kinder.

Nun fehlte noch das Ergebnis des HbA1c-Wertes, des vierteljährlichen Blutzucker-Gedächtniswertes, das war Elvira klar. Vermutlich ist der nicht gut, sonst wäre der Vortrag des Diabetologen nicht derart ausführlich ausgefallen, vermutete sie. «Ihr HbA1c-Wert ist im Vergleich zum letzten Mal deutlich angestiegen. Wissen Sie, ich mache mir Sorgen um Sie.» Bitte sehr, wie befürchtet – Elvira hat sich an dem Tag dünnhäutig gefühlt. Die Rede des Arztes hat das Fass zum Überlaufen gebracht. Die Tränen sind ihr hochgekommen. Es war ihr unglaublich peinlich. Ihr Diabetologe reichte ihr höflich die Packung mit den Kleenex-Tüchlein und schlug ihr vor, gleich im Anschluss mit der Diabetes-Beraterin zu sprechen. Das sei eine Chance, den Diabetes neu anzupacken und sich Gedanken über sich selbst zu machen. Für die eigene Gesundheit.

Elvira war froh, aus dem Sprechzimmer des Diabetologen verschwinden zu können, und willigte ein. Die Diabetesberaterin hatte nicht sofort Zeit, was Elvira erlaubte, die Praxis kurz zu verlassen, um ein paar Schritte zu gehen und eine Zigarette zu rauchen. Warum hatte sie sich nur derart gehen lassen, ärgerte sie sich über sich selbst. Sie konnte nicht mal wütend auf den Diabetologen sein, denn eigentlich hatte er ja recht. Sie ist inkonsequent, sie kümmert sich nicht um ihre Gesundheit, sie wusste es genau. Vier- bis fünfmal täglich den Blutzucker messen, anschließend das Insulin berechnen und überlegen, wann sie zuletzt wie viel gespritzt hat und was sie essen will, und dann nur noch das Insulin spritzen. Wenn sie das alles beachtet, kann es mit dem Diabetes auch besser laufen. Völlig richtig, stimmte Elvira in Gedanken dem Arzt zu. Sie wünscht sich ja, es besser zu machen. Sie nimmt es sich oft nach diesen Terminen vor. Die ersten zwei Tage nach dem Praxistermin tut sie wirklich etwas dafür. Das letzte Mal hat sie das Büchlein mit einem schönen marmorierten Papier eingeschlagen, das sie mag, und sich einen tollen Stift gekauft, um sich zu motivieren. Anderthalb Tage hat sie wie eine mustergültige Diabetikerin gelebt. Aber dann sind wieder so viele Dinge dazwischengekommen, Dinge mit Jesper und Jule, die Schule, der Stress mit den Aufträgen im Büro uns so weiter. Ich schaffe es auf Dauer einfach nicht, lautete ihr deprimiertes Fazit.

Elvira ging wieder hoch in die Praxis und in das Sprechzimmer der Diabetesberaterin. Diese hatte offensichtlich schon mit dem Arzt gesprochen, denn auf dem Tisch lag das bekannte Päckchen mit den Kleenex-Tüchlein. Sie bot Elvira einen Tee an und begann ein wirklich freundliches Gespräch. Sie betonte, dass sie Elvira verstehen könne, dass es viele Anforderungen in ihrem Alltag gebe und es kein Wunder sei, dass sie überfordert sei. Das Trösten tat Elvira im ersten Moment gut. Dann fing auch die Beraterin damit an, wie es Elvira besser gelingen könne, mit dem Diabetes umzugehen.

Sie fragte Elvira danach, wie genau sie das Insulin spritze, sah sich die Spritzstellen an Bauch und Oberschenkeln an, begutachtete die Piekser an den Fingerkuppen und fragte, was Elvira sich vornehmen könne, damit es ein bisschen besser laufe.

Die Diabetesberaterin war freundlich und ohne Vorwurf, was Elviras Unbehagen noch steigerte. Ich, unvernünftige und schludrige Patientin, bin selber Schuld an meiner Misere. Diese nette Dame bemüht sich inständig, klagte sie sich im Inneren selbst an. Aber was ändert es daran, dass sie es einfach nicht schafft, sich Zeit für die Messungen, regelmäßige Zeiten für das Essen und für einen geregelten Tagesablauf zu nehmen? Zeit für sich, Zeit für diesen Diabetes, der ungebeten an ihr klebt und sich nicht abschütteln lässt. Sie will ernsthaft, dass es anders läuft, dass sie sich nicht derart unzulänglich vorkommt. Sie möchte das Gefühl haben, den Diabetes im Griff zu haben. Nichts wünscht sie sich mehr als das. In ihrem Kopf sieht sie eine Szene bei ihrem Diabetologen, der sie lobt und mustergültig nennt. Andere könnten sich mal eine Scheibe von ihr abschneiden.

So oft sie es versucht hat, jedes Mal sind ihre Absichten verdämmert und in den Hintergrund geraten. Elvira hat sogar auf Anraten ihres Diabetologen eine Beratungsstunde bei einer Psychologin vereinbart, die sie selbst bezahlt hat. Dort hat sie gemeinsam mit der Psychologin ein Diagramm erstellt und ihr Leben mit all ihren Aufgaben und all ihren «Rollen» auf einer imaginären Torte in Stücke unterteilt. Das Ergebnis war, dass weder der Diabetes noch Elvira selbst Platz auf dieser Torte hatten. Die Psychologin hat mit ihr einige Ideen entwickelt, wie sie sich mehr Zeit für sich nehmen und dies und jenes anders machen könnte. Das hat ihr auch alles eingeleuchtet, aber nach einer Woche hat sie auch diese Vorhaben vergessen. Wieder zu der Psychologin zu gehen und zuzugeben, dass sie nichts umgesetzt hat, war ihr zu unangenehm, und sie hat keinen neuen Termin vereinbart.

Ups, die nette Diabetesberaterin hatte sie gerade etwas gefragt und lächelte sie erwartungsvoll an. Elvira entschuldigte sich, und die Beraterin wiederholte, sie würde ihr gerne etwas Besonderes vorschlagen, – eine Insulinpumpe. Die kann sie allerdings nur bekommen, fuhr sie fort, wenn sie mindestens drei Monate perfekt Tagebuch mit allen Daten führt, sonst übernimmt die Krankenkasse die Kosten nicht. Und die HbA1c-Werte müssen besser sein als der jetzige Wert. Ob das nicht eine Motivation sei für Elvira? Die Blutzuckerwerte können sich so sehr verbessern mit der Insulinpumpe, Elvira sei viel flexibler – eine Basis-

Insulinrate für das Wochenende kann sie einprogrammieren, sogar problemlos für Zeitverschiebungen, wenn sie beispielsweise einen Urlaub in den USA planen würde. Für Sportaktivitäten lässt sich die Insulinzufuhr ganz einfach prozentual reduzieren, so dass jeglicher Sport möglich ist. In Elviras Kopf begann sich alles zu drehen. Eine Insulinpumpe? Das will sie gar nicht, ein Ding, das ständig an ihr dran ist. Was sollte sie nur sagen? Sie konnte doch die Diabetesberaterin, die fast eine Stunde mit ihr geredet hatte, nicht enttäuschen. Sie musste aus der Praxis raus, durchatmen und nachdenken. Sie hörte sich sagen, ja, das kann sie sich mal durch den Kopf gehen lassen. Die Beraterin strahlte und gab ihr ein neues, leeres Blutzucker-Tagebuch, drückte ihr die Hand und sagte: «Gemeinsam packen wir es an, nicht wahr?»

Elvira ist aus der Praxis gegangen und fühlte sich hundeelend. Sie wollte da nicht mehr hin. Am gleichen Tag hat sie beschlossen, die Diabetespraxis zu wechseln. Aber wohin? Gibt es eine Praxis, in der man ihr anders begegnen wird? In der man sie anders unterstützen kann als bisher?

So kam es, dass sie heute in dieser neuen Praxis sitzt und sich erwartungsvoll umschaut, bis sie von einer jungen Frau in weißer Kleidung angesprochen wird: «Entschuldigung, geht es Ihnen gut?» Was soll diese Frage? Wer ist die? «Sie sehen blass aus und schwitzen – haben Sie vielleicht eine Unterzuckerung?» Elvira fühlt Groll in sich aufsteigen. Wie oft hat sie diese Frage schon gehört. Zu der jungen Frau tritt eine zusätzliche Dame in Weiß, die ein Blutzucker-Messgerät bei sich hat. «Wann haben Sie das letzte Mal Ihren Blutzucker gemessen? Wie war er? Ich messe ihn rasch», wendet sie sich an Elvira. Fast mechanisch hebt Elvira ihre Hand und reicht der jungen Dame den Finger. Nach ein paar Sekunden ist es amtlich: Ihr Blutzucker ist mit 46 zu niedrig, sie hat eine Unterzuckerung. – Natürlich: das Spritzen ohne Wert zu Hause, im Eiltempo zur Praxis. Schon kommt die junge Frau lächelnd zurück und reicht Elvira wortlos ein Glas Apfelsaft. Die andere bringt zwei grauenerregend trockene Kekse, die sie verspeisen soll. Die übrigen Patienten im Wartezimmer schauen sie stumm an. Ein junger, recht cool gekleideter Mann mit gegelten Haaren grinst ein bisschen hämisch, wie es Elvira scheint, und schon ist sie wieder in dieser Stimmung: Ich hab's mal wieder vergeigt, und alle wissen Bescheid.

Die Damen sind sehr freundlich und erklären Elvira, die Unterzuckerung müsse erst einmal vorübergehen, bevor sie ins Sprechzimmer könne. Während einer Hypoglykämie sei man ja nicht richtig fit. Sie soll sich eben erholen und dann in einer halben Stunde ins Labor kommen, um den Blutzuckerwert kontrollieren zu lassen.

Elvira ist enttäuscht. Über sich, über diesen ersten Auftritt in der neuen Praxis, über das Leben, das ihr so einen Vormittag beschert hat. Sie steht auf und geht den langen, leeren Flur der Praxis entlang in Richtung Ausgang. Sie bemüht sich, entspannt zu wirken, und bleibt an der großen Pinnwand stehen. Dort versucht sie sich abzulenken, indem sie die angepinnten Zettel studiert: der Aufruf einer Diabetes-Selbsthilfe-Gruppe zum regelmäßigen Stammtisch, das Angebot für ein kontinuierliches Glucosemonitoring, das Angebot einer Nordic-Walking-Fitness-Gruppe mit Kostenübernahmemöglichkeit durch die Krankenkasse, der Flyer des nahegelegenen Diabetes-Ladens, in dem man neue Blutzuckermessgeräte erstehen und ein Gratis-Päckchen Blutzucker-Teststreifen als Bonus bekommen kann. Elvira ist schon dabei, den Blick abzuwenden, als ihr eine Postkarte ins Auge sticht. Sie liest:

1.2 Leander

Leander hat nach dem Vormittag an der Theaterkasse seinen Dienst pünktlich beendet und will einkaufen gehen. Beim Verlassen des Geländes läuft er seinem Chef über den Weg. Vor einiger Zeit hat Leander ihn um eine Erhöhung seiner Wochenarbeitsstunden gebeten, sein Chef hat ihm jedoch nichts zusagen können. Er verwickelt Leander jetzt in ein belangloses Gespräch über die miserable Situation der kleinen Theater und die mangelnden Subventionen. Eigentlich würde Leander ihn gerne unterbrechen, aber seine Höflichkeit verbietet es ihm. Er ist ziemlich spät dran. So spät, dass fürs Einkaufen vor dem Unterricht keine Zeit mehr bleibt. Kurz überlegt Leander, ob der Kühlschrank noch ein frugales Mittagessen hergibt, und geht in Gedanken die Kühlschrankfächer durch. Irgendetwas Essbares wird sich finden. Also macht er sich auf den Heimweg.

Leander versucht zum dritten Mal erfolglos, den Wohnungsschlüssel ins Schloss seiner Wohnungstür zu stecken, und versteht nicht, warum das so schwer ist. Er schafft es sonst doch auch. So blöd kann er ja wohl nicht sein. Das Zittern seiner Hand stört beim Einführen ins Schloss. Er muss jetzt wirklich dringend rein, er muss es schaffen.

Als Leander wieder klar denken kann, sitzt er auf einem roten Plüschsofa in einem ihm unbekannten Wohnzimmer. Vor ihm steht ein Sofatisch aus Glas, auf dem in wildem Durcheinander ein Haufen Notenhefte liegt und ein Strauß rosa Pfingstrosen in voller Blüte prangt. Im gleichen Raum befindet sich ein schwarzer Flügel. Dunkelrote Samtvorhänge mit gemusterten Borten säumen die Fenster. Es duftet nach Kaffee.

RACH

Wo ist er? Er hat nicht viel Zeit zu überlegen, denn schon betritt eine füllige, sehr gepflegte Dame mittleren Alters das Zimmer. Sie bringt ein Tablett mit Kuchen und Tassen mit und stellt alles auf den Sofatisch. Sie trägt ein blauweiß gepunktetes Kleid, ihre schwarzen Haare hat sie hochgesteckt. Sie lächelt. «Es gibt heute Mascarpone-Erdbeer-Torte mit Walnuss-Baiser, hausgemacht, von meinem Lieblings-Patissier. Nimmst du Zucker in den Cappuccino?» Augenblick, denkt Leander, wer ist diese Frau, und wo bin ich? Die Torte sieht verlockend aus mit ihrer homogen rosafarbenen Mousse in der Mitte, einem hellen Boden und diesem moccafarbenen Walnuss-Baiser – ein Meisterwerk der Patisserie. «Ich bin übrigens Gilda, Gilda Montefiore, deine Nachbarin über dir. Und wie heißt du mit Vornamen? Du wolltest doch vorhin in deine Wohnung, oder bist du nicht Signor Neumeier?»

Leander stellt sich vor und bekommt von Gilda den Teller mit diesem prachtvollen Tortenstück in die Hand gedrückt. Die Teller und die Tassen sind, wie Leander sofort registriert, echtes Meißner Porzellan mit dem Dekor «Gestreute Blümchen». So eines hat seine Großmutter Emilie früher zu besonderen Anlässen gedeckt.

Er bedankt sich und möchte sofort beginnen, sich dieses kleine Kunstwerk auf der Zunge zergehen zu lassen, da fällt es ihm wieder ein. Es. Soll er es ihr sagen? Er muss doch eigentlich den Blutzucker messen. Sonst darf er solch ein Stück Torte gar nicht essen. Und er muss dafür Insulin spritzen. Aber wie viel? Mascarpone-Erdbeer- mit Walnuss-Baiser… So etwas hat er seitdem noch nie gegessen. Er hat sich seither bemüht, mit drei Sorten Brötchen aus der gleichen Bäckerei auszukommen. Die hat er zu Hause ganz in Ruhe auf seiner Küchenwaage ausgewogen und im Buch nachgelesen, wie viel Gramm Kohlenhydrate in diesem Musterbrötchen drin sein könnten beziehungsweise wie viel Broteinheiten ein solches Brötchen enthält.

Ausnahmsweise kauft er sich in der Bäckerei auch mal ein Camping-Brötchen. Dieses ist mit ein paar Körnchen Hagelzucker dekoriert, die Leander den Hauch eines Dessertgefühls schenken. Der Hagelzucker ruft in ihm köstliche Erinnerungen wach an Mutters Tarte Tatin oder die Cassata Siciliana, die er bei seinem Lieblingsitaliener so gerne gegessen hat. Wie sich bei der Blutzuckermessung herausstellte, hat das Campingbrötchen seinen Blutzuckerwert nicht sehr viel höher getrieben als das gewöhnliche Kaiserbrötchen. Seitdem gönnt er sich ab und zu ein solches Hagelzuckerbrötchen.

«Sie können alles wie bisher weiteressen, Sie müssen nur lernen einzuschätzen, wie viele Kohlenhydrate in Ihrem Essen sind», hat der Arzt gesagt, als er ihm vor zehn Wochen im Sprechzimmer gegenübersaß. Leander hatte sich auf Drängen seines Freundes einen Termin beim Arzt geben lassen. Er hatte sich in der letzten Zeit kraftlos und müde gefühlt und deutlich an Gewicht verloren. Beim Betrachten im Spiegel fand er, er sähe auch nicht mehr so gut wie sonst aus. Das hat ihn dann endlich bewogen, in diese Praxis zu gehen, obwohl er zugeben musste, dass er sich schon sehr viel länger elend fühlte.

«Sie haben Diabetes», hat ihm der Arzt gesagt und den Blick gesenkt, um die Ergebnisse von Leanders Blutuntersuchung näher zu begutachten. Der Arzt hat seinen Blick eine ganze Weile lang nicht gehoben, was Leander stark verunsicherte. Was hat das zu bedeuten? «Also, gleich vorneweg: Sie können alles, was sie bisher gemacht haben, weitermachen. Es gibt nichts, was unmöglich ist. Und wir haben in unserer Praxis ganz viele Menschen, die das Gleiche haben wie Sie. Wir kennen uns gut damit aus», begann der Arzt das Gespräch. Leander hatte immer noch nicht begriffen, was das bedeutet, Diabetes zu haben. «Sie haben eine Sorte Diabetes, die man Typ-1-Diabetes nennt. Das heißt, dass Ihre Bauchspeicheldrüse nicht genug Insulin bildet. Das Insulin fehlt ihrem Körper, und dies führt dazu, dass der Zucker, den Sie über die Nahrung zu sich nehmen, nicht in die Zellen gelangen kann. Darum fühlen Sie sich auch kraftlos und haben abgenommen. Der Zucker ist für die Zellen wie das Benzin fürs Auto. Das Insulin, das Ihrem Körper fehlt, müssen Sie spritzen. Das bewirkt dann, dass der Zucker ganz normal in ihre Zellen eingeschleust werden kann. Und dieses führt dann dazu, dass Sie sich wieder fit fühlen und Ihr Gewicht wiedererlangen.»

Spritzen. Spritzen, hat er gesagt. Das kann Leander unmöglich. Er hasst es, wenn er gepiekst wird. Sogar wenn sein Orthopäde ihm diese winzigen Akupunkturnadeln setzt. Er findet überhaupt die Praxis des Orthopäden mit der Piekserei, dem Messen und Ausziehen unästhetisch und freut sich jedes Mal, wenn er sie bald wieder verlassen kann.

«Wir werden Ihnen eine ganze Menge Rüstzeug mitgeben, damit Sie lernen, mit Ihrem Diabetes umzugehen, und damit Sie auf alle möglichen Situationen gut vorbereitet sind.» Rüstzeug? Was meint der damit? Dieses Vokabular ist Leander fremd, der davon träumt, die Aufnahmeprüfung an der Musikhochschule für das Hauptfach Cello machen zu können. Leander verdient sich sein Geld mit einem Job an der Kasse des städtischen Theaters und hat ein paar Celloschüler, die sein mageres Einkommen aufbessern. Leander liebt die Musik und liebt gepflegte, stilvolle Menschen, die Sinn für Details haben und diese mit ihm zusammen genießen können.

Die Möglichkeit für Fragen von Seiten Leanders war gleich null, denn der bebrillte Arzt im weißen Hemd sprach gleich weiter: «Als erstes bringen wir Ihnen bei, wie Sie ihren Blutzucker messen, damit Sie immer in der Lage sind, die aktuelle Höhe Ihres Zuckers zu ermitteln. Und dann lernen Sie heute auch gleich, wie Sie das Insulin spritzen. Das tut fast gar nicht weh. Sie spritzen vor jeder Mahlzeit Insulin. Ihr Körper braucht außerdem für die Grundversorgung das Basisinsulin, das länger wirkt. Sonst könnten Sie nachts gar nicht schlafen und müssten sich den

Wecker stellen, um Insulin zu spritzen. Für diese beiden Sorten Insulin bekommen Sie zwei verschiedene Pens. Pens sind Insulininjektionshilfen. Die sollten verschiedenfarbig sein, damit Sie sie nicht verwechseln. Das wäre ganz schlecht. Sie werden sehen, wie einfach das geht. Es geht gleich los. Meine Diabetesberaterin zeigt Ihnen das alles im Nebenraum. Haben Sie noch Fragen? Sie können jederzeit fragen!»

Leander schaute an dem bebrillten Arzt vorbei auf das Bücherregal hinter ihm. Die Farben der Bücherrücken begannen vor seinen Augen zu verschwimmen. Er atmete tief durch und hörte sich sagen: «Nein, danke.» Als ob er Leander nicht zugehört hätte, stand der Arzt auf, ging um den Marmortisch herum, klopfte Leander mit seinen großen Pranken aufs Schulterblatt und sagte noch «Sie werden das alles wunderbar hinbekommen, glauben Sie mir» und ging zügigen Schrittes aus dem Sprechzimmer hinaus.

Diabetes. – Der Bruder von Großmutter Emilie hatte doch Diabetes? Er war Antiquar gewesen und spielte leidenschaftlich Geige. Emilie erzählt immer, er sei sehr talentiert gewesen. Dann ist er blind geworden und in jungen Jahren gestorben.

Diabetes. – Moment, hat nicht der dicke Hausmeister Linke vom Theater, als er ihm mal wieder ein Ohr abgekaut hat, erzählt, er habe Diabetes? Von Spritzen hat der gar nichts gesagt, obwohl er ohne Punkt und Komma geredet hat. Ein hochrotes Gesicht hat der Herr Linke immer und schnauft, wenn er die Treppen schlurfend hinaufsteigt. Und er riecht nicht besonders angenehm, der Herr Linke, dem zwei Zähne fehlen.

Leander wurde in seinen Gedanken unterbrochen von einer adretten jungen Frau, die ins Sprechzimmer kam und ihn freundlich lächelnd begrüßte. Sie stellte sich als Diabetesberaterin vor und nahm ihn in einen anderen Raum mit. Dort zeigte sie ihm ein kleines Gerät in vielen Farben, etwa so groß wie ein iPod, und erklärte ihm, damit könne man den Blutzucker im Finger messen. Leander begann zu verstehen, dass es um seinen Finger ging und um ihn. Wie im Traum hörte er sich alle Anleitungen und Einweisungen an. Er wiederholte die Abläufe der Messungen und die Anweisungen für «die ersten Tage», wie die Beraterin sich ausdrückte. Was meinte sie mit «die ersten Tage»?

Leander verließ die Praxis mit dem Gefühl, neben sich zu stehen. Er vermeinte, ein zweiter Leander zu sein und den ersten, der sich da in der Praxis gerade alles angehört hatte, zu begleiten. Er betrachtete Leander 1 verwundert und dachte: Was machst du da nur? Und er, Leander 2, lief wie ein Bekannter neben ihm her.

Inzwischen hat er das viele, viele Male getan: Die Hände vor dem Messen gewaschen, eine Fingerbeere ausgewählt (einige hat er bereits in den letzten paar Stunden benutzt, in die möchte er nicht schon wieder pieksen), den Teststreifen in das iPod, nein, in das Blutzuckermessgerät gesteckt, mit der Stechhilfe in den Finger gestochen und den kleinen Blutstropfen an den Teststreifen gehalten und gewartet, dass das Messergebnis erschien.

Manchmal hat er Panik, dass sein Blutzucker völlig daneben ist. Manchmal bringt der Wert seinen Plan völlig durcheinander. Dann muss er ganz schnell etwas essen, weil er einen zu niedrigen Blutzuckerwert hat. Wenn der Wert zu hoch ist, muss er erst Insulin spritzen und warten, bis er endlich sein leckeres Essen zu sich nehmen darf. Manchmal nervt es einfach nur, den Blutzucker messen zu müssen und sich auch noch zu überlegen, wie viel von diesen Kohlenhydrat-Dingern im Essen ist. Und dann wieder stechen zu müssen, damit das Insulin sein Ziel erreicht. Das findet Leander noch lästiger, weil das in den Bauch oder den Oberschenkel gespritzt werden muss. Wie unästhetisch und schmerzhaft. Er fürchtet schrecklich um seinen Bauch, der blaue, entstellende Flecken bekommen kann, falls ein Äderchen platzt. Darum spritzt er lieber in den Oberschenkel. Wenn er unterwegs ist, muss er lästigerweise dafür die Toilette aufsuchen. Wie man es anstellt: Diabetes nervt.

Hinzu kommt, dass er die kleinen Piekser in den Fingern sehr wohl spürt, vor allem in der linken Hand. Die Fingerbeeren sind beim Cellospielen immer mit den Saiten in Kontakt, und das macht sich bemerkbar. Die Diabetesberaterin hat ihm weismachen wollen, es täte überhaupt nicht weh und er würde im Nachhinein gar nichts davon spüren. Vermutlich hat sie es selber, wenn überhaupt, nicht mehr als einmal täglich gemacht. Nach zwei Wochen reichte es ihm. Von wegen «Sie können alles machen wie bisher».

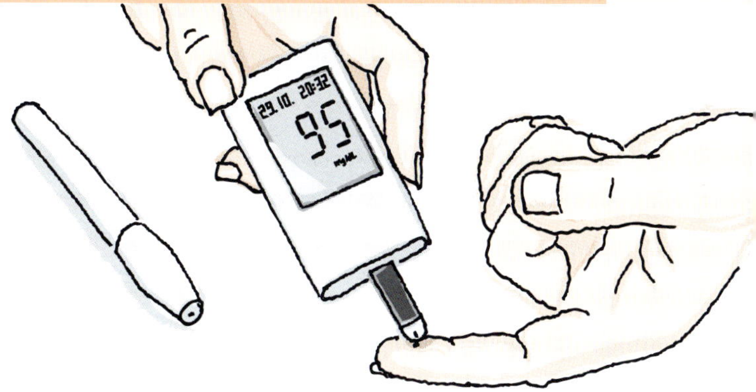

Leander braucht so viel Zeit für dieses Stechen, Messen, Rechnen und Denken. Es macht gar keinen Spaß mehr, zu Freunden zum Brunch zu gehen oder auf eine abendliche Einladung, wenn er nicht genau weiß, was es zum Essen gibt.

Seinem Freund Timon hat Leander natürlich vom Diabetes erzählt. Leander hat sich ausgebeten, Zeit für sich zu haben, für die neue Situation. Die beiden haben sich wenig gesehen in den letzten Wochen. Timon ist Psychologe, ein gutes Stück älter als Leander und ein extrem gutaussehender und durchtrainierter Mann. Wo er auch auftaucht, er zieht die Blicke anderer Männer und Frauen auf sich. Leander vermisst Timon. Er vermisst es, sich für einen gemeinsamen Ausgehabend schön zu machen, auch das Gefühl, das Leben verkosten zu können wie eine reife, saftige Frucht, offen für sich ergebende Optionen zu sein und sorglos im Hier und Jetzt zu leben. Er ist wütend auf dieses Es, diesen Diabetes, der ihn begleitet auf Schritt und Tritt, der mit ihm zur Arbeit fährt, im Unterricht dabei ist, am Wochenende, im Bett – sich einfach nie abschütteln oder wenigstens vergessen lässt.

Leander hat es versucht. Er hat es ausprobiert, wie es läuft, wenn er nur früh einen Blutzuckerwert misst und zum Essen eine mittlere Menge Insulin spritzt. Er hat sich dazu gezwungen, dem Diabetes einfach nicht so viel Raum zu geben. Es existieren auch andere, schöne, wertvolle Dinge im Leben, die Raum haben dürfen. Und die will Leander wieder genießen.

Das Ergebnis seines Experiments ist gewesen, dass Leander die ganze Zeit nervös daran gedacht hat, wie der Blutzuckerwert wohl aussieht und ob er alles richtig gemacht hat mit dem Insulin. Er hat sich nicht auf den Tag konzentrieren können, und er hat sich am Telefon fürchterlich mit Timon gestritten. Nach einem Tag sind die Blutzuckerwerte derart durcheinander geraten, dass Leander beschlossen hat, sein Experiment abzubrechen. Wenn man Fehler mit diesem Diabetes macht und sich nicht kümmert, dann folgt wohl gleich die Quittung. Das hat er verstanden.

Als Timon und er vor kurzem einen gemeinsamen Abend verbracht haben, fand es Leander unappetitlich, vor Timon den Insulin-Pen zu zücken. Timon und er waren sich lange nicht mehr so nahe gewesen, und es hat sich angefühlt, als stünde die Zeit still. Er wollte die schöne, zauberhafte Stimmung nicht kaputtmachen. Also hat er sich überlegt, das Insulin später zu spritzen. Nicht wegzulassen, einfach nur später zu spritzen. Spät am Abend hat er einen Moment abgepasst, um es nachzuholen. Nun war sein Zucker bereits auf die Rocky Mountains geklettert, und – Leander kannte das schon – von einem so hohen Wert runterzukommen ist mühsam. Er hat den Wert in kurzen Abständen wieder kontrollieren müssen. Darum ist er wachgeblieben, während Timon selig, entspannt und wunderschön auf dem Bett in Morpheus' Armen lag. Leander hätte gerne sorglos neben ihm gelegen.

«Caro mio, magst du etwa das Baiser auf der Torte nicht? Du siehst unglücklich aus!» Gilda schaut Leander mit mütterlich besorgtem Blick an. Leander findet sich wieder auf dem roten Plüschsofa, bequem eingebettet zwischen vielen Kissen in rotem und dunkelgrünem Samt. Wo ist seine Tasche mit dem Messgerät? Wie wird Gilda reagieren? Was wird sie von ihm denken, diese feine Dame, wenn er den Apparat herausholt? Soll er das Messen einfach lassen? Aber was ist vor seinem Abstecher bei Gilda eigentlich gewesen? Er ist nach Hause gekommen und… «Du suchst deine Tasche, oder? Sie liegt hier neben dem Sofa, keine Sorge, ich habe vorhin alles mitgenommen, als du im Treppenhaus sfinito warst.» Leander stellt den Porzellanteller mit der berauschend verführerischen Torte auf den Glastisch, greift zu seiner Tasche und sucht darin das Messgerät. Er findet es nicht. Er muss es in der Eile im Spind im Theater vergessen haben! Es bleibt ihm nichts anderes übrig, als sich Gilda Montefiori zu erklären: «Ich, ähm, ich muss vor der Torte meinen Blutzucker messen, ich finde aber mein Messgerät nicht, ich habe Diabetes, und vor dem Essen muss ich…»

Gilda zaubert das schönste und wärmste Lächeln auf ihr Gesicht, das Leander jemals gesehen hat. Sie erklärt ihm, sie habe ihn im Treppenhaus gesehen, wie er versucht habe, den Schlüssel ins Schlüsselloch zu stecken, und er sei tremante und schweißüberströmt gewesen. Da habe sie überlegt, ob er zu wenig Zucker im Blut habe, das sei ihr selbst auch einmal passiert. Sie habe einen Orangensaft geholt und ihn Leander gereicht, und er habe ihn widerspruchslos getrunken. Dann habe sie ihn überredet, mit zu ihr zu kommen, und er sei ihr gefolgt. Nach einem weiteren Saft habe sie Leander auf ihr Sofa platziert und mit den Vorbereitungen für den Kaffee begonnen. Leander kann sich an nichts von alldem erinnern. Was für ein scheußliches Gefühl.

Gilda hat auch solch ein Gerät, wie sie beim Aufstehen Leander erzählt. «Meine Ärztin, die dünne Dottoressa, will unbedingt, dass ich ein Blutzucker-Maschinchen habe. Ich finde es völlig sinnlos und hässlich, ich will es gar nicht haben. Aber das arme Mädchen hat wirklich so lange auf mich eingeredet, dass ich dachte: Mach doch dem Kind eine Freude. Sie ist sonst enttäuscht. Nun glaubt sie, sie hat es richtig gemacht.» Gilda lacht ein kehliges und keckes Lachen. Sie verschwindet kurz und kommt mit der macchinetta, wie sie sagt, wieder: «Guarda, dieses hässliche gelbe Ding, das kann ich doch nicht hier hinlegen, es passt gar nicht zu meinem roten Zimmer. Ich verstecke es im Bad.» Leander lächelt und misst den Blutzucker mit dem gelben Apparat. Sein Wert ist so niedrig, dass er sich die Torte gönnt, ohne Insulin zu spritzen. Sie schmeckt himmlisch: Das Baiser ist knusprig und gleichzeitig zart. Unter der Baiserschicht taucht verheißungsvoll eine fruchtige, lockere Mascarpone-Mousse auf, die auf der Zunge zergeht wie ein Traum.

«Ich messe den Blutzucker nie. Mir gefällt das nicht. Meine Dottoressa magra, die isst zu wenig. Eine Figur, das arme Kind, du siehst alle Knochen. Nichts zum Anfassen dran. Zu viel Arbeit, denke ich. Jedes Mal fragt sie mich, ob ich den Blutzucker gemessen habe. Sie hat mir ein Büchlein gegeben, genau wie in der Schule. Da soll ich Blutzuckerwerte reinschreiben. Weißt du, ich habe ihr zuliebe ein paar Zahlen reingeschrieben, damit sie glaubt, ich habe gemessen. Sie hat ein wenig kritisch geschaut, als sie die Zahlen gesehen hat – va bene, vielleicht waren sie zu gut – aber dann habe ich ihr sehr direkt und lange in die

Augen gesehen. Und da hat sie nichts gesagt. Weißt du, ich kümmere mich nicht um den Diabetes. Er passt nicht zu mir. Ich möchte mein Leben genießen, ich möchte kochen, essen, Zeit haben für mich und die Musik und meine Freunde!» Gilda erzählt, dass sie Klavier studiert und eine feste Stelle als Notenwenderin in der Philharmonie hat. Dadurch lernt sie immer wieder neue, faszinierende Menschen kennen. «Die dünne Ärztin fragt mich jedes Mal, ob ich Sport mache, und sie erklärt mir, dass Diabetes gefährlich ist und dass ich abnehmen muss, sonst muss ich Tabletten nehmen oder vielleicht Insulin spritzen. An diesem Punkt atme ich tief in meinen Busen ein, erhebe mein Kinn und schaue das Kindchen von oben an. Dann ist silenzio. Sie versteht einfach noch nicht, was wirklich wichtig ist. Sie ist noch jung.»

Leander seufzt: Wie kann er sich eine Scheibe von Gildas Einstellung abschneiden? Er hat es doch oft erlebt: Wenn er seine Diabetes-Verpflichtungen sausen lässt, dann gibt's einen Denkzettel. Letztens, bei einer Geburtstagseinladung, wurde wundervoller Caipirinha gereicht. Er hat den Zuckergehalt dieses herrlichen Getränks nicht bedacht und Stunden später einen astronomischen Blutzuckerwert gehabt. Natürlich hat er den Wert mit einer Extradosis Insulin versucht zu senken. Leander war auf der Party ausgelassen und locker wie schon lange nicht mehr und hat mit Timon ohne Ende getanzt. Tja, nach der Extraportion Insulin mit Alkohol und Tanzen ist er dann prompt nachts bei Timon unterzuckert. Glücklicherweise hat Timon davon nichts mitbekommen, denn er ist lächelnd und blitzartig eingeschlafen. Nicht so schwer nehmen, sagt Gilda. Leicht gesagt.

Leander und Gilda unterhalten sich angeregt eine ganze Weile. Sie genießen die gemeinsame Leidenschaft für die Musik und verabreden sich, um einige Lieblingssonaten zu spielen. Es ist belebend, mit Gilda zusammen zu sein, und Leander vergisst so die Zeit und seine Last. Er schreckt auf, als sein Handy klingelt. Es ist der Klingelton, den er für Timons Nummer abgespeichert hat.

Timon sitzt indessen ein Stockwerk höher in Leanders Wohnung. Er hat seinen Freund nicht vorgefunden. Die beiden sind verabredet. Timon hat frischen Fisch mitgebracht und in der Küche begonnen, ein delikates Abendessen vorzubereiten. Leander hat nicht auf Timons

Simsen reagiert. Daraufhin hat Timon im Theater angerufen. Er begann, sich Sorgen zu machen. Dort wusste man zu berichten, Leander habe vor vielen Stunden das Theater verlassen. Jetzt sorgte Timon sich wirklich, und wie er Leander nun am anderen Ende der Leitung hat, schimpft er ärgerlich. «Ich habe mir schon sonst was vorgestellt, du könntest irgendwo bewusstlos in der Ecke liegen!» Als Leander in seine Wohnung kommt, sitzt Timon schmollend am liebevoll gedeckten Küchentisch und überschüttet Leander mit Vorwürfen. «Du übertreibst es echt mit deinem Diabetes, du ziehst dich aus unserem gemeinsamen Leben und auch aus unserem Freundeskreis zurück. So geht es nicht, du musst bitte einen anderen Umgang mit der Sache finden. So halte ich das nicht aus.» Zur Krönung dieses Gespräches zückt Timon aus seiner Jackentasche einen grünen Flyer und überreicht ihn Leander mit den Worten: «Bitte, tu was für dich, vielleicht tut dir und uns ein Perspektivwechsel gut.» Leander hat gar keine Lust auf Timons Psychomasche und schon gar nicht auf einen Flyer mit Verbesserungsvorschlägen und legt ihn konsterniert auf das Küchentischchen – neben den Insulin-Pen und das Ersatzmessgerät. Erst am nächsten Morgen nach dem gemeinsamen Frühstück entdeckt er den vergessenen Flyer und klappt ihn auf.

Er beginnt zu lesen: «Dolce-Vita-Ressourcenmanagement für Menschen mit Diabetes – Wünsche erkennen und leben…»

1.3 Renate

Renate ist in Eile an diesem Tag. Der Kurs beginnt um neun Uhr, und sie ist spät aufgestanden. Sie hat sich mal wieder vorgenommen, morgens ein paar Gymnastikübungen zu machen, um den Körper in Schwung zu bringen. Aber wie so oft ist sie bis zum letzten Moment im kuschelig warmen Bett geblieben, hat mehrfach auf die Schlummerfunktionstaste ihres Weckers gedrückt und das Aufstehen so weit wie nur möglich hinausgeschoben. Es ist einfach zu gemütlich, morgens im Bett zu bleiben.

Mit dem ersten Weckton ist das schlechte Gewissen aufgewacht, und damit ist es vorbei mit dem vollkommenen Genuss am frühen Morgen. Immer wieder erinnert sie sich an die Worte ihres Hausarztes, der ihr ihre Zukunft in den düstersten Farben geschildert hat. Gewichtszunahme, Verschlechterung ihres Typ 2 Diabetes mit hohen Blutzucker-Werten, Notwendigkeit einer Behandlung mit Insulinspritzen, Bluthochdruck, Risiko eines Herzinfarktes, verschlechterte Lebensqualität. Alles hinge an ihr selbst, an ihrer Lebensweise, an ihrer Verantwortung für sich selbst.

Sie weiß genau, er hat recht. Sie weiß genau, es liegt alles in ihrer Hand. Das Abnehmen, die Art, wie sie sich ernährt, die Entscheidung, mit sportlicher Aktivität zu beginnen – alles hängt von ihr ab. Sie spürt ihre Verantwortung wie ein schweres Gewicht auf den Schultern. Es gibt einfach auch tausend Hemmnisse. Jedes Mal, wenn sie sich vornimmt, etwas für ihre Gesundheit zu tun, bemerkt sie einen inneren Bremsklotz, der das Anrollen verhindert. Es ist wie eine verhexte innere Kraft, die stärker ist als all die verstandesmäßigen Überlegungen sein können.

FIT
FO
FU

Schon ein paar Mal ist ihr der erste Schritt gelungen, aber nicht das Dranbleiben, die Konsequenz. Irgendetwas macht, dass ihr Vorhaben sich langsam verflüchtigt wie ein Echo, das im Lauf der Zeit immer leiser wird. Sie ist in dieses Frauen-Fitness-Studio gegangen und hat einen Personal-Trainingstermin mit einem perfekt geschminkten, jungen, adretten Mädel in hautengem, graurosa Sportdress über sich ergehen und sich zu einem Vertrag mit monatlichem Beitrag überreden lassen. Wenn sie jeden Monat Geld für das Fitness-Studio bezahlt, wird sie sicher auch hingehen, sagte sie sich. Wie oft im Monat muss sie sich zwingen, damit das Geld «abgedient» ist? Sie rechnet: Nun, zweimal in der Woche wäre natürlich optimal, da wäre jeder Besuch im Fitness-Studio spottbillig, geradezu ein Schnäppchen. Einmal in der Woche wäre das Minimum, sollte das Geld gut angelegt und nicht rausgeschmissen sein. Sie hatte das Gefühl, etwas in sich auf schlaue Weise überlistet und ausgetrickst zu haben – diesmal wirklich! Sie grinste.

Nach Unterzeichnung des Vertrags im Fitness-Studio legte sich Renate das entsprechende Outfit zu. Es ist ihr nicht leichtgefallen, in das Sportgeschäft zu gehen und die Leggings anzuprobieren. Zwei schlanke, durchtrainierte Kundinnen in der Kabine neben ihr linsten ab und zu verstohlen zu ihr und zu ihren Speckrollen. Es war ihr oberpeinlich, die Verkäuferin zweimal um eine größere Konfektionsgröße für die Sportkleidung bitten zu müssen. Aber schließlich hat sie es geschafft und hat das Sportgeschäft mit aufrechtem Gefühl verlassen, die Einkaufstüte mit den Sportklamotten wie eine Trophäe des Versprechens und der Verpflichtung in ihrer Hand.

Renate ist dann sogar zu einem Fatburner-Kurs im Fitness-Studio gegangen. Heldenhaft fühlte sie sich, als sie sich freiwillig in die Meute dieser schlanken, fitten und schönen Frauen wagte, die sie natürlich von oben bis unten musterten. Sie stellte sich in die letzte Reihe des Kursraumes, aber in den großen Spiegeln auf der Frontseite konnten dennoch alle sie sehen, wie sie schwitzte, wie sie nach zehn Minuten bereits einen hochroten Kopf bekam. Vor allem: Sie selbst konnte sich genauso im Spiegel sehen. Sie fühlte sich unwohl und unattraktiv.

Sie ist unzufrieden mit sich und ihrem Körper. Ihr Körper fühlt sich mit 95 Kilo unförmig und unweiblich an. Er ist eine unangenehme

Last, die sie mit sich herumträgt, eine Fleischmasse. Der für alle sichtbare Beweis dafür, dass sie permanent versagt und es nicht schafft, an etwas dranzubleiben. Etwas an sich zu verändern. Ein zweites Mal ist Renate nicht mehr zum Kurs gegangen, sondern hat sich auf eins dieser Fahrräder gesetzt und versucht, zwanzig Minuten zu radeln. Dabei blickte sie immer wieder heimlich zu den anderen Frauen mit den perfekt geformten weiblichen Körpern, die scheinbar völlig mühelos in die Pedale traten.

Dieses Gefühl, selbst schuld an ihrem Körper zu sein, kennt Renate, seit sie zurückdenken kann. Schon als Teenager ist sie pummelig gewesen, und ihre Mutter hat sie damals schon ermahnt, sie möge doch auf ihre Figur achten, sonst würde sie keinen Mann abkriegen. Jedes Mal, wenn sie von der Mutter erwischt wurde, wie sie Süßes naschte, hat es ein Gespräch gegeben. In Renate ist dieses miese Gefühl zurückgeblieben, eine Versagerin zu sein und die Mutter enttäuscht zu haben.

Die Mutter hat sie zum Kinderarzt geschleppt und ihm ihre Sorgen erzählt. Der hat darauf die Stirn gerunzelt, und Renate ist in ein Programm eingeschrieben worden, das sie zu einem Sportkurs verpflichtete. Sie musste mit einer Ernährungsberaterin darüber sprechen, was sie normalerweise so isst. Die hat ihr versprochen, sie würde ganz toll abnehmen, wenn sie sich nach dem Essensplan richte, den die Beraterin für sie erstellen würde. Renate hat das alles über sich ergehen lassen. Das Ergebnis war, dass ihre Mutter, wenn sie Renate mal wieder beim Naschen erwischt hat, nicht mehr rügte, sondern nur noch traurig geschaut und den Kopf geschüttelt hat.

Später, als Renate ausgezogen war und Betriebswirtschaftslehre studierte, war sie oft einsam. Sie nahm weiter zu. Sie hatte sich eine bockige Haltung zu eigen gemacht nach dem Motto, mal sehen, ob die Menschen, die mit mir verkehren, sich wirklich für mich interessieren, unabhängig von meinem Gewicht. Ob sie nur an Äußerlichem hängen oder sich für die Person hinter diesem massigen Körper interessieren. So wirkte sie auf andere oft harsch und arrogant. Wenn sich Menschen von ihr zurückzogen, fühlte sie sich bestätigt und sagte sich, diese Leute seien einfach zu oberflächlich und meinten gar nicht wirklich sie.

Als ihr Arzt ihr einige Jahre später mitteilte, dass sie Typ 2 Diabetes habe, saß Renate im Sprechzimmer und hatte das Gefühl, die Situation zu kennen. So wie damals, als ihre Mutter den moralischen Zeigefinger erhoben hatte, kam sie sich auch jetzt vor. Der Arzt schaute sie ernst an, als wolle er Renate sagen: Siehst du nun, was du von deiner vielen Esserei hast? Ich hab's ja gewusst. Diabetes, so kam es ihr vor, ist die Quittung für ihr jahrelanges Fehlverhalten.

Die Diabetes-Assistentin in der Diabetes-Schulung drückte es mit anderen Worten aus. Sie war nicht nur gertenschlank und bildhübsch, sondern auch sehr höflich. Renate war jedoch klar, dass sich genau das Gleiche hinter deren Worten verbarg wie hinter denen des Arztes: Der Typ 2 Diabetes hat etwas mit dem Lebensstil der Betroffenen zu tun. Nimmt man die Sache selbst in die Hand, macht einem der Diabetes keine Probleme. Außerdem kann man Diabetes mit einem gesunden Lebensstil verhindern. Und wenn man sich motivieren kann abzunehmen, kann man auf das Insulin und manchmal sogar auf die Diabetes-

Tabletten verzichten. Das ist doch völlig klar, dachte Renate frustriert, wenn ich das alles nicht schaffe, dick bleibe und mir deshalb der Diabetes erhalten bleibt, dann hab ich's persönlich verbockt.

Nach der Schulung ging Renate ins KaDeWe, fuhr bis hoch in die sechste Etage und lief schnurstracks zum französischen Patissier Lenôtre. Dort kaufte sie sich zwölf dieser köstlichen Petit Fours. Zu Hause vor dem Fernseher machte es sich Renate gemütlich. Die Petit Fours drapierte sie auf einem Teller, sah sie sich an und brauchte lange für die Entscheidung, welches sie als erstes anbeißen würde, während sie auf den Beginn ihrer Lieblings-Fernsehserie «Ally McBeal» wartete.

Das Telefon klingelte schrill, und kurz überlegte Renate, ob sie es einfach klingeln lassen sollte. Sie wusste genau, wer da anrief. Die Vorstellung, die gereizte Stimme ihrer Mutter auf dem Anrufbeantworter anhören zu müssen, widerstrebte ihr. Also stand sie auf und ging lustlos ans Telefon. Renates Mutter Hiltraut fragte, was ihre Tochter heute, an ihrem freien Nachmittag, denn gemacht habe. Ob sie jemanden getroffen habe oder …? Renate fiel auf die Schnelle keine gute Geschichte ein, weshalb sie die Wahrheit erzählte. Sie habe eine Diabetes-Schulung in der Praxis ihres Arztes besucht. Ihre Mutter lobte und beglückwünschte sie zu dieser Entscheidung und erzählte Renate, wie viele Sorgen sie sich um ihre Tochter mache. Gut, dass sich jetzt etwas ändern würde, sonst bekäme Renate doch nie einen Mann ab – mit dieser Figur.

Renate war restlos bedient. Welche Entscheidung? Was sollte sich ändern? Warum sollte sie tun, was ihre Mutter will? Was ihr Arzt will? Was die Diabetesberaterin will? Nach dem unerfreulichen Telefonat war leider die «Ally McBeal»-Folge fast vorüber und Renate wütend. Sie setzte sich an ihren Computer, um die neusten Nachrichten abzufragen und rief Google auf. Der Gedanke ging ihr nicht mehr aus dem Kopf: Warum fühlt sie sich immer verpflichtet, das zu tun, was andere wollen? Warum hat sie immerzu dieses schlechte Gewissen? Sie tippte mechanisch einen Satz bei Google ein: «Machen Sie doch, was Sie wollen.» – warum sagt ihr das eigentlich niemand? Ebenso mechanisch drückte sie die Entertaste und merkte auf, als auf dem Bildschirm das Angebot eines Buches mit genau diesem Titel erschien. Vermutlich so ein Ratgeber wie «Warum Männer nicht zuhören und Frauen schlecht einparken». Aber Renates Neugierde war geweckt, und sie klickte den Buchtitel und die dazugehörige Leseprobe an. Sie klebte förmlich an den Zeilen: Es ging um Entscheidungen. Darum, herauszufinden, was man selber wirklich will. Es ging darum, bewusste Absichten, die man hat, mit seinen inneren Bedürfnissen abzugleichen, so dass diese an einem Strang ziehen und einem Kraft geben, seine Wünsche zu verwirklichen. Anstatt dass die bewussten Absichten und die inneren Bedürfnisse gegeneinander arbeiten.

Das war doch etwas, das Renate kennt, dieser Widerspruch, den sie in sich fühlt: abnehmen zu wollen, Sport machen zu wollen, aber es nicht zu schaffen, weil irgendeine innere Kraft sie daran hindert!

Renate bestellte sich das Buch und war sich darüber im Klaren: Was in diesem Buch angesprochen wird, ist genau ihr Thema. Und vielleicht erweist sich diese Methode als für sie erlernbar und kann ihr über den inneren Zwiespalt hinweghelfen. Sie beschloss, herauszufinden, wie es damit aussieht, und machte sich im Internet auf die Suche nach Kursen in Berlin. Fündig geworden mit dem Kursangebot «Dolce-Vita-Ressourcenmanagement für Menschen mit Diabetes» beschloss sie, sich etwas Gutes zu tun, goss sich einen Campari Orange ein, holte sich eine DVD ihrer zweitliebsten Serie «Dr. House» aus dem Regal und genoss die restlichen Petit fours. Stück für Stück.

19:15

1.4 Steffi

Steffi ist eine junge Frau von einunddreißig Jahren. Sie war 19, als ihr die Diagnose Typ 1 Diabetes verkündet wurde. Der Verlauf der Krankheit war eigentlich nie richtig gut. Die Werte sind immer miserabel gewesen, und alle Versuche, etwas daran zu ändern, haben aus Steffis Sicht nicht gefruchtet.

In den ersten zwei Jahren ist sie eifrig dabei gewesen und hat sich nach Kräften bemüht, alles richtig zu machen. Sie hat nicht vier- oder fünfmal täglich den Blutzucker gemessen, sondern acht- bis zehnmal. Sie spritzte das Insulin korrekt und bedachte alle Fallstricke beim Spritzen, die sie in der Diabetes-Schulung kennengelernt hatte. Anfänglich, hat man ihr gesagt, ist es ganz normal, dass die Blutzuckerwerte nicht im gewünschten Bereich zwischen 90 und 120 liegen. Sie müsse Geduld haben, sie müsse erst alles lernen: wie sie das Essen einzuschätzen hat, wie der Körper zu unterschiedlichen Tageszeiten auf das gespritzte Insulin reagiert, dass es einen Unterschied macht, ob sie kurz zuvor etwas gegessen hat und folglich auch ob sie kurz zuvor dafür Insulin gespritzt hat. Und sie müsse lernen, dass es einen Unterschied macht, ob sie schnell wirkende, mittellang oder lang wirkende Kohlenhydrate gegessen hat oder eine Mischung daraus. Lernen, dass das Insulin anders wirkt, wenn sie es in den Oberschenkel spritzt oder in den Bauch oder ob es Sommer oder Winter ist – wegen der Temperaturen und der unterschiedlichen Anflutung des Insulins. Es wirkt anders, wenn sie in der Sauna war und die Muskulatur aufgewärmt ist, weil die dann besser durchblutet ist. Die genau gleiche Menge an Insulineinheiten wirkt auch noch unterschiedlich, abhängig vom Ausgangswert.

Matisse
30

Natürlich ist es ein himmelweiter Unterschied, ob Steffi vorher Sport gemacht oder ob sie ein paar faule Stunden hinter sich hat. Im ersten Fall muss sie damit rechnen, dass der Blutzucker im Verlauf der sportlichen Aktivitäten absinken kann. Dabei muss sie auch bedenken, wie ihr Trainingszustand ist. Bei schlechtem Trainingszustand und größerer sportlicher Belastung ist die Gefahr einer Unterzuckerung größer. Sie muss dann sogar in der darauffolgenden Nacht mit einer Unterzuckerung rechnen und sich sicherheitshalber nachts den Wecker stellen.

Steffi muss in ihren Überlegungen nicht nur einige Stunden in die Vergangenheit zurückschauen, sondern auch gleichzeitig nach vorne, in die Zukunft: Es macht einen großen Unterschied, ob sie in den nächsten Stunden körperlich aktiv sein will oder ob sie einfach nur Lust hat, sich auf dem Sofa auszuruhen.

Besonders schwierig findet Steffi es, wenn sie auf eine Party eingeladen ist und es ein Buffet gibt. Wie soll sie wissen, was sie alles im Laufe des Abends essen möchte und wie viel Gramm an Kohlenhydraten das entsprechen wird? Oder über welchen Zeitraum sie essen wird? Anfänglich hat es Steffi vermieden, auf solche Partys zu gehen und sich der Schwierigkeit solcher Berechnungen auszusetzen. So muss sie sich nicht auch noch mit dem nächsten Unsicherheitsfaktor auseinandersetzen: Alkohol. Dieser Übeltäter kann mit einer Verzögerung von zehn bis zwölf Stunden, teilweise sogar länger, eine Unterzuckerung auslösen. Wenn er in Form eines Cocktails konsumiert wird, gibt es anfänglich einen riesigen Anstieg des Blutzuckers, der fast nie abzuschätzen ist (denn jeder Mojito ist anders gemixt, mit unterschiedlichen Zuckersorten, in unterschiedlichen Proportionen, Schütteldauer etcetera). Und diesen Blutzuckeranstieg, der manchmal gewaltig ist und bis 400 oder 500 geht, kann man nicht einfach tolerieren, der ist gefährlich. Man muss ihn ausgleichen – aber mit wie viel Insulineinheiten? Wenn die gewählte Insulindosis zu hoch ist, kann die Quittung mit einer Unterzuckerung kommen.

Steffi bemüht sich wirklich nach Kräften, aber manchmal fragt sie sich, wie sie all die Faktoren abschätzen soll, die gleichzeitig, aber in unterschiedlicher Intensität auf ihren aktuellen Blutzucker wirken. Wo gibt es eine Superformel, die es einem erlaubt, halbwegs zuverlässig vorherzusagen, wie der Blutzucker in vier Stunden sein wird? In der Diabetes-Schulung wurde ihnen gesagt, wenn man alles einberechnet, wird man in etwa wissen, wo der Blutzucker landet. Und so würde man immer sicherer und unabhängiger und hätte den Diabetes gut im Griff. Man könne selbstbestimmt fast alles tun.

Steffi aber merkt, dass ihre Werte trotz ihrer Anstrengung und Aufmerksamkeit hin- und herpendeln. Sie schwanken erheblich, auch nach Monaten, und sie hat viele Unterzuckerungen und eine Menge Werte, die deutlich zu hoch sind. Wenn sie die Diabetesberaterin oder den Arzt fragt, weshalb die Werte nicht besser werden, bekommt sie zur Antwort, sie müsse alles besser einschätzen lernen. Aber nach einem Jahr sagen selbst die das nicht mehr. Sie hat zwölf Abende mit anderen Patienten in einer Diabetes-Schulung verbracht, sie hat Bücher über die Diabetes-Therapie gelesen, sie hat regelmäßig ihr Diabetes-Tagebuch geführt und alles korrekt ausgerechnet und notiert. Macht sie es denn nicht richtig genug? Hat sie nicht verstanden, wie dieser Diabetes tickt, oder wo liegt der Fehler? Steffi ist wütend und unsicher geworden.

Ihre Freundinnen sprechen Steffi darauf an, warum sie immer seltener zu den gemeinsamen Verabredungen und zu Partys kommt. Steffi merkt, wie sehr ihr die Normalität fehlt. Das sorglose Genießen eines Abends, das Gefühl, einfach im Jetzt zu sein und sich dem Moment hingeben zu können, ohne an vorher und nachher zu denken. Ihre Gedanken drehen sich viel zu häufig um Diabetes und um die Blutzuckerwerte und nicht um ihre Freunde, um Vergnügungen, um Reisen, um berufliche Pläne. Steffi ist Rechtsanwalts- und Notargehilfin in einer mittelgroßen Kanzlei. Die Arbeit an sich stellt für sie keine große Herausforderung dar, zeitlich ist sie jedoch schon aufwändig. Steffi würde die Kanzlei gerne mal pünktlich verlassen. Oft kommt sie müde und abgekämpft nach Hause. Die Energie, sich noch zu verabreden, fehlt dann meist. Wenn sie daran denkt, dass Blutzuckerprobleme aller Art auf sie zukommen können, weil sie nicht weiß, wie genau das Gericht im Lokal gekocht worden ist, ob sie tanzen wird, ob sie Lust auf ein oder zwei Gläser Wein haben wird, da vergeht ihr vor lauter Planerei der Appetit, und sie verzichtet lieber darauf, etwas zu unternehmen.

So ist es gekommen, dass Steffi immer häufiger einsame Abende zu Hause verbringt und ein schlechtes Gefühl bekommt, wenn sie das Blutzuckermessgerät aus der Tasche holt und sich in den Finger piekst. In den Sekunden, in denen sie warten muss, bis ihr Blutzuckerwert angezeigt wird, steigt ein feuerrotes Wutgefühl aus dem Magenbereich in ihr auf. Das Herz beginnt schneller zu schlagen. Gleich wird der Wert angezeigt. Wenn er, wie so oft, schlecht ist, steigt das Wutgefühl weiter nach oben und kreist einmal im Kopf: «Schon wieder!», denkt Steffi.

Das Ergebnis der Blutzuckermessung scheint ihr unberechenbar, und der Ärger wächst mit jedem Mal, wenn sie mit der gespritzten Insulindosis und dem Blutzucker-Ergebnis «danebengelegen» hat. Es ist jedes Mal ein kleines bisschen wie eine Niete beim Glückslos; ein Gefühl der Enttäuschung, aber auch das Gefühl versagt zu haben.

Was haben die in der Schulung damals gesagt? Wenn man alles bedenkt und konsequent umsetzt, wird man den Diabetes gut in den Griff bekommen. Das klingt heute wie ein Hohn. Das stimmt gar nicht. Sie hat sich bemüht, und nach wie vor ist alles unwägbar. Die vierteljährlichen Kontrollen der Blutwerte beim Diabetesarzt zeigen noch immer keinen guten Langzeitwert. Wenigstens das hat sie sich als Belohnung erhofft. Es ist doch eine Lüge, dass man mit Diabetes gut klarkommen kann. Sie hat die Nase voll davon, sich jeden Tag um Zuckerwerte kümmern zu müssen, egal ob in den Ferien, ob zu Weihnachten, ob vor einer Prüfung oder an ihrem Geburtstag. Sie hat es satt.

Es folgen Jahre, in denen Steffi dem Diabetes trotzt. Sie probiert aus, mit wie wenig Messungen sie einen Tag bestehen kann. Was sie alles machen kann, ohne zu messen oder ohne zu berechnen oder ohne darüber nachzudenken. Sie wird zur Meisterin darin, sich in der Diabetes-Praxis nur die Rezepte zu besorgen und den lästigen Sprechstundentermin zu umgehen. Und wenn sie doch einmal in der Sprechstunde antanzen muss, ist sie raffiniert genug, sich so darzustellen, dass das Gespräch möglichst schmerzarm abläuft.

Die Blutzuckerwerte sind oft aberwitzig hoch. Dadurch riskiert Steffi weniger Unterzuckerungen. Steffi spürt die hohen Werte nicht mehr. Sie hat keine Beschwerden, und damit fällt es ihr leichter, den Diabetes wie einen Hund zu betrachten, auf den sie aufpassen muss.

Sie hält den Diabetes-Köter an der kurzen Leine, und wenn er aufmucken will, zieht sie ihm einen Maulkorb an. Dann steckt sie das Blutzucker-Messgerät wieder in die Tasche.

Während dieser Jahre empfindet Steffi die Sprechstundentermine wie eine merkwürdige Veranstaltung. Sie sieht den Schreck in den Augen des Diabetes-Arztes. Der Langzeitwert ist oft derart hoch, dass er nicht einmal schimpft oder Vorwürfe macht, sondern offensichtlich in Sorge ist. Steffi kann die Sorge nicht teilen. Es ist, als spräche der Arzt über jemand anderes. Vielleicht über diesen Hund namens Diabetes. Der kommt ihr bekannt vor, aber er ist nicht sie selbst. Das funktioniert ganz gut. Auch um die lauernde Angst vor den Spätschäden in Schach zu halten. Steffi weiß, dass langandauernd hohe Blutzuckerwerte Schäden anrichten können, an den Fühlnerven der Beine oder an den Adern der Netzhaut. Ihr Augenlicht würde schlechter werden bis hin zum … im schlimmsten Fall Erblinden. Oder, fürchterliche Vorstellung, sie könnte eine Wunde am Fuß bekommen, die lange nicht heilt.

Irgendwann hat Steffi Olaf kennengelernt. Olaf ist Klient in der Anwaltskanzlei. Er hatte mehrere Anzeigen am Hals, weil er sich bei Streitigkeiten nicht unter Kontrolle hatte und gegenüber anderen verbal ausfällig geworden ist. Einmal hat er einer Frau, die für seinen Geschmack nicht schnell und wendig genug gefahren ist, den Weg mit seinem Motorrad versperrt, um es direkt vor ihr zu parken.

In der Kanzlei erschien er Steffi immer ganz höflich und zurückhaltend. Er gefiel ihr sofort. Wenn er im Wartezimmer saß, bot Steffi ihm immer einen Cappuccino an, und sie unterhielten sich. So kam es, dass sie sich in ihn verguckte. Olaf ist Schrauber in einer kleinen Werkstatt und fährt eine Harley Davidson. Sie heißt Berta. Als Olaf Steffi das erste Mal auf eine Spritztour mit Berta einlud, war es um Steffi geschehen. Sie wusste mit einem Mal und seit langem wieder, dass sie etwas unbedingt will: Sie will das Leben wieder spüren, sie will es sehen, riechen, sie will es wieder genießen. Und vor allem will sie Olaf.

Vor Olaf kann sie den Diabetes nicht verbergen. Er reagiert jedoch verunsichert, wenn Steffi Sorgen wegen des Blutzuckers hat. Er will wohl vor allem eine unternehmungslustige und waghalsige Mitstreiterin. Steffi spürt diese Ansprüche. Die Werte auf dem Messgerät tun jetzt irgendwie mehr «weh» und sind mehr als zuvor ihre Werte. Sie wünscht sich, den Diabetes zu wuppen. Sie wünscht sich, dass Olaf sorgenfrei mit ihr zusammen sein kann, ohne peinliche Situationen. Also macht Steffi zum ersten Mal freiwillig einen Termin in der Diabetespraxis aus. Sie braucht jetzt jemanden, der ihr in möglichst kurzer Zeit Hilfe und Unterstützung geben kann.

Steffi setzt sich ins Sprechzimmer zur Diabetesberaterin und packt aus. Erzählt in einem langen Zug ihre letzten Jahre, wie sie den Haushund Diabetes gehalten hat, damit nicht er sie, sondern sie ihn unter Kontrolle hat. Wie er aber dennoch meist knurrt und nicht folgt. Sie erzählt von Olaf und seiner Berta und ihrer Angst, Olaf zu verlieren. Die Diabetesberaterin Frau Lauscher hört ihr aufmerksam zu und seufzt, als Steffi ihre Erzählung beendet hat: «Da haben Sie aber auch ganz schön was durchgemacht, Frau Reno!»

Frau Lauscher nimmt sich viel Zeit und geht mit Steffi die Werte im Blutzuckertagebuch durch. Auch sie versucht, eine Regelmäßigkeit in den Zuckerverläufen zu erkennen. Es ist ein Auf und Ab. Frau Lauscher erklärt Steffi: «Wissen Sie, neben dem, was Sie in der Schulung gelernt haben, gibt es eine Menge zusätzlicher Faktoren, die sich auf Ihren Blutzucker auswirken. Zum Beispiel beeinflusst auch Ihre Stimmung den Blutzucker: ob Sie sich gut fühlen, fröhlich sind, aufgeregt, völlig nervös, wütend, ob Sie unter Strom stehen, ob Sie gut geschlafen haben oder übermüdet sind, ob Sie sich in der ersten oder in der zweiten Hälfte des Monatszyklus befinden. Kennen Sie die Mobiles, die manchmal über den Bettchen von Säuglingen hängen? An feinen Fäden hängen viele kleine Tierfiguren, und wenn Sie eine dieser Figuren ganz zart antippen, fängt das ganze Mobile an zu schwingen. Alle Tierfiguren bewegen sich auf einmal hin und her, auf und ab. Auch eine Tierfigur, die weit weg von der ursprünglich angetippten hängt, kann kräftig anfangen zu schwingen und beeinflusst wiederum das Schwingen der anderen. Ein Mobile ist ein viel zu kompliziertes System, als dass man

berechnen könnte, wie das Entchen am einen Ende schwingen wird, wenn Sie den Hasen am anderen Ende antippen. Es genügt manchmal schon ein zarter Windhauch vom benachbarten Fenster, um das Mobile in Bewegung zu bringen. Frau Reno, können Sie sich vorstellen, dass Ihr Blutzucker auch ein Mobile ist mit vielen kleinen Figuren dran, die ständig durch die Alltagsereignisse angetippt werden? Es schwingt immerzu, hin und her, hoch und runter. Es ist nie still, genau wie das Mobile über dem Bettchen, und es ist unglaublich schwierig herauszufinden, was den Schwung verursacht hat.» Steffi schweigt.

«Wissen Sie, bei manchen Menschen hat das Mobile weniger Schwung und weniger Figuren, dann ist es einfacher, das Auf und Ab zu verstehen. Aber ich muss zugeben, Ihr Mobile ist ganz schön raffiniert und scheint aus besonders vielen Figuren zu bestehen, die auf jeden kleinen Windhauch reagieren.»

Steffi ist ganz still, als sie sich ihr Mobile vorstellt. Sie sieht die vielen Teile vor sich, die daran hängen, wie sie oszillieren und die anderen mitschwingen lassen. Steffi und Frau Lauscher versuchen, die Insulingaben an Steffis Bedarf anzupassen. Sie überlegen auch, wie Steffi in außergewöhnlichen Situationen mit Olaf reagieren könnte, damit sie sich etwas wohler fühlt. Steffi geht mit der Vorstellung des Mobiles aus der Praxis. Sie trifft sich erneut mit Olaf. Es gibt immer wieder Situationen, in denen Steffi anhalten, messen oder schnell etwas essen muss, weil sie sonst unterzuckert. Es passiert manchmal auch, wenn Olaf und Steffi mit dem Motorrad unterwegs sind, dass Steffi Olaf antippt und er rausfahren muss, damit sie eine Snackpause machen kann.

Olaf nervt das zunehmend, und er wirkt gereizt. Mit dem Mobile-Bild muss Steffi ihm gar nicht kommen. Er wirkt ungnädig, wenn der Diabetes Steffi zwingt, eine Pause zu machen. Es geschieht jetzt öfter, dass Olaf etwas vorhat, wenn Steffi ihn anruft. Und irgendwann kommt, was Steffi schon geahnt hat: Olaf erklärt ihr, er habe keine Lust mehr auf die Beziehung mit ihr. Er habe sich das alles anders vorgestellt, und es sei ihm zu anstrengend mit dieser ständigen Messerei und dem Spritzen und diesen Pausen – das alles passe nicht zu ihm, sei echt uncool. Steffi hält den Telefonhörer noch lange in der Hand, nachdem sie sich sagen gehört hat, dass sie Olaf verstehen kann und es ihr total unangenehm und peinlich sei. Sie legt den Hörer in den Schoß und starrt auf das Bild mit dem Segelboot an ihrer Wand und fragt sich, wie es mit ihr weitergehen soll.

Voller Trauer um Olaf verbringt sie die nächsten Wochen nur mit Arbeiten und Alltagsverrichtungen wie Einkaufen, Wohnung aufräumen, Blutzucker messen, Insulin spritzen. Währenddessen spürt sie die Wut auf den Diabetes nicht mehr. Das fühlt sich jetzt anders an. Jetzt ist es ein dunkler Drachen, der am Himmel über ihr fliegt und einen Schatten auf sie wirft. Der Schatten folgt ihr, wohin sie auch geht.

Steffi kommen die Tage und Wochen öde und gleichförmig vor. Ohne Abwechslung, ohne Freude, ohne Abenteuer oder Herausforderung. Sie hat sich an schlechte Blutzuckerwerte gewöhnt, und beim nächsten Termin bei der Diabetesberaterin hört sie abwesend zu und nickt zu allem. Sie fühlt sich bestätigt: Dieses bescheuerte Mobile kann man eh nicht beeinflussen, was soll sie sich überhaupt damit beschäftigen und sich aufreiben, es hat doch keinen Sinn. Frau Lauscher versucht sie zu trösten, aber Steffi hat das Gefühl, sie wie durch eine Wand hindurch zu hören, wie von Ferne. Steffi hat überhaupt das Gefühl, auf sich selbst zu schauen wie auf eine Darstellerin, die auf einer Bühne steht. Sie sieht diese Person agieren und sprechen, und es ist eindeutig Steffi, aber sie fühlt sich nicht wie Steffi an.

Einerseits kann sie keine Freude empfinden, andererseits fühlt sie sich auch nicht richtig wütend oder traurig. Es ist nicht schwerwiegend, es geht nicht ganz nahe, es wirkt einfach nur alles ein bisschen leiser, blasser, langsamer. Es vergehen etliche Monate, in denen Steffi einfach ihre Aufgaben erfüllt. Die gehen ihr allerdings nicht so schnell von der Hand, wie sie und die Vorgesetzten in der Kanzlei das gewohnt sind. Sie wird von ihrem Chef zu einem Mitarbeitergespräch gebeten. Steffi ahnt schon das Thema des Gesprächs.

Ganz richtig, dem Chef ist auch schon aufgefallen, dass Steffi immer weniger Arbeit erledigt und es häufiger vorkommt, dass Aufträge, die er ihr gegeben hat, liegen bleiben oder er sie mehrfach daran erinnern muss. Steffi bricht in Tränen aus, was dem Chef sehr peinlich zu sein scheint. Er schlägt ihr vor, eine Auszeit zu nehmen und sich erst einmal zu erholen; auch mal mit einem Arzt zu sprechen. Steffi willigt ein und verspricht, sich gleich am nächsten Tag um das Nötige zu kümmern.

Mit vom Weinen verquollenen Augen kommt sie aus dem Büro ihres Chefs, nimmt ihre Tasche, wirft sich ihre dunkelbraune Strickjacke über und verlässt die Kanzlei. Im Treppenhaus trifft sie Nora, eine junge Auszubildende, die erst seit ein paar Wochen in der Kanzlei arbeitet. Nora sieht echt schräg aus. Sie hat karottenrot gefärbte, kurze Haare, riesige grüne Hängeohrringe in Form einer Schlange und einen kleinen Brilli, der von ihrem linken Schneidezahn aufblitzt, wenn sie lacht. Die Krönung ist ein verwegenes Tattoo am Oberarm, das zwei Löwen zeigt. Die tauschen leicht anzüglich anmutende Zärtlichkeiten miteinander aus. Nora trägt meistens T-Shirts mit ganz kurzen Ärmeln, wahrscheinlich in der Absicht, das Tattoo für alle sichtbar zu machen. Steffi bemüht sich, nicht auf Noras Oberarm zu schauen, aber wie von einem Magneten wird ihr Blick immer wieder dorthin gezogen. Verstohlen schaut sie die Löwen an und versucht zu erkennen, welche der beiden die Löwin ist. Jedes Mal, wenn Nora im Raum steht und ihr fröhliches Wesen versprüht, scheint es Steffi, als könne sie die Löwin schnurren hören, tief und genüsslich.

Einmal hat sich Nora von ihrem Gesprächspartner abgewandt und sich zu Steffi gekehrt: «Die Löwen sind klasse, oder? Guck mal, wie die sich mögen!» Nora hat den Ärmel ihres grasgrünen T-Shirts hochgeschoben, so dass Steffi die Löwen in Gänze sehen kann. Sie spürt, wie ihr Gesicht flammend rot wird, so peinlich ist es ihr. Aber als Nora zu lachen beginnt, löst sich die Spannung, und Steffi kann mitlachen.

Seitdem ist es Steffi, als gäbe es einen ganz feinen, unsichtbaren Faden, der zwischen Nora und ihr gespannt ist.

Nora ist ein bunter Vogel in der Kanzlei. Niemand dort sieht aus wie sie. Man legt in der Kanzlei Wert auf ein gepflegtes und gediegenes Erscheinungsbild. Nora sticht hervor. Der Chef hat sie vor allen anderen gebeten, sich doch bitte an den Kleidungsstil der Kanzlei anzupassen. Nora hat ihn ganz höflich gefragt, was er genau meine, dann könne sie sich das überlegen. Der Chef hat offensichtlich nicht mit solch einer Antwort gerechnet und war perplex. «Na ja, das Stirnband mit diesen Glitzersteinen, was Sie da haben, das fällt zum Beispiel völlig aus dem Rahmen.» Nora lacht: «Ach, das ist kein Problem, das kann ich auch ablegen.» Nora studiert Psychologie und muss ihr Studium finanzieren. Darum hat sie sich entschlossen, im Studium zu pausieren und eine Ausbildung zu machen. So ist sie als Azubi in der Kanzlei gelandet.

Ein Glück! Als Steffi nun verheult die Kanzlei verlassen will, spricht Nora sie an: «Hey Steffi, dir geht's nicht gut?!» Glücklicherweise hat Steffi ein Papiertaschentuch zur Hand, als die Tränen wieder zu laufen beginnen. Sie nickt und brummt: «Hm, hm.» «Wollen wir in meinem Lieblingscafé hier in der Nähe einen Tee trinken oder eine heiße Schokolade?», fragt Nora. «Hm, hm», entgegnet Steffi.

Und so sitzt Steffi kurze Zeit später mit Nora in einem kleinen Café mit vielen Plüschsesseln und hält eine altmodische Porzellantasse mit Blümchenmuster in der Hand, die mit duftender, heißer Schokolade gefüllt ist. Nora hat sich einen Ingwer-Zitrone-Tee bestellt und es sich in einem Sessel mit vielen Kissen gemütlich gemacht. Nach jedem Schluck der warmen, sämigen Schokolade fühlt sich Steffi wohler und beginnt, vom Gespräch mit dem Chef zu erzählen. Und wie es ihr in den letzten Monaten gegangen ist. Nora fragt vieles nach, und als Steffi ihr Blutzucker-Messgerät aus der Tasche holt, erkundigt sich Nora, wie es mit dem Diabetes ist, ob das sehr nervt.

Und Steffi erzählt und erzählt, von diesem Gefühl, ihr Leben nicht unter Kontrolle zu haben, sondern vom Diabetes kontrolliert zu werden. Wie sich das anfühlt, immerzu ein schlechtes Gewissen zu haben, weil sie weiß, dass sie vieles anders machen müsste, aber es einfach nicht schafft.

Nora hört zu, und Steffi bestellt sich eine zweite Schokolade. Sie scheint ihr noch köstlicher als die erste. Nora erzählt von der Arbeitsgruppe an der Uni, zu der sie gehört. Die Leiterin der Arbeitsgruppe arbeitet mit einer Methode, die Leute wie Steffi unterstützt, erzählt Nora. Dabei geht es darum, mit Hilfe von Bildern herauszufinden, was einen im Innersten wirklich bewegt und was man sich total wünscht und einem am Herzen liegt. Und man darf sich ein besonderes Bild aussuchen und damit weiterarbeiten und ein Ziel entwickeln, das einen weiterbringt und stärkt. «Weißt du, ich habe mir ein Bild mit einem Löwen ausgesucht», berichtet Nora begeistert. «Und damit ich das Bild so oft wie möglich bei mir habe und daran denke, hab ich mir mein Löwen-Tattoo stechen lassen. Ist das nicht obercool? Was sagst du dazu? Auf diese Weise habe ich meine Herzenswünsche immer bei mir, bis ich neunzig bin!» Sie lacht laut. Steffi ist skeptisch. Tattoo stechen lassen? Bild dabei haben? Was soll dieses verspielte Zeug? So ein Typ ist sie jedenfalls nicht. Nora erzählt ihr mehr von diesen Kursen, die viele, viele Menschen besuchen, die wie sie Unterstützung brauchen. Und fragt Steffi, ob sie sich nicht auch für einen solchen Kurs interessieren könnte.

Als Steffi und Nora sich verabschieden, hat sich Steffi für den exorbitant hohen Schokoladen-Blutzuckerwert gerade eine Portion Insulin gespritzt und innerlich leise geseufzt. Auf dem Nachhauseweg hat sie ein Gefühl, das sie schon lange nicht mehr gehabt hat: Der Schatten über ihr ist an einer Stelle wie eine Regenwolke etwas aufgerissen, und durch dieses Loch strahlt schwach, aber deutlich die Sonne. Nora hat ihr ein Kärtchen gegeben für diesen Kurs mit Telefonnummer und Mail-Adresse. Er nennt sich ZRM-Kurs – was das wohl bedeutet? Zucker-Resistenz-Management? Zartbitter-Radikalkur-Methode? Merkwürdiger Name für einen Psycho-Kurs. Es macht Steffi Spaß, einfach ein bisschen albern zu sein, und dieses Gefühl nimmt sie mit nach Hause. Sie lehnt das ZRM-Kärtchen – ähm, Zucker-Rüben-Kaffeefahrt – auf dem Küchentisch an den Zuckerstreuer und beschließt, am nächsten Morgen, gleich nach dem Besuch beim Hausarzt, eine Mail zu schreiben und sich nach dem nächsten Kurstermin zu erkundigen.

1.5 Christoph

Christoph kommt müde und abgekämpft aus dem Büro. Er hat einen harten Arbeitstag hinter sich. Er hat ein langes und unangenehmes Meeting mit einer Präsentation leiten müssen, viele anstrengende Telefonate und Verhandlungen führen müssen und dazu noch ein unerfreuliches Mitarbeitergespräch, puh.

Er hat schon seinen Autoschlüssel in der Hand und sein Auto im Blick, da fällt ihm ein, er könnte eben noch seinen Blutzucker messen, bevor er die Fahrt nach Hause antritt. Er hat sich an diesem langen Tag um alles Mögliche kümmern müssen, da hat sein Diabetes eben keinen Platz gehabt. Irgendwie hat er den Tag dennoch gestemmt und ist ganz zufrieden mit sich. Ach was, es wird schon gut gehen mit der Heimfahrt. Zu Hause kann er gleich als erstes den Blutzucker messen, da gibt es Abendbrot, weshalb er sich eine Messung sparen kann – passt schon.

Christoph kommt die Strecke auf der Autobahn heute länger als sonst vor, und er wünscht sich, es möge keinen Stau geben. In seiner Magengrube nimmt er ein kribbliges Gefühl wahr. Dieses Gefühl taucht manchmal auf, wenn sein Zucker niedrig ist. Er fasst sich beim Fahren an die Stirn und bemerkt leichte Schweißperlen an den Schläfen. Er weiß aus Erfahrung: Das ist bei ihm ein untrügliches Zeichen für eine heftige Unterzuckerung. Verdammt, denkt er, keine gute Idee gewesen, einfach loszufahren. Er versucht, rasch auf die rechte Spur zu wechseln, damit er von dort aus den nächsten Rastplatz oder zumindest eine Haltebucht erreichen und rausfahren kann. Als er sein Herzklopfen spürt, weiß er, dass er keine Zeit mehr hat, auf den nächsten Abzweig zu warten, und entschließt sich, auf der Nothaltespur zu stoppen.

Berlin-Zentrum
112
3
Schönefeld
8
Potsdam
Dresden
Transport Logistik
Transport Logistik
1000 m

Hinter ihm wird gehupt, und er kommt zum Stehen. Er schafft es gerade noch, trotz der zittrigen Hände das Handschuhfach zu öffnen. Dort befindet sich glücklicherweise eine kleine Flasche Apfelsaft. Das Öffnen des Fläschchens fällt ihm schwer, weil das Zittern heftiger wird und die Hände schwitzen. Irgendwann gelingt es ihm, und er trinkt den Apfelsaft hastig und in einem Zug aus. Es dauert eine Weile, bis die Besserung eintritt.

Er atmet auf: Es ist noch einmal gut gegangen. Das war knapp – und rasant. Der Blutzucker ist richtig abgerauscht. Er hätte das nicht erwartet. Kurz schaudert ihn bei dem Gedanken, was alles hätte passieren können in dieser Situation. Er auf der Überholspur mit einer Mega-Unterzuckerung. Jetzt, fällt ihm ein, ist es erst einmal angesagt, seinen Blutzucker zu messen. Christoph steht immer noch auf der Notspur, ach du gute Güte! Sein Messgerät zeigt 52 an, ups, das ist immer noch ganz schön tief. Er kann so nicht weiterfahren. Er durchwühlt sein Handschuhfach. Dort liegt nichts mehr, was essbar wäre und seinen Blutzucker anheben könnte. In der Innentasche seines Jacketts findet er ein kleines Tütchen mit Gummibärchen, das verleibt er sich gleich ein. Die Gummibärchen werden allerdings auch nicht ausreichen, um seinen Blutzucker in den sicheren Bereich anzuheben, so dass er risikofrei bis nach Hause kommen kann. Er muss wohl oder übel eine Tankstelle anfahren und dort etwas zu sich nehmen.

Etwas wacklig und schlapp fühlt er sich, als er das Auto startet, aber er sagt sich: «Reiß dich zusammen, Christoph, du packst das!» Mit Mühe schafft er die kurze Strecke bis zur nächsten Raststätte und parkt direkt vor dem Bistro. Dort läuft er geradewegs zum Tresen und bestellt sich eine Coca-Cola. Gleich nachdem er sie ausgetrunken hat, kauft er sich ein Magnum-Eis und langsam merkt er, dass er aus der Unterzuckerung sicher raus ist. Er kann sich entspannen und das Magnum sogar ein bisschen genießen.

«Mannometer, Sie hatten ganz schön Knast, was? Gleich nach der Cola das Eis. Sie sahen ordentlich ausgepowert aus, als Sie hier reinkamen.» Christoph blickt auf. Eine junge, dunkelhaarige Frau mit wunderschönen meergrünen Augen steht hinter dem Counter. Er hat sie beim Hereinkommen gar nicht wahrgenommen. «Geht's besser?»,

fragt sie und zaubert ein strahlendes Lächeln auf ihr Gesicht. Christoph ist unsicher. Er weiß nicht genau, was er antworten soll. Hat er sich daneben benommen, als er reingekommen ist? Was hat er genau beim Bestellen der Cola gesagt? «Ja, geht schon», entgegnet er und findet sich in diesem Moment fürchterlich plump. Er lächelt die Frau an und spürt den Sog, der von ihren wunderschönen grünen Augen ausgeht. Er möchte am liebsten in dieses Grün eintauchen wie in ein kühles und erfrischendes Meerbad an einem heißen Hochsommertag.

«Ich heiße Leila ... und Sie?», fragt sie und spielt mit Zeigefinger und Daumen am Ohr, wobei sie ihren kleinen Ohrring hin und her dreht. Sie lächelt wieder, diesmal vorsichtig, und er entdeckt ihre entzückenden Grübchen. «Christoph», antwortet er. Derweil Christoph vor sich hinträumt, kommen ein paar Kunden in das Bistro und bestellen Getränke. Leila bedient sie freundlich, und Christoph beobachtet die junge Frau verstohlen. Er blickt auf die große Uhr hinter Leila. Es ist 20 Uhr.

Um diese Zeit sitzen Paula und die Kinder gewiss längst am Abendbrottisch, und Paula macht sich Sorgen um ihn und fragt sich, wo er bleibt. Ist es tatsächlich anderthalb Stunden her, seit er aus dem Büro losgefahren ist? Wie lange hat er auf der Nothaltespur gestanden?

Christoph wartet, bis die anderen Kunden das Bistro verlassen haben, und schaut Leila an. Sie sieht wunderschön aus. «Danke für das tolle Eis – wirklich sehr lecker!», sagt er lächelnd, und Leila strahlt zurück: «Bis zum nächsten Mal...?»

Christoph geht zurück zum Auto. Er merkt, wie durcheinander er ist. Die Gedanken fahren Karussell und spielen miteinander Fangen. Eben hätte er beinahe einen Unfall verursacht, weil er sich nicht richtig eingeschätzt hatte. Was hätte nicht alles passieren können? Es hätte ihn treffen können, aber auch andere Autofahrer. Und dann begegnet er dieser Leila mit den grünen Augen. Er hat das Gefühl, sie schaue ihm hinterher, wie er in sein Auto steigt, und verspürt kurz den Impuls, zurückzugehen und mit ihr zu sprechen. Aber seine Gedanken springen nach Hause, und er sieht im Geiste, was ihn dort erwartet: Paula, seine Frau, sitzt mit den Kindern am Esstisch. Die Kinder essen bereits, aber Paulas Gedeck ist unangetastet. Er beobachtet Paula in seiner Fantasie und sieht die Spannung in ihren Gesichtszügen. Sicherlich ist sie voller Sorge und hat versucht, ihn auf dem Handy zu erreichen. Die Atmosphäre zu Hause kann er erahnen und geradezu körperlich spüren.

An das Handy hat er in den letzten Stunden gar nicht mehr gedacht. Er hat es auf dem Beifahrersitz liegen gelassen. Als er auf das Display schaut, sieht er, dass Paula fünf Mal bei ihm angerufen hat. In seiner Magengrube macht sich ein Anflug von Ärger bemerkbar. Bilder von seiner Mutter tauchen auf, wie sie früher bei seinen Freunden zu Hause angerufen hat, wenn er nicht ganz pünktlich nach Hause gekommen war.

Bestimmt hat Paula auch im Büro angerufen, um herauszubekommen, wann genau er von dort losgefahren war. Immer wenn er nicht superpünktlich zu Hause eintrifft, gerät sie in Panik. Seitdem Paula miterlebt hat, wie Christoph bei einer schweren Unterzuckerung bewusstlos geworden ist und sie den Krankenwagen rufen musste, vermutet sie bei jeder kleinen Veränderung, die ihr an Christophs Verhalten auffällt, eine Unterzuckerung. Wenn er sich nur geringfügig verspätet, gerät Paula in helle Aufregung und entwirft in Windeseile Schreckensszenarien heftiger Unterzuckerungen und Gefahrensituationen, in die Christoph geraten sein könnte.

Genau darauf, auf diese Mischung aus behütender Sorge und Vorwurf, die Paula ihm entgegenbringen wird, hat Christoph jetzt wirklich gar keine Lust. Ja, er hat sich und den Diabetes falsch eingeschätzt und ist dadurch in eine riskante Situation geraten. Eigentlich hat er sich nicht mal verschätzt, er hat nur andere Gedanken und wichtigere Dinge im Kopf gehabt. Es ist nicht vorsätzlich geschehen, er will grundsätzlich kein Risiko eingehen. Christoph schickt Paula eine SMS, dass er in zwanzig Minuten zu Hause sein wird und dass sie sich keine Sorgen machen soll. Er startet den Wagen.

Als er in die kleine Stichstraße einbiegt, in der sie wohnen, sieht er, wie Paula die Haustür aufreißt und ihm entgegeneilt. Er stellt den Wagen ab und steigt betont lässig aus. Paula greift ihm als erstes an die Schläfe, um zu fühlen, ob er schwitzt, bevor sie ihn begrüßt.

Ihr Blick ist düster, und als sie sieht, dass er okay ist, kommt eine Lawine an Fragen ins Rollen. Warum er zu spät gekommen ist, was um Himmels Willen passiert ist, ob er mal wieder mit dem Diabetes Mist gebaut hat oder was er sich denn denkt. Er ist um 18.30 Uhr vom Büro abgefahren, hat man ihr gesagt. Ob er sich vorstellen kann, wie sehr sie in Sorge gewesen ist, was sie sich alles vorgestellt hat. Christoph weiß, er wird Paulas Vorwürfe nicht umschiffen können. Er setzt sich stumm an den Esstisch und versucht, Paula und die Kinder so wenig wie möglich von dem Taifun, der in ihm tobt, spüren zu lassen. Er erfindet eine fadenscheinige Geschichte von wegen, dass er dringend tanken hätte müssen und einem Mann an der Tankstelle, dem es nicht gut ging, geholfen hätte. Paula wirkt noch eine Prise angespannt, aber der Sound, den sie ausstrahlt, wirkt besänftigt. Still essen sie beide, während die Kinder auf Paulas Geheiß die Pyjamas anziehen und sich bettfertig machen.

«Hast du deinen Zucker vor dem Essen gemessen?», fragt Paula mit geglätteter Stimme. Christoph kalkuliert ultraschnell: Nach einer heftigen Unterzuckerung hat es sicherlich eine Gegenreaktion des Blutzuckers gegeben, indem er nach oben gesaust ist. Hinzu kommt die Coca-Cola und das Magnum-Eis – sein Blutzucker wird megahoch gestiegen sein, zweifellos. Zusätzlich hat er eben gegessen und komplett vergessen, Insulin zu spritzen. Soll er sich die Blöße geben und nachträglich messen? Er sagt entschlossen: «Natürlich, ich habe, kurz bevor ich ankam, gehalten, weil ich mir nicht sicher war, ob mein Zucker okay ist.»

Paula ist zufrieden. Christoph aber fühlt sich wie ein Schulkind, dem es mit einer Lüge gelungen ist, seine Eltern zu täuschen. Er hasst dieses Schuljungen-Gefühl. Er wünscht, Paula könnte einen einzigen Tag lang mal selbst Diabetes haben und erleben, wie das ist, wenn es tausend andere Dinge gibt, um die man sich neben dem Diabetes kümmern muss und die auch wichtig sind. Berufliche Situationen, in denen es einfach nicht passt, seinen Blutzucker zu messen. Wenn er zum Beispiel einen Termin mit einem wichtigen Kunden hat und sich eine Unterzuckerung einfach nicht leisten kann: Es darf ihm nicht passieren, dass er mitten im Gespräch merkt, wie er ohne Punkt und Komma redet und kein Ende findet. Dass er das erstaunte Gesicht seines peinlich berührten Gesprächspartners wahrnimmt, aber nicht richtig reagieren kann. Er erinnert sich gut an ein solch unangenehmes Erlebnis: Der Kunde war aus dem Ausland angereist. Es ging um einen großen Auftrag für Christophs Firma. Der Kunde hat sein Projekt vorgestellt, und Christoph hat ihm zugehört und mit dem Kopf genickt. Aber die Worte sind an ihm vorbeigerauscht wie die Landschaft während einer Zugfahrt im ICE. Er hat die Worte wohl gehört, sie aber nicht miteinander in Verbindung bringen können. Ihre Bedeutung hat sich ihm nicht erschlossen.

Der Kunde hatte ihm vermutlich eine Frage gestellt, denn er hat seinen Kopf schräg gestellt und die Augenbrauen hochgezogen. Christoph war nicht in der Lage, ihm eine passende Antwort zu geben. Zufälligerweise ist ein Kollege in dem Moment in Christophs Büro gekommen, um ihm Unterlagen zu bringen. Christoph hatte ihm früher einmal von seinem Diabetes erzählt. Der Kollege hat blitzschnell geschaltet. Er hat ihm wortlos eine Coca-Cola gebracht, die Christoph hastig getrunken hat.

Als Christoph die Unterzuckerung gemeistert hatte, fühlte er sich völlig ausgelaugt und matt. Dieses Gefühl der verkaterten Erschöpfung kann nach einer Unterzuckerung mehrere Stunden bis zum nächsten Tag anhalten. Er hat nur mit Mühe das unterkühlte und spürbar verdorbene Gespräch mit dem Kunden zu Ende gebracht. Wie befürchtet, hat der Kunde den Auftrag am nächsten Tag zurückgezogen. Obwohl sein Chef ihn nicht auf das verpatzte Geschäft angesprochen hat, fühlte sich Christoph schuldig. Er hätte es nicht dazu kommen lassen dürfen.

«Du hast gar nicht fürs Abendessen gespritzt, Schatz.» Paula holt ihn wieder in die Gegenwart zurück. Sie hat natürlich Recht. Christoph wollte heimlich spritzen, wenn Paula die Kinder ins Bett bringt, und sich ein erneutes Diabetes-Gespräch ersparen. «Ja, stimmt», gibt er murrend zu und holt seinen Pen aus der Aktentasche. Er stellt acht Einheiten ein und spritzt blind, ohne Blutzuckermessung.

Am nächsten Morgen am Frühstückstisch scheint die atmosphärische Wetterlage windstill, und Paula verströmt die allmorgendliche Geschäftigkeit, in der jeder Handgriff geplant und zielgerichtet ist. Die Kinder werden aufgefordert, ihr Frühstück aufzuessen und sich fertig zur Abfahrt in die Kita und die Schule zu machen. Christoph liest scheinbar konzentriert einen Artikel in der Tageszeitung, und Paula legt ihm die Brotdose neben seinen Teller. Sie küsst ihn zum Abschied, begleitet von der Ermahnung «Pass auf dich auf, Schatz!» und verlässt mit den Kindern das Haus.

Christoph öffnet abwesend die Brotdose und entdeckt neben dem Dinkelbrot auch zwei Tuben mit flüssigem Traubenzucker, die Paula ihm oft und vermeintlich unauffällig in seine Brotdosen legt. Er hasst diesen gelartigen Traubenzucker und wirft die Tuben immer weg. Er hat Paula schon öfters gebeten, keine Unterzuckerungsdrinks oder Ähnliches zu besorgen, aber es war vergeblich. Bestimmt hat sie heute Morgen sein Handschuhfach im Auto kontrolliert und bemerkt, dass das Apfelsaftfläschchen fehlt. Und gewiss hat sie ganz unauffällig ein neues hineingelegt.

Christophs Stimmung verdüstert sich. Wann hat das eigentlich begonnen, dieses Gefühl, von Paula überwacht zu werden? Dass er begonnen hat, so zu tun, als habe er den Diabetes gut im Griff, und ihr um des lieben Friedens willen vieles nicht erzählte, was ihm passiert. Erst recht nicht, was er dabei fühlt.

Manchmal kommt es ihm vor, als meinte Paula gar nicht mehr ihn. Christoph, den Mann, in den sie sich mal verliebt hat; den gutaussehenden und selbstsicheren Mann, der Träume hatte; der es gewagt hat, mit ihr aus Hamburg wegzuziehen, als er einen attraktiven Job angeboten bekommen hatte. Dem sie vertraut hat und der ihr Sicherheit gegeben hat. Immer mehr kommt sie ihm vor wie sein Kontrolleur und sein schlechtes Gewissen. Er muss sich eingestehen, auch er sieht Paula mittlerweile anders. Sie ist nicht mehr die über alles Geliebte, mit der er sich ein neues Leben hat aufbauen wollen.

Seine Gedanken streifen umher. Über der Stuhllehne am Frühstückstisch liegt Paulas grüner mit einem Goldfaden durchwirkter Chiffonschal, den er ihr auf ihrer Reise durch Rajasthan geschenkt hat. Damals lebten sie noch kinderlos in Hamburg, und sie liebten sich. Paula hat den Schal vergessen. Sein Blick bleibt an ihm hängen. Das Grün erinnert ihn an … Leila. Schlagartig richtet er sich auf, seine Muskeln spannen sich, und er atmet durch. Diese Leila, diese Augen; was hat sie noch mal gesagt, als er das Bistro verlassen hat? «Bis zum nächsten Mal.»

Heute geht Christoph die Arbeit im Büro locker von der Hand. Er grüßt die Kollegen besonders freundlich und macht der Ehefrau seines Chefs, die den Gatten kurz besucht, ein charmantes Kompliment. Die Telefonate erscheinen ihm kinderleicht, und die Zeit vergeht wie im Flug. Er hat am Morgen mit seinen Kollegen besprochen, dass er heute zwei Stunden früher als üblich gehen will, und bemüht sich, bis dahin alles Wichtige erledigt zu haben. Der Tag ist einfach angenehm rund, und als er seinen Laptop zuklappt, greift er zu seiner Tasche und zieht das Messgerät heraus. Sein Blutzucker ist akzeptabel, und er verlässt summend die Firma. Leichten Schrittes geht er zum Parkplatz, nicht ohne sich zuvor in der Toilette im Spiegel zu mustern, mit kleinen korrigierenden Bewegungen die Haare zurechtzustreichen und seinen Schlips in die Aktentasche zu stecken.

Da ist die Ausfahrt zur Raststätte. Er hat gar keine Zeit gehabt, sich eine schöne Musik rauszusuchen. Er pfeift einen Song von Queen. An den hat er eine Ewigkeit nicht mehr gedacht. Er parkt an der Rückseite des Bistros. Betont cool geht er hinein und sieht enttäuscht: Hinter dem Tresen steht ein dickbäuchiger junger Mann im Blaumann und fragt nach seinen Wünschen. Christoph bestellt einen Cappuccino und gibt sich alle Mühe, seine Enttäuschung zu zügeln, was ihm nicht wirklich gelingt. Er hält den heißen Becher in der Hand und versucht, den Kaffee durch Pusten abzukühlen. Am Zeitschriftenregal sortiert jemand Zeitschriften ein. Er erkennt sie sofort. Sie trägt ihr Haar heute hochgesteckt, und er beobachtet angespannt ihre anmutigen Bewegungen. Offensichtlich spürt sie seine Blicke im Nacken und dreht sich zu ihm um. Auf ihrem Gesicht erscheint erneut dieses umwerfende, meergrüne Lächeln, das ihn wie ein Blitz trifft. «Heute wieder ein Magnum gefällig?», fragt sie und schmunzelt dabei vielsagend.

«Wann warst du das letzte Mal bei deinem Diabetologen?», platzt Paula mitten in den «Tatort» am Sonntagabend hinein. Christoph sieht sie entgeistert an: «Wie bitte?» Paula wiederholt ihre Frage. «Letzte Woche», murmelt Christoph «du hast selbst das Insulin und die Teststreifen für mich in der Apotheke geholt.» Paula blickt Christoph herausfordernd an: «Christoph, das Rezept hast du telefonisch in Auftrag gegeben und per Post in die Apotheke schicken lassen. Der Apotheker hat sich lobend über die gute Zusammenarbeit mit deiner Praxis geäußert und das erwähnt.» «Ah ja, stimmt», gibt Christoph zu, weil ihm auf die Schnelle keine Ausrede einfällt.

Paula fragt, was mit ihm los sei. Seit Wochen sei er verschlossen; er erzähle kaum noch von sich. Sie sagt ihm auf den Kopf zu, sie glaube, er komme mit dem Zucker nicht zurecht. Solche Vorwürfe sind ihm nur noch lästig. Er lügt sie an. Es folgt eine lange Tirade, in der Paula ihn mit weiteren Vorwürfen überschüttet. Er müsse sich um seine Gesundheit kümmern, seinetwegen, aber vor allem auch seiner Familie, ihr und der Kinder wegen. Er habe eine Verantwortung für seine Familie.

Paula redet und redet, und Christoph ist in Gedanken bei den meergrünen Augen und riecht den Duft von Leilas Haut. Er saugt die Erinnerung an Sandelholz und Sonne ein und lässt Paulas Worte an sich vorüberziehen. Manchmal ist die Sehnsucht nach Leila derart heftig, dass er es kaum aushalten kann, an sie zu denken. Er spürt den Hauch ihres Atems auf seinem Nacken und bekommt eine Gänsehaut. Die letzten beiden Male hat es nicht geklappt. Vielleicht ist er zu angespannt gewesen. Das passiert doch vielen Männern mal.

«Ich bin nicht bereit, auf diese Art und Weise weiterzumachen, Christoph. Ich erwarte, dass du dich dazu äußerst und dich um deinen Diabetes kümmerst. Ich finde es nicht in Ordnung, dass du nicht zur Kontrolle gehst. Und du benimmst dich so daneben, dass ich fast glaube, du hast eine Hypo. Ich rede mit dir, und du schaust durch mich hindurch. Vielleicht solltest du messen!» Paula hat wieder diesen Sorge-Ärger-Cocktail im Blick. Er hat sicher keinen Unterzucker. Zufälligerweise hat er kurz zuvor gemessen. Aber er hat nicht einmal Lust, sich vor Paula zu rechtfertigen. Er versucht, einen Kompromiss mit ihr zu finden, und verspricht, sich in den nächsten Wochen bei seinem Arzt zu melden. Vielleicht wird er ihn darauf ansprechen, ob sich der Diabetes auf seine Potenz auswirken kann. Er wischt die Vorstellung weg und sieht sich endlich den zweiten Teil des «Tatorts» an, ohne wirklich Spaß daran zu haben.

Er hat es wieder geschafft, das Tagespensum in fulminantem Tempo zu erledigen. Darum fällt es im Büro auch nicht auf, dass er heute nur einen halben Tag gearbeitet hat. Er hat, sehr zu Paulas Erstaunen, den ganzen vergangenen Samstag und den gestrigen Tag bis spät abends gearbeitet, damit er heute zum Mittag das Büro verlassen kann. Paula hat ihn sowohl am Samstag als auch gestern Abend mehrfach angerufen, um zu fragen, wie es ihm geht. Er ist sich nicht sicher, ob sie etwas ahnt oder ob es ihr wieder um den Zucker geht. Sie hat ihn gefragt, ob er sich auch Zeit für eine kleine Essenspause genommen hat, ob er sich denn gut fühlt. Er hat sie jedes Mal beruhigt.

Hastig packt er seine Sachen zusammen und nimmt den üblichen Umweg über die Herrentoilette, um sich frisch zu machen. Heute hat er ein legeres Leinenhemd mit Stehkragen an, das er nun aus der Hose zieht und glattstreicht. Er knöpft die oberen beiden Knöpfe auf und richtet den Kragen. Christoph blickt auf seine Uhr und merkt, dass er sich beeilen muss, um pünktlich zu kommen und Leila noch anzutreffen. Im Auto fällt ihm auf, dass er wieder vergessen hat, seinen Blutzucker zu messen. Auf keinen Fall will er das vor ihr tun, und noch weniger will er vor ihr eine Unterzuckerung bekommen. Also nimmt er die Abzweigung zu einem kleinen Parkplatz, obwohl er sich bewusst ist, dass die Zeit dadurch knapper wird. Sie hat ihm gesagt, dass sie heute bis mittags arbeitet. Sie weiß allerdings nicht, dass er sich freinimmt, um sie zu überraschen.

Mist, der Blutzucker ist viel zu hoch. Warum? Ist es das Frühstücksbuffet gewesen, das die Kollegin zum Abschied offeriert hat? Was hat er heute schon gegessen? Da war ein Croissant und – er kriegt es nicht mehr zusammen. Es hilft alles nichts: Wenn er sich in den nächsten Stunden eine Messung ersparen will, muss er jetzt etwas Insulin spritzen. Nicht so viel, dass der Wert gut ist, sondern nur eben die nötige Menge, um den Blutzuckerspiegel in den gelben Bereich zu bringen. Er kramt in seiner Tasche und zieht den Pen hervor. O nein, es steckt keine Nadel drauf. Die alte hat er weggeschmissen, und nun muss er eine neue suchen. Immer nervöser wühlt Christoph in seiner Tasche, aber er findet keine Nadel. Er erinnert sich, dass er in seinem kleinen Portemonnaie immer eine Reservenadel hat. Er nimmt sie heraus und dreht sie eilig auf den Pen auf. Gut, dass er das Leinenhemd nicht in die Hose gesteckt hat, so braucht er es nur hochzuschieben und kann das Insulin in den Bauch spritzen. Er verstaut Pen und Blutzucker-Messgerät in der Tiefe seiner Tasche – Leila braucht es ja nicht unbedingt zu wissen – und startet durch.

Gerade eben rechtzeitig kommt er an der Raststätte an und sieht sie, wie sie, schon umgezogen und herrlich frühlingshaft in einem roten Blumenkleid, lässig hinter dem Tresen lehnt und fröhlich mit dem dickbäuchigen jungen Kollegen schwatzt. Der Dickbäuchige erkennt Christoph sofort und nickt ihm zutraulich, schon fast etwas unangenehm zu. Dann schaut dieser Leila vielsagend an, grinst und deutet mit einer Kopfbewegung auf Christoph. Sie dreht sich um, und als sie Christoph erblickt, schnalzt sie mit der Zunge. «Magst du ein Magnum?», fragt sie mit ihrem verführerischen Lächeln. Eine Frau, die am Zeitschriftenregal steht und gerade eine Zeitschrift durchblättert, dreht sich um. Sie sieht zuerst Leila an und dann Christoph. Es ist Paula.

2 Das Dolce-Vita-Ressourcenmanagement

Der Raum hat große Doppelfenster mit Oberlichtern, durch die man in den blauen Himmel sehen kann. Steffi beobachtet die weißen Streifen, die ein Flugzeug als Spur hinter sich liegen lässt. Die Streifen fiedern sich auf und verwischen. Wo mag das Flugzeug wohl hinfliegen?

Steffi stellt sich vor, in diesem Augenblick im Flieger Richtung Catania zu sitzen. Ihr Vater erzählte ihr als kleines Mädchen oft von seiner Heimat Sizilien, bevor er aus ihrem Leben verschwand. Er schwärmte immer von den Menschen und dem Leben auf der Piazza. Die Menschen im Heimatdorf ihres Vaters, alte und junge, sitzen auf den Steinbänken rund um die Piazza oder an der einzigen Bar und genießen im Sommer die Abendfrische. Wenn das abendliche Lüftchen sachte aufsteigt, lässt es sich nach einem heißen Tag entspannt durchatmen. Die Kinder spielen bis spät und juchzen, und die Erwachsenen lachen, diskutieren und trinken. Das Leben findet einfach statt, und es genügt so wenig, um es zu spüren und zufrieden zu sein. So erzählte es ihr Vater. Steffi wünscht sich dorthin, wo sie noch nie gewesen ist. Allein die Bilder ihrer Fantasie sind wunderschön und lassen die Zeit für ein paar Minuten stillstehen.

«Sodele, dann kanns ja jetzt losgehen», reißt die Stimme der Kursleiterin mit dem Pferdeschwanz Steffi aus ihrem Traumflug nach Sizilien. Steffi braucht einen kurzen Moment, um mit ihren Gedanken wieder im Hier und Jetzt anzukommen. Die Stühle, die im Kreis aufgestellt sind, sind jetzt fast alle besetzt. Steffi hat es gar nicht bemerkt. Sie zählt heimlich – drei weitere Kursteilnehmenden sind nach ihr eingetroffen. Dort ein schriller Typ mit fliederfarbenem Leinenhemd. Er hat wohl

Willkommen

sein Instrument mitgebracht, das er hinter sich in einem roten Kasten geparkt hat. Was ist das wohl? Eine Gitarre? Dafür ist der Kasten zu groß. Ein Cello?

Steffi gegenüber sitzt eine junge Frau. Die sieht ja fix und fertig aus, völlig außer Atem. Die junge Frau schaut auf ihr Handy; offensichtlich hat sie eine SMS bekommen, die sie gerade liest. Steffi kann auf dem Gesicht der Frau sehen, dass der Inhalt der SMS sie ziemlich aus der Fassung bringt. Ihr Gegenüber scheint sich zu fragen, was sie wohl jetzt tun soll – so sieht es jedenfalls für Steffi aus. Auf der rechten Seite des Stuhlkreises entdeckt sie einen gutaussehenden, gepflegten Mann um die vierzig. Er ist etwas overdressed für so einen Kurs, findet Steffi. Er trägt ein gestreiftes Tommy-Hilfiger-Hemd mit button-down-Kragenknöpfen und eine Bügelfaltenhose. Bestimmt ein Banker, denkt sie.

Der Kurs wird von zwei Frauen geleitet. Die eine, Frau Dr. Dorabella Diabelli, stellt sich als Ärztin vor. Ihre Patienten seien fast ausschließlich Menschen mit Diabetes, sagt sie. Na, dann weiß die wohl, was die Stunde geschlagen hat, denkt Steffi. Hauptsache, die fängt nicht mit Blutzucker-Tagebüchern und mit Dokumentation an, da mach ich nicht mit. Aber laut Nora soll dieser Kurs ganz anders sein, es soll um Wünsche und Bedürfnisse und nicht um Tagebücher gehen. Schade eigentlich, dass Nora nicht dabei ist mit ihrem Löwen-Tattoo, aber sie muss heute in der Kanzlei arbeiten.

Die andere, Frau Dr. Ludovica Josef, ist extra aus der Schweiz angereist, stellt sich als Psychologin und «Wurm-Expertin» vor und lacht dabei. «Hallo zusammen! Ich begrüße euch alle sehr herzlich zu unserem Dolce-Vita-Seminar. Wir werden uns alle duzen, das baut Barrieren ab. Ich bin die Ludovica. Für meinen Vornamen kann ich nichts, ich wurde nach meiner Uroma benannt. Bevor wir richtig loslegen, möchte ich euch einen kleinen Überblick über unser Dolce-Vita-Seminar geben», geht sie gleich in die Vollen.

«Unser Training ist ein Paket, das wiederum aus zwei Teilen besteht», fährt sie fort. «Der erste Teil besteht aus dem Seminar zum Dolce-Vita-Ressourcenmanagement, in dem ihr mit dem nötigen Wissen zu unserer neuen Methode, dem Zürcher Ressourcen Modell, fit für den Alltag gemacht werdet. Abgekürzt sprechen wir vom ZRM, das geht flotter über die Lippen. In dem Kurs, den wir jetzt starten, werden wir euch zeigen, wie die ZRM-Methode funktioniert. Es handelt sich beim ZRM um ein Selbstmanagement-Training. Die Kursteilnehmenden werden zu Expertinnen und Experten ihrer selbst ausgebildet. Darum bekommt ihr gleich im Kurs die Gelegenheit, die Methode auf eines eurer Themen anzuwenden und sie dabei einzuüben. Anschließend werdet ihr in der Lage sein, die neuen Techniken selbständig anzuwenden.

Im Anschluss an diesen Kurs, den wir gemeinsam absolvieren werden, folgt der zweite, ganz wichtige Teil des Dolce-Vita-Seminars, nämlich das Selbstcoaching. In der Selbstcoaching-Phase wird es darum gehen, das, was ihr als zartes Pflänzchen im Kurs angepflanzt habt, zu gießen, zu düngen, von der Sonne bestrahlen zu lassen, kurzum, wachsen und gedeihen zu lassen. Ohne diese Phase des Selbstcoachings kann eure Saat nicht aufgehen. Deshalb ist sie für das Dolce-Vita-Seminar notwendig. Während des Selbstcoachings werdet ihr als eure eigene Expertin und euer eigener Experte weiter an eurem Selbstmanagement arbeiten, und wir werden uns in größeren Abständen treffen, um zu sehen, was gut geklappt hat und wo es noch Schwierigkeiten gibt, die wir aus dem Weg räumen können.

Wir werden auch eine Vorstellungsrunde machen, in der ihr euch kennenlernt. Zu Beginn des Kurses bekommt ihr alle jedoch erst einmal ein Impulsreferat über die Geschichte vom Strudelwurm.

Und jetzt geht es auch schon los. Wir steigen ein!»

2.1 Der Strudelwurm

Mit diesen Worten zieht Frau Josef ein Blatt ihres Flipcharts zur Seite und enthüllt das Bild eines Wurms.

«Dies ist der Strudelwurm, der euch durch diesen Kurs begleiten wird. Weil er als Figur an der Universität Zürich, in der Schweiz, entwickelt wurde, wird er auch gerne ‹das Würmli› genannt. Mithilfe dieser liebenswürdigen Figur lassen sich komplizierte Vorgänge in der menschlichen Psyche auf leicht verständliche Art darstellen. So kann man sie sich auch gut merken.

Der Mensch verfügt mit seinem hoch entwickelten Gehirn über zwei unterschiedliche Bewertungssysteme: einmal das ‹Wurmsystem›, das unbewusst arbeitet und aus der Sicht der Evolution ein sehr ‹altes› System ist. Wir Menschen haben es mit den Tieren gemeinsam, sogar mit so einfachen Organismen wie einem Strudelwurm.

Das menschliche Nervensystem hat sich im Lauf der Evolution natürlich auch weiterentwickelt. Außer dem Wurmsystem verfügt der Mensch noch über den bewussten Verstand, mit dem er über Sachverhalte nachdenken kann. Der Verstand vermag solch wunderbare Dinge wie in die Zukunft denken, Quantenphysik erfinden oder Kochrezepte verfeinern. Die beiden Bewertungssysteme, das des Würmlis und das des Verstandes, können dem Menschen jedoch auch Schwierigkeiten bereiten, denn sie arbeiten in mehrerlei Hinsicht ziemlich verschieden. In der folgenden Aufstellung sind einige der wichtigsten Unterschiede dargestellt.

Zwei Bewertungssysteme

	Verstand	
Arbeitstempo	langsam	schnell
Kommunikationsmittel	Sprache (präzise Argumente)	Somatische Marker (diffuse Gefühle)
Bewertungskategorie	richtig / falsch	mag ich / mag ich nicht

Wie zu sehen ist, haben Verstand und Würmli ein unterschiedliches Arbeitstempo. Der Wurm ist außerordentlich fix. Seine Bewertung erfolgt 200 bis 300 Millisekunden, nachdem ein Reiz wahrgenommen wurde, also richtig schnell. Der Verstand hingegen braucht wesentlich länger, bis er eine Sachlage erfasst und beurteilt hat, er ist das langsamere System von beiden. Er hat dafür aber einen bedeutsamen Vorteil:

Hat man eine Sache mit dem Verstand durchdacht, kann man das Ergebnis dieses Nachdenkens in klare Worte fassen. ‹Ich möchte ein neues Auto kaufen, weil Diesel inzwischen so teuer geworden ist, dass durch den Kauf eines Benziners aufs Jahr gesehen eine deutliche Einsparung herauskäme.› So hört sich eine Frau an, die über den Autokauf gründlich nachgedacht hat und klar benennbare Gründe für ihre Entscheidung aufführen kann.

Das Würmli arbeitet völlig anders. Es kommt ohne Worte aus. Wenn sich der Strudelwurm meldet, haben wir keine klaren Argumente zur Verfügung, sondern nur diffuse Körperempfindung oder Gefühle. Hat jemand aus der Runde in der Kindheit Dagobert Duck oder Mickey Mouse gelesen? Dann erinnert ihr euch sicher an eine ganz bestimmte Situation im Comic, die immer dann eintrat, wenn einer der gezeichneten Figuren etwas nicht in den Kram passte. Die Figur saß dann da mit einem wellenförmig gezeichnete Mund, einer in Falten gelegten Stirn, und in der Sprechblase stand: ‹grmpfl›. Dieses ‹grmpfl› ist ein Wurmsignal, es hat einen deutlichen Gefühlswert, nämlich einen negativen. Die Figur, die das Wurmsignal bekommt, hat in diesem Moment keine Worte, um ihr ‹grmpfl-Gefühl› näher zu erläutern. Hätte die Comicfigur genau erklären wollen, was für eine Laus ihr über die Leber gelaufen ist, dann hätte sie Zeit gebraucht, um die Sachlage mit dem

Verstand zu überdenken. Dadurch wird dann aus dem ‹grmpfl›-Gefühl ein Argument.

Sehr oft haben Menschen mit einem ‹grmpfl-Gefühl› das Problem, nicht zu wissen, was sie sagen sollen. ‹Kannst du mir heute Abend noch schnell diese Noten für den Kirchenchor einscannen und zwanzigmal ausdrucken?› Das Würmli meldet sich sofort, innerhalb von 200 Millisekunden. Es hat für heute Abend andere Dinge geplant und schickt ein deutliches ‹grmpfl›. Was soll ich jetzt antworten? Vor mir steht der Kollege und wartet auf eine Antwort. Soll ich ‹grmpfl› sagen? Geht doch nicht. Also sage ich nichts, zucke mit den Schultern und übernehme den Job. Gerade weil die Wurmsignale keine ‹richtige› Sprache haben, wird der Wurm oft übergangen. Über den Umgang mit negativen Wurmbewertungen werden wir in unserem ZRM-Training noch viel hören. Ich nehme an, dass es zum Thema Diabetes etliche ‹grmpfl›-Signale zu sammeln gibt. Die dürfen hier endlich mal zum Thema werden!

Der Wurm schickt natürlich nicht nur negative Signale, er zeigt auch deutlich, wenn ihm etwas gefällt. Das macht sich dann zum Beispiel als ein warmes Gefühl im Bauch bemerkbar. Oder als eine Erleichterung in der Brust. Wir nennen das ein ‹Bingo-Gefühl›, mit dem ich spüren kann, wenn ich etwas spontan gut finde.

Grundsätzlich gilt als Faustregel: Menschen, die ihr Leben in Einklang mit den Wurmsignalen gestalten können, erleben eine größere Zufriedenheit mit ihrem Alltag als Menschen, denen dies nicht möglich ist. Zufriedenheit ist das Ergebnis eines glücklichen Wurms. Wer den Wurm zu lange vernachlässigt, den beschleicht irgendwann das Gefühl, fremdbestimmt zu leben und das eigentliche Leben zu verpassen. Das zeigen viele psychologische Studien.

Es gibt noch einen weiteren wichtigen Unterschied zwischen Würmli und Verstand. Der Unterschied besteht in den unterschiedlichen Bewertungen, die beide vornehmen. Der Verstand ist in der Lage zu logischem Denken. Er kann Statistiken entziffern, deren Inhalt verstehen und Folgerungen für zukünftiges Handeln daraus ableiten. Das Würmli kann das nicht. Es lebt im Hier und Jetzt, die Zukunft ist in weiter Ferne, und was zählt ist der Augenblick und das Wohlgefühl, das mit diesem Augenblick verbunden ist. Ich kann dazu ein ganz persönliches Beispiel erzählen, mit dem ich mehrmals im Monat zu kämpfen habe. Der Vorgang findet immer abends statt. Ich bin gerade vor dem TV-Gerät eingeschlafen, mein Mann hat mich geweckt, und ich könnte jetzt im Halbschlaf gemütlich zum Bett wanken. Da meldet sich der Verstand: ‹Zähne putzen! Schließlich willst Du auch mit 80 Jahren noch kräftig in den Apfel beißen können!› Etwas, das so weit weg liegt, ist dem Würmli wurscht. ‹Och nö, heut' nicht›, meldet es sich und will viel lieber sofort ins warme Bett – ohne Umweg über das Badezimmer mit dem hellen Licht.

Jeder Schüler, jede Studentin, alle, die für eine Prüfung lernen, kennen diesen Konflikt zwischen langfristiger, vernünftiger Verstandesbewertung und der kurzfristigen, am aktuellen Genuss orientierten Wurmbewertung. Und natürlich kennen auch alle Menschen mit Diabetes diesen Konflikt! Der Diabetes verlangt aus Verstandesgründen viele vernünftige Maßnahmen, die dem Würmli überhaupt keinen Spaß machen. Sie sind mit Verzicht verbunden, sie pieksen, sie stören das momentane Wohlbehagen und vieles mehr. Wenn der eine oder die andere von euch schon einmal festgestellt hat, dass in einer bestimmten Situation das Würmli die Oberhand bekommen hat und ihr nicht das gemacht habt, was euch in der Diabetes-Sprechstunde beigebracht wurde, dann ist das kein Grund, ein schlechtes Gewissen zu haben. Euer Wurm hat einfach nur die Oberhand bekommen. Das hat mit dem Aufbau des menschlichen Gehirns zu tun und ist völlig normal. Wenn man das weiß, wirkt das zunächst einmal entlastend, und man muss sich keine Vorwürfe mehr machen. Außerdem kann man auch eine Methode lernen, wie es sich mit Verstand und Würmli-System optimal umgehen lässt.»

Mitten in den Ausführungen der «Wurm-Expertin» wird die Tür des Kursraumes aufgerissen. Eine dicke Frau mit hochrotem Gesicht und gerunzelter Stirn kommt in den Raum gehetzt und platzt atemlos heraus: «Entschuldigung, tut mir wirklich sehr leid. Zuerst konnte ich keinen Parkplatz finden, und als ich schließlich einen hatte, kam so ein Typ und hat ihn mir vor der Nase weggeschnappt. Da war ich eigentlich schon auf hundertachtzig. Dann musste ich ewig lang die richtige Adresse suchen, und als ich sie endlich gefunden hatte, hab ich am falschen Namensschild geklingelt. Bin in einer anderen Praxis gelandet, da war auch eine Gruppe. Das war vielleicht ein Anblick. Die standen ganz komisch im Raum verteilt da. Einer stand sogar in der Ecke mit dem Gesicht zur Wand. Die redeten nur davon, wie es ihnen geht. Ich hab erst nach zehn Minuten gemerkt, dass ich falsch bin. Das war oberpeinlich. Ich hab dann den Kursleiter gefragt, wie die Veranstaltung heißt. Er sagte, sie würden eine Familienaufstellung machen, und fragte, ob ich nicht die Großmutter der Hauptperson aufstellen könnte. Die würde noch fehlen. Na, vielen Dank, in der falschen Veranstaltung

und dann auch noch die Großmutter spielen! Tut mir echt wahnsinnig leid, dass ich hier jetzt so reinplatze. Ähm, ich bin übrigens Renate.»

Die Psychologin lacht schallend ob Renates Geschichte, dabei schaukelt ihr Pferdeschwanz mehrfach hin und her. Die dicke Frau wirkt sichtlich erleichtert und entspannt sich spürbar. Sie schaut sich im Raum um und entdeckt den noch freien Stuhl, der offensichtlich auf sie wartet. Schnaufend läuft sie hin und richtet sich dort häuslich ein mit ihrer großen Ikea-Tragetasche und der randvollen Handtasche. Sie zieht ihre Thermoskanne heraus, stellt sie griffbereit auf den Boden, sucht ein frisches Papiertaschentuch und legt es sich bereit. Schließlich hat sie eine angenehme Sitzposition auf dem Stuhl eingenommen und ist für alle fühlbar im Raum angekommen.

«Wer von euch kann denn Renate kurz was über den Wurm sagen?», fragt Ludovica in die Runde. Der junge Mann mit dem fliederfarbenen Hemd und dem Instrument hebt die Hand und erzählt in seinen Worten:

«Also, wir haben eben gelernt, dass der Mensch zwei Bewertungssysteme hat, die völlig verschieden arbeiten. Das eine System ist der Verstand. Das andere System ist evolutionär gesehen das ältere, und wir haben es mit ganz einfachen Organismen wie dem Strudelwurm gemeinsam. Darum nennt Frau Dr. Josef dieses System auch das Würmli-System. Manchmal können Verstand und Würmli-System miteinander in Konflikt liegen, weil der Verstand für Vernunft und Logik steht und das Würmli-System danach bewertet, worauf es Lust oder keine Lust hat. Gerade beim Diabetesmanagement ist es ja oft der Fall, dass wir etwas vernünftigerweise tun sollten, aber keine Lust dazu haben. Das Erfreuliche an der Wurmgeschichte für mich ist bis jetzt, dass ich nicht länger ein schlechtes Gewissen haben muss, wenn ich in solch einem Konflikt stecke. Von der Art und Weise her, wie unser Gehirn aufgebaut ist, ist solch eine Situation völlig normal, hat uns Ludovica, also Frau Dr. Josef, versichert.»

«Genau, danke, Leander, das hast du prima zusammengefasst! Jetzt möchte ich noch davon erzählen, wie man damit umgehen kann, wenn Verstand und Würmli zu unterschiedlichen Bewertungen kommen. Man braucht nämlich nicht in der Pattsituation stecken bleiben, sondern es ist möglich zu lernen, damit ressourcenorientiert umzugehen, so dass man an der Lösung sogar richtig Spaß hat! Das ist übrigens eine der wesentlichen Kompetenzen, die man in einem Selbstmanagement-Training wie dem unseren erwerben kann.

2.2 Der Strudelwurm und Selbstmanagement

Unter Selbstmanagement verstehen wir die Fähigkeit, mit den beiden Bewertungssystemen – dem Verstand und dem Strudelwurm – so umzugehen, dass man so handelt, wie man es auch beabsichtigt. Schauen wir uns an, was ein Mensch für Möglichkeiten hat, seine zwei Bewertungssystemen zu nutzen, die, wie schon erwähnt, seine biologische Grundausstattung darstellen. Die Prinzipien, die ich jetzt gleich erklären werde, gelten für alles, was Menschen wollen können, also keineswegs nur für den Umgang mit Diabetes. Ihr habt einen Hund und wollt konsequenter werden, weil euer Liebling euch den Platz auf dem Sofa streitig macht? Ihr seid schüchtern und wollt endlich den Traummann ansprechen? Ihr habt euch immer für die Familie aufgeopfert und wollt es schaffen, euch ohne schlechtes Gewissen mal eine Auszeit zu nehmen? Ihr wollt dieses Jahr die Steuererklärung pünktlich abgeben?

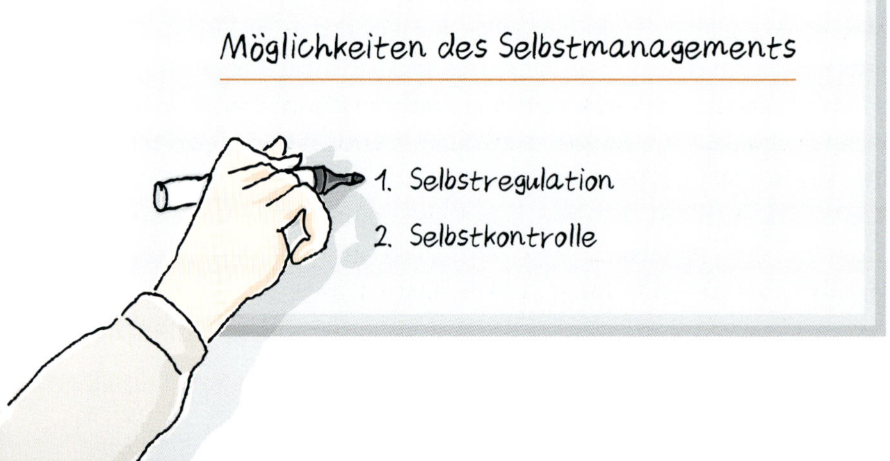

Egal, was jemand beabsichtigt, im Umgang mit seinem Wurm hat er immer zwei Möglichkeiten, seine Absichten umzusetzen: erstens die Selbstregulierung und zweitens die Selbstkontrolle.

Schauen wir uns die beiden Möglichkeiten und deren Auswirkungen auf den Wurm nacheinander an.

Selbstregulation

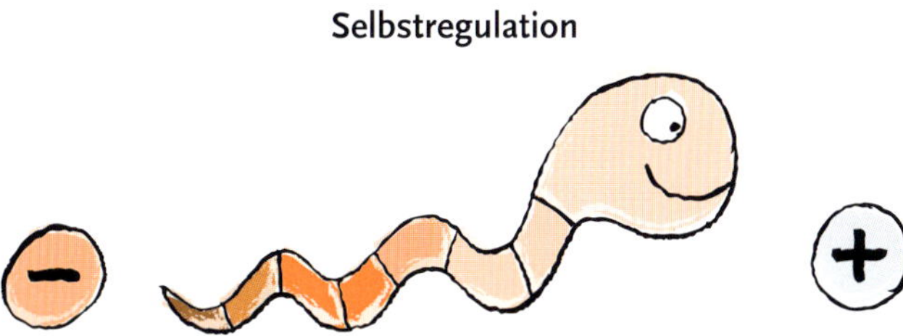

Selbstregulation ist immer dann gegeben, wenn das Würmli etwas freiwillig tut. Und was tut das Würmli freiwillig? Es geht aus freien Stücken auf etwas Angenehmes zu. Da vorne steht ein leckerer Schokoladenpudding, der Genuss verheißt? Das Würmli macht sich auf den Weg. Da lockt ein reizvoller Ausschnitt mit wogenden Brüsten, darüber blinken dunkle Mandelaugen? ‹Nix wie hin!›, sagt der Strudelwurm. Ein gemütliches Sofa gefällt so manchem Wurm besser als die Walkingstrecke; die neue Folge der Lieblingsserie im TV ist attraktiver als die Spanisch-Vokabeln es sind; der Anruf der Freundin ist viel interessanter als die Entrümpelung der Küchenschublade – das Würmli sucht das Angenehme und schafft es auch oft, die Handlungsimpulse ‹seines› Menschen in die Richtung zu lenken, die aus Wurmsicht mehr Behagen verspricht.

In der Selbstregulation weicht das Würmli auch ganz und gar freiwillig vor etwas Unangenehmem zurück. Ein neuer Termin in der Diabetespraxis ist fällig? Der Wurm rät davon ab, sich schon wieder unter Kontrolle zu begeben. Endlich den Lebenslauf überarbeiten, um das Thema Stellenwechsel anzupacken? Solch lästige Kleinarbeit mögen viele Würmer gar nicht. Der Nachbarin mitteilen, dass man in diesem Sommer nicht an ihrer traditionellen Juli-Party teilnehmen will, weil das Wochenende auf dem Segelboot viel mehr lockt? Der Strudelwurm hat das enttäuschte Gesicht der Nachbarin schon vor Augen und verschiebt die Ankündigung auf ein andermal.

Nun ist aber bei sich und bei anderen zu beobachten, dass es trotz gegenteiliger Wurmkommentare immer wieder gelingt, Zahnarzttermine zu vereinbaren, Steuererklärungen auszufüllen und unangenehme Gespräche zu führen. Was ist in diesen Fällen aus der Sicht des Wurmes passiert? Diejenigen, die das schaffen, haben sich oft einer Möglichkeit bedient, die der Mensch hat, weil er neben dem Würmli-Hirn noch über eine höher entwickelte Hirnregionen verfügt. Er kann nämlich sein Würmli mit Verstandeskraft dazu zwingen, etwas zu tun, das es nicht will.

Bildlich gesprochen könnt ihr dem Würmli eine Kette umlegen und es in eine Richtung zerren, die dem Wurm nicht behagt. Diese Zwangsmaßnahme nennt man Selbstkontrolle oder Selbstdisziplin. Wenn wir zu uns oder zu anderen sagen, ‹Du musst Dich halt am Riemen reißen!›, meinen wir damit das in Ketten gelegte Würmli, dessen eigener Handlungsimpuls abgewürgt wird. Was will das Würmli nicht? Es will zunächst einmal grundsätzlich nicht von etwas Angenehmem abgehalten werden. Das ist auch der Grund, warum so viele gute Vorsätze in Sachen Ernährungsumstellung scheitern. ‹Gummibärchen und ähnliche Süßigkeiten sollten Sie möglichst selten und nur in geringen Mengen essen. Gummibärchen erhöhen den Blutzucker so schnell und

Selbstkontrolle

stark, dass sie geeignet sind, eine Unterzuckerung zu beheben, gehören aber nicht zu einer gesunden Ernährung.› So lautet ein Ernährungstipp in der Diabetesschulung. Das Würmli will aber nicht weg von den leckeren, bunten Gummibärchen oder der Haribo-Tüte mit der köstlichen Süßigkeitenmischung. Nein, das will es ganz und gar nicht. Es will auch den Caipirinha trinken, und es ist hingerissen von italienischer Eiscreme. Will man solchen Versuchungen widerstehen, kann man theoretisch in die Selbstkontrolle umschalten, das Würmli an die Kette legen und von den Verlockungen wegzerren.

Außerdem will das Würmli überhaupt gar nicht, niemals und nimmermehr, etwas Unangenehmes tun. Davon könnt ihr sicher ein Liedlein singen, was euer Leben mit Diabetes betrifft. Auch in den Wartezimmern von Zahnärzten sitzen ganz viele gewürgte Würmer herum. Dasselbe Phänomen ist ebenfalls bestens zu beobachten im Frühjahr in den Naherholungsgebieten, nachdem die Frauenzeitschriften zum Halali auf den Winterspeck geblasen haben. Begebt euch dort einmal an den Rand einer Joggingstrecke, setzt euch gemütlich auf eine Bank und beobachtet die Menschen, die vorbeijoggen. Ihr werdet zahlreiche Würmer sehen, die von ihrem Menschen an der Würgeleine hinterhergezogen werden. Man kann natürlich auch freiwillig nebenher laufende Würmer beobachten! Das sind die Menschen, deren Wurm Spaß am Joggen hat. Die anderen mit den gewürgten Würmern werden nicht lange durchhalten. Warum ist das so? Hierzu gibt es interessante wissenschaftliche Befunde.

Zwei Gründe gibt es, warum die Selbstkontrolle eine suboptimale Form des Selbstmanagements darstellt. Zum einen ist die Selbstkontrolle extrem fehleranfällig. Der Verstand, der die Kontrolle über den Wurm ausübt, ist nämlich ein hochsensibles Instrument, das, gleich einer Operndiva, höchst störungsfreie Arbeitsbedingungen braucht, um funktionsfähig zu sein. Wenn diese Arbeitsbedingungen nicht gegeben sind, reißt sich der Wurm los und gewinnt die Oberhand. Wir nennen dieses Phänomen ‹Impulsivität›.»

Mit diesen Worten schlägt Ludovica ein weiteres Blatt ihres Flipcharts auf. «‹In welchen Fällen der Wurm gewinnt.› Hier eine Auflistung. Wir gehen sie gemeinsam durch.

In welchen Fällen der Wurm gewinnt

- Wenn man viel um die Ohren hat
- Wenn zu viel Erregung herrscht
- Wenn starke Reize aus der Umwelt einwirken
- Wenn die Basisbedürfnisse nur mangelhaft befriedigt werden

- **Wenn ihr viel um die Ohren habt:**
  Die Mutter liegt im Krankenhaus, ihr müsst ihre Katze füttern, beim Auto blinkt das Licht ‹Bremsbeläge: Dringend Werkstatt aufsuchen›, und im Briefkasten liegt ein Brief von der Lehrerin, des Inhalts, dass die Versetzung des Sohnes gefährdet ist? Keine Chance für die Selbstkontrolle, der Wurm reißt sich los und macht, was er will.

- **Bei zu viel Erregung:**
  Hier reißt sich der Wurm ebenfalls los. Ihr seid nervös, ärgerlich, gereizt, frustriert oder aufgeregt? Der Wurm wittert seine große Chance. Zuviel Erregung wird übrigens nicht nur durch negative Gefühle hervorgerufen, sondern auch durch ein Übermaß an guten Gefühlen. Wenn ihr euphorisch seid, weil ihr den Traumjob ergattert, die Zusage für den Immobilienkauf bekommen habt oder der Lotto-Jackpot von euch geknackt wurde, bricht die Verstandeskontrolle mit großer Wahrscheinlichkeit zusammen und euer Wurm erobert sich die Freiheit. Pfeif auf den Blutzucker, sagt der Wurm dann, setzt sich die Siegerkrone auf und macht, was er will.

- **Bei starken Reizen aus der Umwelt:**
  Auch hier hat es der Verstand schwer, die Kontrolle zu behalten. Viele, die versuchen, mit dem Rauchen aufzuhören, kommen irgendwann mal auf den Trick, keine Zigaretten mehr einzukaufen. Gleiches gilt für den Umgang mit Alkohol oder Süßigkeiten. Wenn die Pralinen im Hause sind, dann schnappt sich der Wurm, was ihm gehört. Vielleicht nicht sofort, aber mit Sicherheit irgendwann. Er wartet ab, bis die Verstandeskontrolle geschwächt ist. Ein ärgerliches Telefongespräch genügt da schon, und die Siegerkrone rückt in greifbare Nähe.

- **Bei mangelnder Befriedigung von Basisbedürfnissen:**
  In solchen Lebenssituationen wird der Wurm zum König. Er hat die Oberhand über den Verstand. Was sind Basisbedürfnisse? Hierzu zählen einmal körperliche Bedürfnisse wie genug zu essen und zu trinken zu haben, genug Schlaf, genug Sex. Es gibt aber auch psychologische Bedürfnisse, wie genug Zeit für sich alleine, genug Abwechslung, genug Sozialkontakte. Auch das Bedürfnis nach Anerkennung, das Bedürfnis nach Entscheidungsfreiheit und Autonomie zählen zu den psychologischen Basisbedürfnissen. Das Bedürfnis nach Sinn ist auch ein Thema, das vielen Menschen zwar nicht unbedingt bewusst ist, das aber, wenn es nicht erfüllt ist, ein nagendes Mangelgefühl verursachen kann.

Lasst diese Liste einmal auf euch wirken. Euch wird sofort klar, dass es im ganz normalen Alltag, in dem wir alle leben, nur so von Ausbruchsgelegenheiten für den Wurm wimmelt. Wer hat schon Lebensumstände, in denen alle Bedingungen, die der Verstand braucht, um seine Arbeit durchzuführen, optimal erfüllt sind? Niemand. Aus der Sicht des Wurms heißt das: Im ganz normalen Alltag findet er jede Menge Möglichkeiten, sich die Ketten vom Leib zu reißen, sich die Königskrone aufzusetzen und seiner Bestimmung zu folgen. Der Wurm will seinem Besitzer oder seiner Besitzerin Unangenehmes ersparen und viel Angenehmes ermöglichen. Und zwar für den aktuellen Moment, für das Hier und Jetzt. Dies ist die Aufgabe des Wurms, und die erfüllt er mit großer Zuverlässigkeit.

«Das ist ja alles ganz schick mit diesem Wurm, aber ich frage mich, wie das dann funktionieren soll mit den vielen nervigen Verpflichtungen, die der Diabetes mir auferlegt», platzt Renate in den Vortrag hinein. «Das geht doch nur, indem man sich zwingt! Mal ganz ehrlich, glaubt einer von euch hier im Raum, dass es möglich ist, sich zu sagen: Chakka, jetzt macht mir das Blutzucker-Messen aber Spaß? Ich komme mir vor wie diese Esos, die sich einreden: Das Leben ist wunderschön, jeder Tag ist schön! Das funktioniert doch nicht! Bei mir ist das so: Ich bin rigoros zu mir und erlaube mir solche Seitensprünge nicht. Okay, sie passieren immer wieder, aber wenn ich mir auch noch sage: Och, das ist ja der Wurm, der das will, dann ist ja dem Ganzen Tür und Tor geöffnet. Was spricht denn gegen Selbstkontrolle, Frau Doktor, warum machen Sie die denn so madig? Damit schaffe ich doch wenigstens 50 Prozent von dem, was ich mir vornehme! Und das soll so falsch sein?»

Ludovica hebt den rechten Arm in die Höhe, öffnet die Hand wie zu einer Siegesgeste und ruft fröhlich: «Jepp, Renate! Ich danke dir, dass du das angesprochen hast! Ich glaube, es geht einigen im Raum hier so. Sie haben genau solche Fragen, wie du sie gerade formuliert hast. Damit gibt du mir die Chance, die Sache noch ein bisschen ausführlicher zu erklären. Ob ihr es glaubt oder nicht, es gibt noch mehr Gründe, warum Selbstkontrolle eine ungünstige Form des Selbstmanagements ist. Auf der Liste, die ich eben erläutert habe, sind vier Gründe dargestellt, die dazu führen können, dass die Selbstkontrolle zusammenbricht.

Nun gibt es aber auch Personen, denen Selbstkontrolle gelingt, selbst wenn ihr Alltag mit Beispielen wie den oben genannten gespickt ist. Jeder von uns kennt solche Menschen, deren Willenskraft aus Stahl zu sein scheint. Sie ziehen ihre Pflicht durch, koste es, was es wolle. In diesen Fällen ist der Wurm chronisch gewürgt. Er liegt dauerhaft an der Kette und hat darum schon völlig vergessen, wie das freie Leben schmeckt. Diese Form der chronischen Selbstkontrolle ist jedoch gefährlich! Es gibt zuverlässige psychologische Verfahren, mit denen man das Ausmaß an Selbstkontrolle, das jemand über sich selbst verhängt hat, messen kann. Die Forschungsergebnisse zeigen, dass Depressionen, Zwangserkrankungen, Burnout-Syndrome und Essstörungen mit einem zu hohen Maß an Selbstkontrolle einhergehen. Auch hierzu haben wir einen Wurm gezeichnet.

Zuviel Selbstkontrolle macht krank

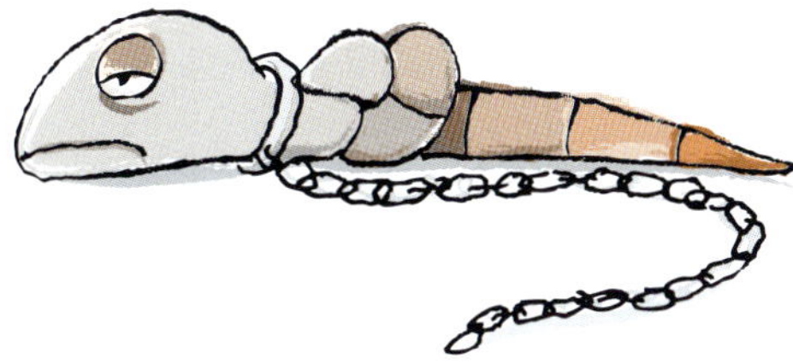

Selbstkontrolle ist eine gut geeignete Methode, um kurzfristige Aktionen durchzuführen, die der Wurm nicht will. Wer das Würmli einmal im Jahr an der Würgeleine zur Krebsvorsorge schleppt, der wird davon sicher nicht depressiv. Und wer sich am 75. Geburtstag von Tante Klothilde am Riemen reißt, sich in den Anzug wirft und einen Tag mit der buckligen Verwandtschaft verbringt, bekommt davon kein Burnout-Syndrom. Menschen mit einer chronischen Erkrankung jedoch, die zu einem Lebensstil gezwungen sind, der viele Elemente enthält, die der Wurm ablehnt, die sind tatsächlich gefährdet. Den Wurm zu würgen bedeutet nämlich Stress für den Körper. Und zwischen einem erhöhten

Stresslevel und einer Verschlechterung des Diabetes gibt es eindeutige Zusammenhänge, das ist inzwischen aus der Forschung bekannt. Wer also sein Diabetesmanagement mit gewürgtem Wurm durchführt, steht permanent in der Gefahr, den Diabetes weiter zu verschlechtern, obwohl er alle Anweisungen akribisch ausführt. Das ist doch eine verrückte Welt oder?

Darum müssen wir ganz dringend miteinander nach Wegen suchen, wie wir aus dem erzwungenen Diabetesmanagement, das im Grunde gegen die Bedürfnisse des Wurms arbeitet, ein Ressourcenmanagement entwickeln, bei dem das Würmli mit im Boot sitzt. Meine Aussagen über das Würgen des Würmlis gelten übrigens nicht nur für den Umgang mit einer chronischen Krankheit, sie gelten für das gesamte Leben. Die Faustregel für Lebenszufriedenheit lautet: Ein Drittel unserer Lebenszeit sollten wir den Wurmen würgen, maximal. Und zwei Drittel der Lebenszeit sollten mit freiem Wurm verbracht werden. Das ist das Ziel, das wir anstreben. Das Bild hierzu sieht eindrücklich aus, finde ich.»

Faustregel für Zufriedenheit

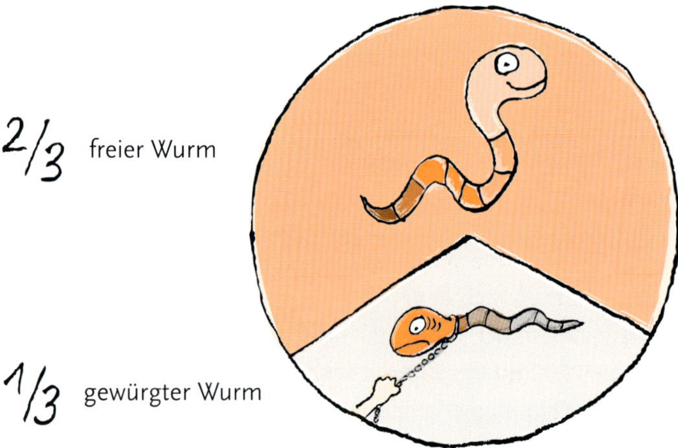

2.3 Der gewürgte Wurm bei Diabetes

Christoph bekommt Ludovicas Worte nur halb mit. Er ist völlig in Gedanken versunken. Er denkt an das, was in den letzten Wochen passiert ist. Er denkt an diese ihm jetzt schon fast unwirklich erscheinende Szene in der Tankstelle, als Paula ihn mit Leila erwischte. Er denkt an diesen Moment, in dem, wie in einem Film von Tarantino, der Plan des Helden platzt und die Handlung kurz stillsteht; an diesen Augenblick, in dem die Zuschauer den Atem anhalten und keiner weiß, welchen Weg die Geschichte einschlagen wird.

Er denkt an die beklommene und aufgeladene Atmosphäre der darauf folgenden Tage. An die Gespräche mit Paula und an ihr eckiges Gesicht dabei. Sie hat ihm die Pistole auf die Brust gesetzt und von ihm gefordert, etwas zu unternehmen. Etwas, das ihr zeigt, dass er guten Willens ist, sich zu ändern. Oder wenigstens sich darüber im Klaren zu werden, was er will und wie er es erreichen will. Sie hat sich einen gemeinsamen Termin bei Christophs Diabetologen ausbedungen und dort das Wort an sich gerissen und ausgepackt. Sie hat von Beziehungsproblemen gesprochen und von Seitensprung – es ist Christoph sehr unangenehm gewesen. Er hat seinem Arzt angesehen, dass er sich in seinem Kittel auch nicht wohl fühlte, und bemerkt, wie er verstohlen auf seine Uhr linste und in seinem Arztsessel hin und her rutschte.

Während des Gesprächs spannten sich Paulas Stimmbänder merklich an, und ihre Stimme drohte zu kippen, als sie forderte, Christoph müsse entweder alleine eine Therapie beginnen oder einwilligen, mit ihr eine Paartherapie zu machen. Sie wollte sich der Unterstützung durch Christophs Diabetologen gewiss sein. Nachdem sie geendet hatte, schaute sie den Arzt herausfordernd und stumm an. Die Luft war so dick, dass man sie in Scheiben hätte schneiden können. Der Diabetologe dachte angestrengt nach und erinnerte sich daran, dass ihm eine Kollegin kürzlich von einer Selbstmanagement-Methode erzählt hat, die sie ihren Patienten anbietet. Sie hat ihm doch gesagt: Vielleicht hast du ja Patienten, die in den Zwängen feststecken, die die Krankheit mit sich bringt, und die so etwas gebrauchen könnten. Wo hatte er nur den grünen Flyer gelassen? Er öffnete seine mittlere Schreibtischschublade, in der immer alles steckte, was er noch bearbeiten wollte (und das war meist eine Menge), und fand den Flyer. Wie einen Joker hob er ihn in die Höhe und zeigte ihn Paula mit einem zaghaften Lächeln. «Da habe ich genau das richtige für Ihren Mann, das empfehle ich Ihnen.»

Und so ist es gekommen, dass sich Christoph für den Selbstmanagement-Kurs angemeldet hat. «Ressourcenorientiert» steht auf dem Flyer, «das Unbewusste mit ins Boot nehmen», «sich seiner Wünsche bewusst werden»... Christoph denkt an Leila, und eine unendliche Sehnsucht packt ihn und zerreißt ihn fast.

Allmählich dringen die Worte der Kursleiterin wie von Ferne an sein Ohr. Sie beginnen ihn zu interessieren. Er denkt darüber nach, was er eigentlich die letzten Jahre gemacht hat. Ob er möglicherweise auch seinen Wurm gewürgt hat? Und wie das so wäre, wenn er seinem Wurm freien Lauf ließe. Ob das überhaupt geht? Und was wäre denn jetzt eigentlich richtig und besser: den Verstand siegen zu lassen und mit Paula und den Kindern zusammenzuleben oder auf den Wurm zu hören und endlich zu Leila zu eilen und in ihren meergrünen Augen zu versinken? Wer ist stärker, und wer von den beiden wird gewinnen, der Verstand oder der Wurm? Christoph würde diese Frage gerne laut stellen, aber er traut sich nicht. In seinem Kopf dreht sich alles. Vielleicht wird sich im Verlauf noch eine Antwort finden, der Kurs hat ja gerade erst begonnen.

Er hat nicht lange Zeit, darüber nachzudenken, denn nun ergreift Dorabella, die andere Kursleiterin, das Wort und erklärt die folgende Aufgabe: «Ihr habt jetzt gehört, dass es Situationen gibt, in denen man seinen Wurm würgt, damit er etwas tut, das er nicht mag, in denen man also Selbstkontrolle ausübt. Und es gibt Situationen, in denen der Wurm völlig enthemmt ist. Das wird Impulsivität genannt. Es gibt nun aber auch einen goldenen Weg, mit dem der Verstand einverstanden ist und mit dem der Wurm auch zufrieden und glücklich ist. Das nennen wir dann Selbstregulation.»

Aha!, denkt Christoph, darum geht es also! Irgendeine Art von Lösung zu finden, die aus der Sicht des Verstandes passt und die auch dem Wurm gefällt. Selbstregulation ist das Zauberwort. Aber wie kann das in meinem Fall gehen, denkt er, wie soll der Verstand mit dem Traum meines Wurms einverstanden sein, wie soll sich mein Dilemma auflösen lassen – mit Selbstregulation? Verspricht interessant zu werden, dieser Kurs.

Dorabella spricht weiter: «Wir möchten euch bitten, euch in Gruppen zusammenzutun und fünfzehn Minuten lang alle Situationen und Erfahrungen zu sammeln, in denen ihr euren Wurm gewürgt habt oder euren Wurm würgen musstet, weil man das von euch erwartete. Lasst mal einfach euren Wurm zu Wort kommen, was ihm alles nicht gepasst hat in der Zeit mit Diabetes, was er mitmachen musste und was er sich anhören musste. Ihr bekommt alle Papier, damit ihr auf dem Flipchart präsentieren könnt, was euch da so alles eingefallen ist. »

Ach du meine Güte, denkt Christoph, muss ich jetzt vor den anderen irgendwelche peinlichen Situationen offenbaren? Schon zieht jeder Kursteilnehmende aus einem Säckchen ein Los, das über die Gruppeneinteilung entscheidet.

In Christophs Gruppe befindet sich ein weiterer Mann, Leander, der seinen großen roten Instrumentenkasten mitgebracht hat, in dem, wie Leander erzählt hat, sein Cello wartet. Am Abend nach dem Kurs hat Leander noch eine Stunde Unterricht bei seinem Lehrer, mit dem er sich auf die Aufnahmeprüfung für die Musikhochschule vorbereitet. Darum hat er sein Instrument mit dabei.

Leander hat noch nicht lange Diabetes, gerade mal ein knappes Jahr. Er redet wie ein Wasserfall, so scheint es Christoph, und hat jede Menge zur Präsentation beizutragen. Christoph findet diesen Leander ein bisschen peinlich. Aber was der sprudelnd und unverblümt hervorbringt, kommt Christoph insgeheim sehr bekannt vor. Die anderen Mitglieder seiner Gruppe scheinen es zustimmend aufzunehmen. Vielleicht weil es ihnen auch schon so ging? Stockend, gehemmt, wie bei den ersten Schritten auf der Tanzfläche, gibt Christoph seine Erfahrungen preis, wie er in der Vergangenheit, seinem Wurm die Luft abgestellt hat.

Als er von Paula und sich erzählt und davon, wie Paula mit ihm umgeht, nämlich wie mit einem pubertären Schuljungen, der von der Mutter gefragt wird, ob er den Blutzucker gemessen hat oder wie der Wert ausgefallen ist, fällt ihm Elvira ins Wort: Sie berichtet, wie ihr damaliger Ehemann Bert es früher fertiggebracht hat, ihr Vorwürfe zu machen, wenn sie gerade eine Unterzuckerung hatte und ganz damit beschäftigt war, aus der Hypo rauszukommen, in der man sich einfach nur elend fühlt. Mitten in diesem miesen Weltuntergangsgefühl, das dann eintritt, schwitzend, zittrig, unfähig, die Dose zu öffnen, in der sich die Traubenzucker-Plättchen befinden, habe er sie mit Vorwürfen überschüttet. Elvira erzählt mit wackliger Stimme und kurzatmig, wie sich das anfühlt, dieses Potpourri aus Angst – nackter Angst, es diesmal nicht zu schaffen, aus der Unterzuckerung rauszukommen – und Peinlichkeit, weil sie sich so unfähig und entwürdigt vorkommt, dass

sie nicht einmal den Deckel der Dose in die richtige Richtung dreht. Gleichzeitig sind da auch noch Schuldgefühle, dass sie es wieder verbockt hat und eine Unterzuckerung verursacht hat. Zu guter Letzt kommt noch eine Riesenportion Wut dazu. Wut auf ihren Ehemann, dass er sie nicht einfach in Ruhe lassen kann, sondern wie ein Polizist vor ihr steht, der einen Verkehrssünder erwischt hat. Mitten in diesem rasend schnell sich drehenden Gefühlskarussel habe ihr Mann es fertiggebracht, sie zu fragen, warum sie denn schon wieder eine Unterzuckerung habe. Ob sie denn wieder nicht dies und jenes bedacht habe. Elvira seufzt tief, zuckt einmal mit den Achseln und schüttelt den Kopf. «Wisst ihr, was die Krönung war? Wenn mein Ex-Mann und ich diskutierten und uns absolut nicht einig wurden, dann konnte er auf dem Gipfel des Disputs tatsächlich einen Spruch loslassen wie ‹Elvira, kann es sein, dass du eine Unterzuckerung hast? Du bist so aggressiv. Vielleicht solltest du mal messen, Schatz.› Damit hat er mich dann schachmatt gesetzt. Schon dieser Satz ‹Vielleicht solltest du mal messen, Schatz!› – ‹Schatz› sagte er immer in Situationen, in denen ich zum schwachen Frauchen gemacht werden sollte. Na, unsere Beziehung hat das nicht ausgehalten, diese Polizist-Opfer-Spielchen.»

Die Zeit vergeht wie im Flug – so kommt es einigen Kursteilnehmenden vor –, und Dorabella bittet die erste Gruppe, ihre Sammlung zu präsentieren. Natürlich geht Leander für seine Gruppe nach vorne und erläutert die Präsentation:

Gewürgter Wurm

- Insulin spritzen (lästig!)
- vier- bis fünfmal täglich messen und dafür in die Finger pieksen müssen
- immer alles dabeihaben müssen (Insulin-Pen, Messgerät, Traubenzucker, Nadeln für die Spritze...) – im Urlaub: noch nerviger
- spontan sein geht nicht mehr! (Was wirst du tun? Was musst du bedenken? Was wird passieren?)
- Partys machen keinen Spaß mehr (Alkohol, tanzen, spontanes Dating, Hypo beim One-Night-Stand)
- die Familie weiß es besser:
  - sie geben ständig Tipps
  - kochen Extragerichte
  - machen sich ständig Sorgen
  - kommentieren unentwegt dein Verhalten

Dorabella bedankt sich für die Präsentation, und schon ist die nächste Gruppe dran. Sie stellt ihre Ergebnisse gemeinsam vor:

Aus dem Leben eines gewürgten Wurmes

- Du fühlst dich schuldig, wenn es mit dem Diabetes nicht klappt.
- Diabetes ist meist unberechenbar. Du gibst dir Mühe, aber es klappt nicht.
- Du sollst dich ein Leben lang rund um die Uhr um den Diabetes kümmern, auch wenn du gar keine Lust dazu hast!
- Diabetestagebuch – nein danke!
- Arztbesuch ähnelt Hausaufgabenbesprechung in der Schule.
- Im Hintergrund drohen die Folgen des Diabetes (Impotenz, blind werden usw.)

Gleich darauf kommt die dritte Gruppe nach vorne, und Elvira stellt die Ergebnisse ihrer Gruppe vor:

Was dem Wurm Übelkeit verursacht

- es ist nötig, Blutzucker zu messen, aber: 1000 andere wichtige Dinge sind zu tun (Kinder, Beruf…) Folge: vergessen zu messen
- Insulin spritzen vergessen
- essen, wenn du gar keinen Appetit hast (Blutzucker zu niedrig)
- du hast Hunger, darfst aber noch nicht essen (Blutzucker zu hoch)
- essen ist kein Genuss mehr
- Süßigkeiten = schlechtes Gewissen
- essen = schlechtes Gewissen
- Angst vor Unterzuckerung = du verlierst die Kontrolle = superpeinlich
- Der Diabetes kontrolliert mich, ich hab ihn nicht unter Kontrolle

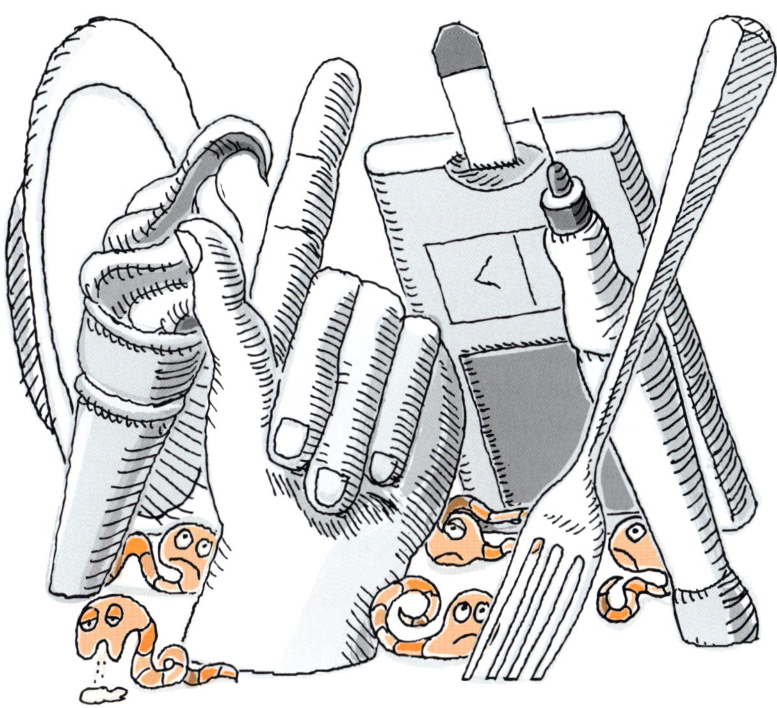

Die Stimmung im Raum ist aufgewühlt. Alle Kursteilnehmenden sind voll dabei, und die Präsentationen werden begleitet von Ausrufen und Kommentaren der anderen wie «Oh ja, das kenn ich auch!» oder «Genau!» «Richtig, wie ätzend!» und Gelächter. Im Anschluss an die Präsentationen ist ein lebhaftes Gespräch unter den Kursteilnehmenden entstanden.

Es ist für alle beeindruckend, was da zusammengekommen ist. Wie viele Situationen und Momente es gibt, in denen man seinen Wurm würgen muss und etwas tun soll, was einem nicht passt.

Dorabella macht sich bemerkbar und sagt: «Vielen Dank für eure wirklich reichhaltige Sammlung und eure Präsentationen! Da kommt eine Menge zusammen, was eure Würmer so mitmachen müssen! In euren Präsentationen ist deutlich geworden, dass es verschiedene ganz spezielle Diabetes-Themen gibt. Ich möchte gerne mit euch jetzt eine knackige Runde durchführen, in der wir diese Themen benennen und festhalten. Wer beginnt? Ihr könnt mir einfach die Themen zurufen, und ich schreibe sie auf.»

Aus den Zurufen der Teilnehmenden entsteht folgende Themensammlung:

Diabetes-Spezialthemen

- «alles ist wichtiger»
- die lästige «Mess-Ess-Spritz-Hygiene»
- «ich bin schuld an allem»
- Diabetes ist unberechenbar (keine Kontrolle, Hilflosigkeit)
- Diabetes und die Beziehung
- Diabetes und essen
- Diabetes und Öffentlichkeit (wie peinlich...! Muss es jeder wissen?)
- Diabetes und seine Folgen + die Angst davor (Impotenz, blind werden, Füße ab, Nierenwäsche)

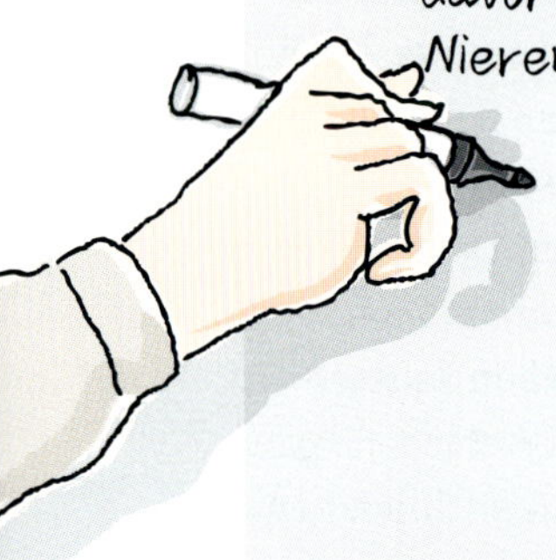

Es ist Zeit für eine kleine Unterbrechung, und die Kursteilnehmenden begeben sich, angeregt miteinander plaudernd, in den Pausenraum.

Als alle von der Pause wieder zurück sind, fährt Dorabella fort: «Jetzt ist es Zeit für eine Vorstellungsrunde, damit sich wirklich alle kennenlernen. Ich bitte euch euren Vornamen zu nennen und kurz zu sagen, was euch bewogen hat, an diesem Kurs teilzunehmen.»

Nach der Vorstellungsrunde macht Dorabella weiter: «Ihr habt jetzt eine Situationssammlung erstellt mit Diabetesthemen, die den Wurm unzufrieden und unglücklich machen. Jetzt geht es darum zu schauen, wie ihr es anstellen könnt, dass euer Wurm einverstanden ist und er freiwillig mitmacht bei euren Diabetes-Aktionen. Es geht darum, ihn nicht würgen zu müssen, um eure Pflichten zu erfüllen, sondern darum, ihn mit ins Boot zu kriegen. Jetzt wird es wirklich spannend. Es ist völlig normal, wenn ihr euch fragt, wie es um Himmels Willen gelingen kann, eure lästigen Situationen mit dem Diabetes, die euch und euer Würmli nerven, so zu meistern, dass euer Wurm freiwillig und sogar zufrieden mit ins Boot kommt!

Ihr werdet nun lernen, wie das geht. Hier im Kurs darf sich jeder von euch ein eigenes spezielles Diabetes-Thema aussuchen, an dem er arbeiten möchte. Am Beispiel dieses Themas erlernt ihr die ZRM-Methode. Im Laufe des Kurses lernt ihr sie so gut kennen, dass ihr später, nach Kursende, weitere Themen in Eigenregie oder in einer Netzwerkgruppe selbstständig bearbeiten könnt. Falls euch also zwei oder gar drei Themen brennend interessieren, müsst ihr euch nicht grämen. Ihr sucht euch jetzt für diesen Kurs einfach mal das erste aus, das euch besonders unter den Nägeln brennt. Meine Empfehlung: Wählt euch ein Thema, über das ihr gerne auch öffentlich sprechen wollt. Hier im Kurs habt ihr die Chance, von den anderen Ideen und Anregungen zu bekommen, und das ist besonders wertvoll. Ihr bekommt jetzt kurz Zeit, euch eins eurer Spezialthemen auszusuchen. Vielleicht hilft euch auch die Vorstellung, dass ihr euer Würmli fragt, bei welchem Thema es gerne Unterstützung hätte. Im Anschluss daran stellt jeder sein Thema in der großen Runde vor.»

Jetzt wird es ja wirklich spannend, denkt Steffi, ich bin wahnsinnig neugierig, was die anderen sich raussuchen. Ich kann mich eigentlich gar nicht entscheiden, ich hab sooo viele Baustellen… Womit fange ich nur an? Die Leiterin hat ja gesagt, wenn wir ein Thema im Kurs bearbeitet haben, können wir nach dem Kurs weitere Themen bearbeiten, weil wir wissen, wie es geht. Außerdem, fällt ihr ein, kennt sie ja Nora, und die könnte sie auch nach dem Kurs immer wieder fragen, wenn sie unsicher ist. Nun geht es schon los, und diese Renate, die zu spät gekommen ist, meldet sich doch tatsächlich sofort und redet unvermittelt drauf los:

Renate schnauft laut aus, nachdem sie ihr Thema beschrieben hat. Sie wirkt sichtlich erleichtert. Dorabella bedankt sich für den Beitrag und notiert Renates Thema auf einem großen Blatt Papier, das an der Wand hängt. «Wer möchte weitermachen?», fragt sie.

Leander meldet sich:

«Ich möchte lernen, meinen Blutzucker ohne Angst und regelmäßig zu messen. Ich möchte... also da muss ich kurz ausholen, das geht nicht in Kurzversion. Darf ich?», fragt Leander höflich.

Dorabella lächelt von einem Ende des Gesichts zum anderen und sagt: «Na klar, darfst du.»

«Also, ich liebe die Musik, und ich liebe kulinarische Genüsse. Besonders genieße ich es, wenn aus dem Moment heraus spezielle Situationen entstehen, die gar nicht absehbar waren und dann einfach himmlisch sind. Also stellt euch mal vor, Timon, mein Freund, und ich beschließen, einen gemeinsamen Samstagabend zu verbringen, und wir fahren nach Potsdam raus. Es ist ein herrlicher, lauer Sommerabend im Schlossgarten Sanssouci. Der Rasen ist vor ganz kurzem gemäht worden, und die leichte Abendbrise weht den Duft von frischem Gras in eure Nase. Man glaubt es kaum, aber die Grillen zirpen in der Nähe des Neuen Palais, dazu muss man gar nicht in die Toskana fahren. Am chinesischen Teehaus gibt es ein Freiluftkonzert mit wunderschöner Musik aus der Zeit Friedrichs des Großen. Und Timon, mein Liebster, zaubert aus seinem Rucksack ein Picknick mit meinem Lieblingsrotwein und Käse vom französischen Käsemann – die feinsten Sorten – und deckt unseren ‹Tisch› liebevoll mit Großmutters weißen Leinenservietten, denen mit dem Monogramm und...»

«Und was ist denn nun dein Diabetes-Thema? Das ist doch alles top!», purzelt es aus Renates Mund. Sie entschuldigt sich sofort für ihr Dazwischenreden und kriegt rote Bäckchen.

«Ja, das ist es ja grade. Wenn alles so ist, dann könnte ich einfach die Zeit vergessen und nur noch genießen. Dann kann es passieren, dass ich einfach der wundervollen Kammersonate lauschen, die Wolken am Himmel ziehen lassen, Rücken an Rücken mit Timon sitzen und eins mit mir und der Welt sein möchte. Dann will ich einfach nur dem Cello lauschen, wie es zusammen mit dem Cembalo in den dunklen und warm tönenden Bassregistern verschmilzt. Die silbrige, luftige Flöte tanzt auf dem dunkel tönenden Bassteppich, fliegt leicht wie ein Zitronenfalter und umgarnt ihn. Vielleicht möchte ich dabei zwei Gläser Rotwein trinken. Da denke ich doch gar nicht ans Blutzuckermessen.

Oder daran, dass ich unterzuckern könnte, wenn ich den Käse ohne Baguette zum Wein esse. Ich möchte einfach spontan die Situation genießen können, im Augenblick sein und alles andere vergessen. Also, ich weiß ja nicht, ob das jetzt hier angesagt ist, aber Timon liebt die Musik auch sehr und vermag den Zauber des Moments zu spüren und also, ähm... Es könnte auch sein, dass wir den Sommerabend nach der Kammersonate weiter genießen und intimer werden... Da möchte ich wirklich nicht an diesen Diabetes denken. Das meine ich, das möchte ich – es hinkriegen, dass so ein traumhafter Moment nicht versaut wird durch eine Unterzuckerung oder einen Mega-Blutzuckerwert ein paar Stunden später. So eine Blutzucker-Messung währenddessen, das ist doch völlig unsexy. Gleichzeitig möchte ich aber dranbleiben, solche kleinen Kunstwerke des Augenblicks überhaupt wahrnehmen und mich trauen, sie ohne Angst zu leben.»

Im Raum bleibt es einen langen Moment still. Diese Stille fühlt sich erfüllt an, wie wenn ein großartiges Konzert verklungen ist und der ganze Saal vor Glück den Atem anhält. Steffi schaut die Frau an, die am Anfang so gestresst gewesen war – Elvira. Sie sitzt auf ihrem Stuhl, und Tränen rollen über ihre Wangen.

«Leander, du hast das toll beschrieben», sagt Dorabella. «Kennen die anderen das auch, dieses Gefühl?»

«Also, ich hab mir für diesen Kurs zwar schon ein anderes Diabetes-Thema ausgesucht. Aber so etwas zu spüren, also mich mal wieder so zu fühlen, wie du das beschrieben hast, Leander, das werde ich mir als Thema für später vornehmen. – Wie lange habe ich so etwas nicht mehr erlebt! Danach sehne ich mich so sehr», sagt Elvira, schnäuzt sich ausgiebig und seufzt. Dabei wirkt sie jedoch nicht traurig, sondern eher zufrieden.

«Könntest du dein Thema so in Worte fassen, dass ich es in unsere Sammlung nehmen und aufschreiben kann, Leander?», fragt Dorabella.

«Stimmt, sonst können wir gleich ein Buch drüber schreiben», wirft Renate wieder ein und lacht diesmal, ein bisschen auch über sich selbst.

«Hm,» sagt Leander und lächelt Renate freundlich an: «Gar nicht so einfach, wart mal einen Moment:

«Danke», sagt Dorabella und schreibt auf. «Und wer möchte nun weitermachen?»

Steffi meldet sich:

«Ich habe dauernd das Gefühl, dass ich etwas falsch mache, aber ich tu doch, was ich kann, und trotzdem schwanken meine Werte ständig. Das macht mich völlig hilflos. Manchmal verliere ich völlig die Hoffnung, dass ich das jemals in den Griff kriegen könnte. Und dieses Gefühl der Hoffnungslosigkeit, das wünsche ich meinem ärgsten Feind nicht, das kann ich euch sagen. Ich möchte meine Hoffnungslosigkeit überwinden.»

Dorabella notiert.

«Ich mache dann gleich weiter, ja?», lächelt Elvira und richtet sich auf. «Ich möchte es schaffen, mir morgens und abends feste Zeiten zu reservieren, in denen ich meinen Blutzucker messe und danach gleich und konsequent das Insulin spritze. Und ich möchte mir auch gleich noch Zeit dafür nehmen, die Werte und die Insulinmengen in ein Tagebuch zu schreiben, das ich ab jetzt führen werde.» Sie hält einen Moment inne. «Na ja, wenn ich ganz ehrlich bin, finde ich den Vorsatz mit dem Tagebuch nicht so dolle. Eigentlich hasse ich dieses Tagebuch. Ich möchte es schaffen, ein bisschen Zeit für mich ganz alleine zu haben und nicht immer nur für den Job, für die Kinder, für die Schule, für die Nachbarin. Einfach nur Zeit für mich. Ich möchte mich auch wieder so spüren wie Leander. – Wenn ich es für die Sammlung beschreiben soll:

Da ist dann das gute Diabetes-Management auch mit drin, das gehört ja auch zu den Dingen, die ich für mein Wohlergehen unternehme.»

Christoph ist klar, dass die Reihe nun an ihn kommt, und er fühlt sich unwohl. In seinem Bauch breitet sich ein merkwürdig aufgeregtes Gefühl aus, gleichzeitig schön und Angst machend. So muss sich wohl Lampenfieber anfühlen. Obwohl er doch im Job so oft vor vielen spricht. Wie soll er jetzt sein Herzensanliegen vor allen aussprechen, das ist doch oberpersönlich und peinlich. Soll er einfach etwas anderes sagen? Probleme und Themen hat er ja mit dem Diabetes genug...

«Ich möchte keine Unterzuckerungen mehr haben», sagt Christoph ohne wirkliche Beteiligung und hastig, eben wie bei einem Ausweichmanöver. Im gleichen Moment wird ihm klar, dass sein Versuch nicht gerade von Erfolg gekrönt ist, denn schon meldet sich Renate und sagt: «Also wie soll'n das gehen? Wir sind hier doch nicht bei ‹Wünsch dir was›. Die kann dir doch keiner wegzaubern!»

«Danke, Renate, dein Einwand ist richtig», meldet sich Dorabella. «Wir können in unserem Kurs nur Themen bearbeiten, auf die wir mit Selbstmanagement Einfluss nehmen können. Wenn sich jemand zum Beispiel vornähme, dass sein Blutzucker jeden Morgen 110 sein soll, dann ist das kein Vorhaben für einen Selbstmanagementkurs, denn es gibt ganz viele nicht-beeinflussbare Ursachen, die diesen Wert mitbestimmen: die Vorgänge im Körper, die ups and downs der Hormone im Blut während der Nacht und in den frühen Morgenstunden, die eine Blutzucker-Achterbahn veranstalten, die Leber, die nachts Zucker produziert, die Muskeln, die ihren Zuckervorrat wieder auffüllen... All dies kann man nicht beeinflussen. Vielleicht meint Christoph aber gar nicht diese Vorgänge, sondern die Verhaltensweisen, die er selber unter seiner Kontrolle hat? Diese mit dem Wurm im Boot anders als bisher anzugehen könnte dann schlussendlich schon dazu führen, dass Unterzuckerungen seltener auftreten. Das müsste Christoph jedoch ganz klar unterscheiden. Eine schöne Phantasie muss leider eine schöne Phantasie bleiben, da kann auch ZRM nicht helfen. Wie oft habe ich mir schon gewünscht, im Lotto zu gewinnen. Leider, leider kann ich durch Selbstmanagement darauf aber keinen Einfluss nehmen. Ich kann aber viel dazu tun, dass sich mein Kontostand verbessert, und darauf richten wir im Kurs unser Augenmerk. Christoph, was meinst du dazu?»

Christoph fühlt sich wie kurz vor dem Sprung vom Dreimeterbrett. Das Gefühl im Bauch hat sich aufgebläht wie ein Stier kurz vor dem Spurt in die Arena. Die Unterzuckerungen sind doch gar nicht sein Hauptthema. Er räuspert sich und – springt: «Ich möchte eigentlich noch was ganz anderes.» Puh, der Kragen seines Hilfiger-Hemdes ist ihm gerade viel zu eng, er fühlt sich nervös und schwitzt. Eine Unterzuckerung? Nein – er weiß schon, warum, und nimmt einen erneuten Anlauf:

Christoph fühlt sich wie ein winziger Stier aus einem Cartoon in einer gigantischen Arena mit tausenden von Augen, die ihn sensationslüstern angaffen. Aber beim Blick in die Runde merkt er erstaunt, dass das, was er gesagt hat, von der Gruppe völlig unaufgeregt aufgenommen wurde. Offenbar ist sein Thema gar nicht so außergewöhnlich.

Die Themen unserer Gruppe

Renate 	Schlechtes Gewissen wegen meiner Figur ablegen (und wegen meinem nicht immer funktionierenden Verhalten dem Diabetes gegenüber)
Leander 	Trotz Diabetes spontan bleiben und den Moment genießen
Steffi 	Das Gefühl kriegen, den Diabetes im Griff zu haben – nicht selbst vom Diabetes kontrolliert zu werden
Elvira 	Zeit für den Diabetes nehmen – Zeit für mich nehmen!
Christoph 	Neue Position in der Partnerschaft – Offenheit und Freiheit für Neues

2.4 Den Strudelwurm ins Boot holen mit Wunschelementen

Die Pause, in der sich die Kursteilnehmenden angeregt miteinander unterhalten haben, ist wie im Flug vergangen. Man hat Renate kurze, knackige Bemerkungen machen hören, und Steffi und Elvira haben die Pause genutzt, um den Blutzucker zu messen. Ludovica steht mit den Kursteilnehmenden in einer Runde und lacht fröhlich. Sie lässt sich zeigen, wie man ein Blutzuckergerät bedient. Natürlich will sie sich unbedingt auch den Blutzucker messen lassen und ist beruhigt, dass er nicht zu hoch ist. «Nun, liebe Kursteilnehmerinnen und Kursteilnehmer, jetzt gehen wir einen Schritt weiter, und ich darf euch versprechen: Es wird spannend!», beendet sie die Pause.

Nachdem sich alle wieder im Kursraum eingefunden haben, ergreift Ludovica das Wort. «Wir haben nun von euch allen gehört, in welchen Situationen das Würmli Unterstützung braucht, weil es ihm gar nicht gut geht mit der Art und Weise, wie diese Themen im Moment angegangen werden. Ich bin mir sicher, dass sich die meisten von euch in den Themen der anderen zumindest teilweise wiedererkannt haben. Während ihr jetzt an eurem eigenen Thema arbeitet, könnt ihr natürlich auch ein Auge drauf haben, was bei den anderen passiert, und euch dort Anregungen holen, falls ihr ein anderes Thema auch interessant findet. Ideenklau ist in unserem Kurs ausdrücklich erlaubt!

Der nächste Arbeitsschritt besteht jetzt darin, den Wurm ins Boot zu holen. Wenn wir den Wurm dazu bringen wollen, etwas freiwillig zu tun, dann müssen wir zunächst damit beginnen, die Wurmsprache zu sprechen. Die Aufgabe besteht darin, nach einer Möglichkeit zu suchen, wie sich der Wurm freiwillig einem Vorsatz, den der Verstand gemacht hat, anschließen kann. In der Wissenschaft wird dieser Vorgang ‹Änderung der inneren Haltung› genannt. Ist eine Haltungsänderung gelungen, sieht man eine Sache in anderem Licht und hat bessere Gefühle dabei, denn Verstand und Würmli ziehen jetzt an einem Strang und arbeiten Hand in Hand. Das fühlt sich deutlich besser an als die Zerrissenheit, in der wir uns befinden, wenn Verstand und Wurm verschiedener Meinung sind. Das werdet ihr alle noch erleben, und ihr werdet es auch bei den anderen Mitgliedern der Gruppe beobachten können. In dem Moment, wo solch eine Haltungsänderung zu beobachten ist, werden Ressourcen aktiviert, und man entwickelt neue Kräfte und neuen Optimismus.

Um eine Haltungsänderung herbeizuführen, die Verstand und Wurm koordiniert, sind geeignete Bilder erforderlich. Warum? Die Kontaktaufnahme mit dem Strudelwurm gelingt am besten mit Bildern. Der Teil des Gehirns, für den der Wurm zuständig ist, stammt aus einer Zeit der Evolution, als noch niemand mit Worten kommunizierte, weil es noch gar keine Menschen gab, die der Sprache mächtig waren. Wir müssen uns dieser Tatsache anpassen, wenn wir mit dem Würmli Kontakt aufnehmen wollen. Mit Worten kann man den Verstand erreichen, der Wurm braucht Bilder.

Kontaktaufnahme

mit dem Verstand	**mit dem Würmli**
mit Worten Sonne Blume Baum Hund Auto Mensch	mit Bildern

Im Zürcher Ressourcen Modell wurde für die Suche nach geeigneten Bildern für den Wurm die Methode der Wunschelemente entwickelt. Diese Methode funktioniert, indem man dem Würmli eine Reihe von Vorschlägen macht und das Würmli fragt: Was kann dir helfen, das Thema X mit Freude und freiwillig umzusetzen? Aus der Fülle der Vorschläge kann sich das Würmli dann die Ideen heraussuchen, die ihm gut gefallen. Damit könnt ihr dann an der neuen Haltung arbeiten.

Das hört sich im Moment alles noch ziemlich abstrakt an. Wir gehen einfach mal ein Beispiel aus der Runde durch, damit die Arbeit mit den Wunschelementen für alle völlig verständlich und nachvollziehbar wird. Ich verteile hierzu erst einmal ein Arbeitsblatt.» Mit diesen Worten lässt Ludovica einen Stapel Papier durch die Reihen gehen, jeder nimmt sich ein Exemplar. Während die Gruppe mit dem Verteilen der Arbeitsblätter beschäftigt ist, hat Ludovica ein neues Blatt auf ihrem Flippchart aufgeschlagen.

Wunschelemente

- Tier
- Pflanze
- Fahrzeug
- Person
- Fantasiefigur
- Sonstiges

Dann fährt sie fort: «Tier, Pflanze, Fahrzeug und so weiter, das sind die Wunschelemente, anhand derer ihr Bilder für euren Wurm entwickeln könnt. Eine Frage zum Wunschelement Tier könnte zum Beispiel so aussehen: Leander hat das Thema gewählt ‹Ich möchte trotz Diabetes spontan sein und den Augenblick genießen können, ohne dabei Angst zu haben›. Die entsprechende Frage zum Wunschelement Tier wäre: Welches Tier hat Eigenschaften, die dir dabei helfen können, trotz Diabetes spontan zu sein und den Augenblick zu genießen, ohne dabei Angst zu haben?»

«Ein junges Äffchen!», ruft Renate spontan.

«Prima Idee», antwortet Ludovica. «Und warum fällt dir dazu ein Äffchen ein? Welche Eigenschaften sind es, die Leanders Würmli helfen könnten?»

«Na ja, ein Äffchen ist verspielt, es ist jung, kennt die Welt noch nicht und macht sich darum keine Sorgen. Es spielt mit den anderen aus der Horde und lebt völlig im Augenblick.»

Während Renate spricht, notiert Ludovica auf einem neuen Blatt ihres Flipcharts die Worte:

Junges Äffchen: verspielt,
lebt im Augenblick

«Wer hat noch eine Idee zu einem Tier, das Leander helfen könnte?»

«Ein Faultier!», kichert Steffi.

«Da bin ich aber neugierig, welche Eigenschaften eines Faultiers Leander bei seinem Thema helfen könnten», schmunzelt Ludovica.

«Na ja, ich denk mir halt, so ein Faultier, das bewegt sich dermaßen langsam, da kann sich gar keine Hektik ausbreiten. Leander, du kommst mir schon ein bisschen vor wie auf Hochgeschwindigkeit, sorry, nimm's mir nicht übel. Und eine Dosis Faultier, die würde dich vielleicht ruhiger machen. Das Faultier erledigt ja auch die wichtigen Dinge, die es

zum Überleben braucht, aber halt langsam, langsam. Wenn ich das auf deine Situation übertrage, dann würde das Faultier sagen: ‹Immer mit der Ruhe, wir messen unseren Blutzucker, aber nicht sofort, ein wenig später reicht auch noch. Carpe diem.›»

«Mensch, das find ich ja eine tolle Idee!», ruft Leander spontan. «Natürlich hast du völlig Recht, ich bin ein kleiner Hektiker, das weiß ich schon. Wenn ich ein Tier wäre, dann wäre ich ein flatternder Kolibri oder so etwas in der Art. Und so eine Dosis Faultier, das ist wirklich eine feine Sache, da breitet sich nur beim Gedanken daran eine wunderbare Ruhe in mir aus. Faultier find ich super.»

Faultier: ruhig, langsam,
Carpe diem

«Wenn ihr jetzt einmal euer Arbeitsblatt anschaut, dann seht ihr da verschiedene Wunschelemente und dabei ein paar Zeilen, auf denen ihr eure Ideen zu den Wunschelementen notieren könnt, so, wie ich das jetzt auf dem Flipchart vorgemacht habe.

Wunschelemente

Mein Thema lautet:

....

....

....

Welches Wunschelement hat Eigenschaften, die mir helfen, bei meinem Thema den Wurm ins Boot zu holen?

Wunschelement	**Eigene Ideen**	**Ideenkorb**

Arbeitsblatt

Wunschelement	Eigene Ideen	Ideenkorb

Arbeitsblatt

Leander, du hast ja beim Wunschelement Tier sofort sehr gut auf das Faultier reagiert. Solche unmittelbaren starken positiven Reaktionen – das sind die Antworten vom Würmli, das sich meldet und ganz laut ‹Bingo› ruft. Diese Reaktionen kommen ganz schnell, innerhalb von 200 Millisekunden, wie gemessen werden kann. Ihr alle konntet es eben bei Leander beobachten, wie es aussieht, wenn dem Wurm eine Idee gut gefällt.»

Ja, das kann man in der Tat sehen, dachte sich Christoph, Leander hat ganz rote Wangen bekommen und wirkt angesichts der Idee mit dem Faultier richtig vitalisiert. Da bin ich mal gespannt, was bei mir so ein «Bingo» verursachen wird, ich fange richtig an, mich auf die Arbeit zu freuen. Das sind ja wirklich überraschende Methoden.

«Leander, ein Tier hat sich dein Würmli nun ja schon rausgesucht. Zu welchem weiteren Wunschelement hättest du denn gerne Ideen?»

«Kann man denn auch ein Musikinstrument als Wunschelement benutzen?», fragt Leander. «Ihr wisst ja, wie wichtig mir die Musik ist, und es wäre natürlich fabelhaft, wenn ich hierzu Ideen bekommen könnte!»

«Klar, gehen Musikinstrumente als Wunschelement», bestätigt Ludovica. «Dafür ist extra der Punkt ‹Sonstiges› vorgesehen, da könnt ihr nach Herzenslust wünschen, wonach euch der Sinn steht.»

«Warum nimmst du nicht ein Fagott?», fragt Elvira, die schon lange nichts mehr gesagt hat. «Ein Fagott passt zum Faultier. Abgesehen davon, dass es auch mit F anfängt, produziert es ebenso tiefe Töne. Jemand, der Fagott spielt, muss sehr tief ein- und ausatmen, das wirkt auch beruhigend.»

Ludovica schreibt:

Fagott: tiefe Töne, tiefe Atmung, beruhigend

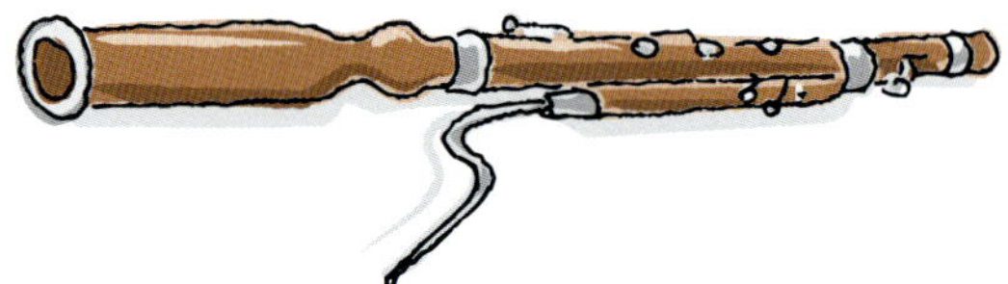

«Also, mir fällt selber auch was ein. Ist das auch erlaubt, dass man eigene Ideen einbringt?», zappelt Leander auf seinem Stuhl.

«Klar, alle Ideen sind erlaubt, fremde und eigene, Hauptsache Ideen, woher die kommen, ist völlig egal», freut sich Ludovica.

«Also, ich hatte von Anfang an die Harfe im Sinn. Ich weiß auch nicht, aber gleich als du, Ludovica, von den Wunschelementen erzählt hast, habe ich die Harfe gesehen und gehört. Das Bild und die Töne waren einfach da, ich habe gar nichts überlegt.»

«Ja, das hat der Wurm geschickt, dieses Bild», erklärt Ludovica. «Wenn in euch ganz spontan eine Idee hochpoppt, ohne dass ihr vorher darüber gegrübelt oder nachgedacht habt, dann könnt ihr sicher sein, dass es sich hierbei um eine Botschaft von eurem Würmli handelt. Weil es keine Menschensprache spricht, meldet es sich in Wurmsprache, und das sind Bilder. Wir sammeln jetzt ein paar Ideen, was das Würmli mit diesem Bild von der Harfe wohl ausdrücken will. Wenn wir getroffen haben, was das Würmli damit sagen wollte, wirst du das wieder an einem deutlichen Bingo-Gefühl bemerken können. Wer hat Ideen, was an einer Harfe für Eigenschaften dran sein könnten, die Leander und seinem Wurm dabei helfen, den Augenblick genießen und spontan sein zu können, ohne Angst zu haben?»

«Also, bei Harfe denke ich sofort an Engel», platzt Steffi heraus. «Harfenmusik, das sind für mich himmlische Klänge, die etwas Tröstliches haben. Ich bin oft verzweifelt, weil ich mit meinem Schicksal hadere und ohne Hoffnung bin. Dann denk ich an meine Oma aus Süddeutschland. Die hat mich als Kind manchmal in die Kirche mitgenommen. Wir haben zusammen eine Kerze angezündet, und sie hat sich mit mir einfach hingesetzt und ihren Arm um mich gelegt. Mit der anderen Hand hat sie ganz sanft meine Hand gestreichelt. In der Kirche der Oma gab es sonntags auch Musik, der Organist hat wunderschön gespielt. Ich werde nie vergessen, wie sich dann eine festliche Stimmung ausbreitete. Zum Orgelspiel erklang manchmal auch zarte und himmlische Harfenmusik. Ich hab mir später als erwachsene Frau eine CD mit Harfenmusik gekauft, zur Erinnerung an die Kirchenbesuche mit meiner Oma. Wenn ich solche Klänge höre, machen sie mich wieder ruhig und geben mir Vertrauen, dass mein Leben in den Händen höherer Mächte liegt und dass ich gut beschützt bin. Ich hoffe, das hört sich für euch jetzt nicht spinnig oder esoterisch an, aber mir bringt der Glaube an himmlische Mächte wirklich was. Das fällt mir dazu ein, Leander, ich weiß nicht, ob du etwas damit anfangen kannst. Es ist ja nicht jeder Mensch religiös, ich erzähl's dir halt einfach mal. Ludovica hat ja gesagt, man kann alles erzählen, was einem einfällt.»

«Oh, mir bringt das sehr viel, liebe Steffi!», antwortet Leander. «Ich mache selbst Kirchenmusik, und die Idee von himmlischen Sphärenklängen ist wirklich eine sehr gute Idee für mich. Ich merke, dass sie mich in eine wunderbare Ruhe versetzt. Während das Faultier eher so ein Genussvieh ist, das im Moment lebt, sind für mich die himmlischen Klänge eine Vorstellung, die mir das Herz weit macht und mich mein Leben in der Dimension von Ewigkeit sehen lässt. Und dann sind auf einmal meine kleinen Sorgen um den Minipieks in die Fingerkuppe wirklich nur noch Lappalien. Das hilft, das hilft wirklich, Steffi, das ist eine formidable Idee!»

Ludovica schreibt auf das Flipchart:

Harfe: himmlische Sphärenklänge, Trost, Ewigkeit

Nun traut sich auch Christoph zu sprechen: «Bei Harfe dachte ich an diese keltischen Harfen. Ein Freund hat mich mal zu einem Harfenkonzert einer irischen Künstlerin mitgenommen. Das war vielleicht eine attraktive Frau, kann ich euch sagen! Mit langen kupferroten, glänzenden Haaren und einem dunkelgrünen, schimmernden Kleid. Die Harfenistin spielte ganz zart, und ich sah vor mir plötzlich magische Wesen, Elfen und Feen in einem irischen, dichten Wald.»

Ist wohl ein Banker, aber hat doch eine poetische Ader, denkt Steffi anerkennend, und ihre Augen leuchten.

Ludovica schreibt auf das Flipchart:

wunderschön, zart, magische Wesen, still lauschen, romantische Stimmung genießen

«Leander, jetzt hast du für das Wunschelement Tier und für das selbsterfundene Wunschelement Musikinstrument Ideen bekommen. Hast du das Gefühl, dass hier schon gute Ideen für dich dabei sind, die dir und deinem Wurm helfen, die innere Haltung zu ändern? Oder möchtest du gerne Ideen zu einem weiteren Wunschelement?», fragt Ludovica.

«Also, ich brauche nichts mehr, ich bin restlos happy», seufzt Leander wohlig. «Einfach fantastisch, was hier zusammengetragen wurde von euch, vielen Dank dafür. Ich bin richtig gerührt. Hm, ich bin so nah am Wasser gebaut.» Verstohlen wischt Leander sich eine Träne von der Wange. «Wie man so schnell zu einer neuen Perspektive kommen kann, wenn man die Wurmsprache spricht, das grenzt wirklich an ein Wunder. Danke, euch allen.»

Das ist verblüffend, denkt Christoph, wie schnell bei Leander die Wurmsprache gewirkt hat. Dass es bei ihm selbst auch so schnell gehen wird, bezweifelt er momentan noch. Leander ist als Musiker ja auch ein besonders phantasiebegabter und gefühlsbetonter Mensch, er selbst ist da eher trocken und rational. Er würde auch kein Tier nehmen und schon gar kein Musikinstrument, eher ein Auto. Ja, das wäre schick, ein Aston Martin, wie James Bond ihn fährt, das hat Stil, so ein Oldtimer. Auf keinen Fall den neuen Porsche, nein, ein Oldtimer müsste es schon sein. Farbe Dunkelgrün, kein peinliches knalliges Rot, das jedem signalisiert, dass hier ein Mann in der Midlife Crisis fährt. Nein, er möchte einen Oldtimer mit Stil und Understatement.

Während Christoph noch seinen Gedanken über das perfekte Fahrzeug nachhängt, hat Dorabella wieder das Wort übernommen.

Ideenkorb-Technik

«Was ihr hier gerade erlebt habt, hat im ZRM-Training den Namen Ideenkorb», erklärt sie. «Der Ideenkorb ist eine Lösungshilfe, mit der man die Ideen von anderen Personen nutzt, um dem Wurm dabei zu helfen, sich in Menschensprache auszudrücken. Das Prinzip ist ganz einfach. Ihr stellt euch vor, ihr setzt euer Würmli in einen Korb und lasst ressourcenhaltige, positive Ideen auf das Würmli regnen, wie die Sterne beim Sterntaler-Märchen. Das Würmli muss nichts weiter tun, als alle Ideen im Korb zu sammeln und zu schauen, welche ihm am besten gefallen. Erlaubt sind alle Ideen, die euch in den Sinn kommen.

Beim Ideenkorb gibt es eigentlich nur eine einzige wichtige Einschränkung: Es dürfen ausschließlich positive Ideen in den Korb geworfen werden. Wenn also jemand zum Beispiel beim Wunschelement Pflanze Ideen zu einer Lilie möchte, ist es nicht erlaubt, beispielsweise so etwas in den Korb zu werfen wie: «Also, bei diesem penetranten Geruch von Lilien wird mir immer schlecht.» Gesucht sind Ideen, die dem Wurm gefallen könnten, und nicht solche, die ihn sicher abturnen. Wieso gibt es diese Regel? Wir suchen mit der Ideenkorb-Methode nach Ressourcen, die für den Wurm hilfreich sein können. Und hierzu brauchen wir ganz einfach Ideen, die dem Wurm gefallen könnten, die er lecker und attraktiv findet.

Die nächste Aufgabe besteht jetzt darin, euch Ideen für Wunschelemente zu holen und Ideen dazu zu sammeln, welche Eigenschaften der Wunschelemente für euer Vorhaben hilfreich sein könnten. Genau so, wie ihr es eben bei Leander miterlebt habt. Die Aufgabe besteht zunächst darin, Ideen für Wunschelemente zu sammeln und den Korb damit zu füllen. Wie der volle Ideenkorb dann ausgewertet wird, das erkläre ich euch später, wenn ihr alle mit vollen Körben aus der Gruppenarbeit zurückgekommen seid.

Ich empfehle euch außerdem, die Liste für euren Ideenkorb nicht selbst aufzuschreiben, sondern euer Arbeitsblatt einer anderen Person zu geben, die für euch die Ideen notiert. Ihr habt dann den Vorteil, dass ihr besser auf die Reaktionen eures Wurms achten könnt, weil ihr nicht mit Schreiben beschäftigt seid. Diese andere Person, die für euch Protokoll führt, sollte natürlich leserlich schreiben. Es genügen Stichworte, wie ich das am Flipchart mit Leanders Ideenkorb vorgemacht habe.

Für jede Person stehen zehn Minuten zur Verfügung. Ihr solltet in der Gruppe einen Zeitwächter oder eine Zeitwächterin bestimmen, der oder die nach zehn Minuten bekanntgibt, dass das Zeitbudget abgelaufen ist. Ich habe euch die drei Punkte noch einmal hier auf dem Flipchart zusammengefasst.

Ideenkorb-Regeln

1. nur positive Ideen
2. Protokoll
3. Zeitwache

Gibt es zum Vorgehen für die Ideenkorb-Übung noch Fragen?»

«Ja, ich würde gerne noch wissen, zu wie vielen Wunschelementen man sich Ideen holen darf? Für mich ist die ganze Liste attraktiv, ich kann mich gar nicht entscheiden!», meldet sich Elvira.

«Wir schlagen vor, dass ihr euch in den zehn Minuten, die euch während der offiziellen Kurszeit zur Verfügung stehen, auf zwei bis drei Wunschelemente beschränkt. Aber euch stehen natürlich außerhalb des Kursstunden sämtliche vorhandenen Möglichkeiten zur Verfügung, euch den Korb füllen zu lassen! Die Pausen kann man beispielsweise dafür nutzen, und später zu Hause könnt ihr ja auch noch Ideen sammeln! Sich den Ideenkorb füllen lassen, das kann man überall praktizieren, nicht nur dann, wenn Kursleiter in der Nähe sind! Ein kühles Bier oder ein Glas Rotwein sind dem Ideenkorb durchaus zuträglich.» Bei dieser Bemerkung lacht Ludovica laut und herzlich. «Jetzt ist aber erst einmal die Mittagspause dran. Bevor ihr in die Pause geht, dürft ihr noch ein neues Los ziehen, damit ihr wisst, wer von euch sich für die Ideenkörbe zu welcher Gruppe zusammentun wird. So könnt ihr nach der Pause direkt beginnen, in euren Gruppen die Ideenkörbe zu füllen.»

Die Teilnehmenden sind ganz überrascht, dass es schon Mittag ist. Sie verlassen den Kursraum und unterhalten sich dabei bereits angeregt über ihre Wunschelemente.

Nach der Pause finden sie sich zuerst nochmals alle zusammen, und Ludovica bemerkt: «Ihr habt jetzt eine tolle Chance, spielend leicht einen ganzen Korb mit Ideen zu füllen. Euch steht eine ganze Gruppe zur Verfügung, die euch mit Ideen beschenken kann. Wenn ihr später einen Ideenkorb zu einem neuen Thema haben möchtet, könnt ihr ihn auf andere Art und Weise füllen, zum Beispiel, indem ihr Menschen um euch herum fragt, was für positive Assoziationen sie zum Beispiel zu einem Faultier haben. So füllt ihr euren Ideenkorb dann auch außerhalb eines offiziellen Kurses, Idee für Idee.»

Steffi ist ganz aufgeregt: «Heißt das, dass ich zum Beispiel Nora, die in meiner Kanzlei arbeitet und ZRM kennt, in so einer Situation fragen könnte? Auch wenn sie in meiner Kanzlei arbeitet? Aber Herrn Mödlich, meinen Chef, den kann ich ja wohl nicht ansprechen. Was sage ich, wenn der mich dann fragt, warum ich so etwas wissen will?»

«Genau so kannst du das machen, liebe Steffi. Du kannst zum Beispiel Nora fragen. Aber: Der- oder diejenige, der oder die Ideen spenden soll, muss ZRM gar nicht kennen, um dir positive Assoziationen zu geben. Manchmal ist es sogar gut, wenn diejenigen, die ihr fragt, gar nicht wissen, worum es geht. Es ist gar nicht nötig, dass ihr erklärt, wofür genau ihr eure Ideen braucht. Es genügt zu sagen, dass ihr zu einem Bild oder einem Wort positive Assoziationen sammelt. Fertig. Und manchmal ist es sogar gut, wenn die Leute, die einem Ideen schenken, einen gar nicht so gut kennen. Die sind nämlich nicht voreingenommen, das kann ein Vorteil sein. Stellt euch mal vor, ihr fragt zum Beispiel euren Lebenspartner nach Assoziationen zu einem Wunschelement, zum Beispiel zu einer Schnecke. Dann könnte es sein, dass euer Partner zum Beispiel so etwas sagt: ‹Ach, klar, du bist ja in einem Kurs, weil es dir nicht gelingt, Dinge zügig zu erledigen, und du beklagst dich ja, dass du Dinge vor Dir herschiebst. Die Schnecke bedeutet bei Dir bestimmt ein ganz langsames Tempo, das Du einschlägst.› Das gefällt dem Wurm dann gar nicht, und schon habt ihr schlechte Laune. Manchmal ist es darum wirklich viel hilfreicher, jemand völlig Fremdes zu fragen», erklärt Ludovica.

«Aber», Christoph stutzt, «bei mir im Büro geht das wirklich gar nicht. Meine Kollegen würden mich ja für übergeschnappt halten, wenn ich nach positiven Assoziationen zu einem Eichhörnchen oder einem Saxophon fragen würde! Da kriege ich gleich ein Coaching vom Chef aufgedrückt. Wie kann ich denn das machen?» Er stutzt eine Weile. «Ich habe eine ganz verrückte Idee, ich weiß nicht, ob das geht: Früher bin ich regelmäßig gesegelt. Ich hab mich einmal im Jahr mit einer Gruppe zu einer großen Segeltörn getroffen. Das waren immer wieder verschiedene Leute, die alle die Lust auf Abenteuer, Reisen und das Kennenlernen neuer Menschen hatten. Zu denen habe ich immer noch regelmäßigen Mail-Kontakt, aber ich sehe sie ganz selten, weil sie zum Teil im Ausland wohnen. Geht das, wenn ich denen per Mail ganz unverfänglich das Bild zusende und sie frage, was sie für positive Ideen zu diesem Bild haben und ob sie mir diese zumailen könnten? Könnte ich also zum Beispiel ein Bild von einem Eichhörnchen aus dem Internet runterladen und ihnen zumailen?»

«Das ist eine prima Idee, wirklich super!», wirft Ludovica fröhlich ein und freut sich über Christophs Kreativität.

«Jetzt komme ich auf eine noch verrücktere Sache», meldet sich Elvira zaghaft. «Ich bin ja bei Facebook eingetragen, auch wenn ich meist keine Zeit habe, mein Profil zu aktualisieren, geschweige denn aktiv zu sein. Ich dachte letztens schon daran, wie ich aus diesem komischen Ding mit den virtuellen Freunden, die gar keine sind, wieder rauskommen kann. Aber jetzt denke ich gerade, ob ich Facebook nicht nutzen könnte, indem ich ein Bild in mein Profil reinsetze mit der Bitte, mir positive Ideen zu dem Bild zu geben?!»

«Wie ihr seht, gibt es viele Möglichkeiten, euren Ideenkorb auch außerhalb einer so tollen Gruppe, wie ihr es seid, zu füllen», fasst Ludovica zusammen. «Und jetzt schlage ich euch vor, mit euren Ideenkörben in der Gruppe zu starten – jeder von euch hat zehn Minuten Zeit, sich mit Ideen für den Ideenkorb beschenken zu lassen. Los geht's!»

Nach der Ideenkorb-Runde kommen die Teilnehmenden mit ihren Arbeitsblättern wieder in die große Runde. So sieht das Arbeitsblatt von Christoph aus:

Wunschelemente

Mein Thema lautet:

Neue Position in der Partnerschaft –
Offenheit und Freiheit für Neues

Welches Wunschelement hat Eigenschaften, die mir helfen, bei meinem Thema den Wurm ins Boot zu holen?

Wunschelement	Eigene Ideen	Ideenkorb
Tier: Silberrücken-gorilla	• Unangefochtenes Leittier • männlich • strahlt Dominanz aus	• Kann Zähne zeigen • kommt im Urwald zurecht • extrem stark

Arbeitsblatt

Wunschelement	Eigene Ideen	Ideenkorb
Fahrzeug: Aston Martin	• Eleganz • Zeichen von Luxus – wer möchte ihn nicht haben… • Prestigeobjekt, etwas wirklich Besonderes	• Rennwagen • damit kann man Gas geben • man kann sogar Bergrennen damit gewinnen • gut zu steuern • die Führung übernehmen • Siegergefühl
Person: James Bond	• immer ein Lächeln – in jeder Situation • verführerisch • männlich	• absolut souverän • immer Herr der Lage • cool und sexy • gewinnend • kann seine Mission ausführen und gleichzeitig flirten • hat seine Eigenheiten (geschüttelt, nicht gerührt) und da macht er keine Abstriche • freut sich auf jedes Abenteuer

Arbeitsblatt

2.5 Den Ideenkorb auswerten mit dem Strudelwurm

Für den nächsten Arbeitsschritt stellt Dorabella sich vorne am Flipchart in Positur. Alle Gruppenmitglieder wirken sehr angeregt und haben es genossen, sich gegenseitig die Ideenkörbe zu füllen.

«Und, wie ist es euch ergangen?», fragt Dorabella neugierig.

«Ich fand es extrem kurzweilig, die Zeit verging wie im Flug», ist von Elvira zu hören. «Ja, und wir haben viel gelacht, das war wunderbar», fügt Renate an.

«Ich bin froh, dass wir in dieser Gruppe keinen Seelenstriptease machen, das war insgeheim meine Befürchtung», wagt Christoph sich aus der Deckung.

«Um Himmels Willen, nein, bloß keinen Seelenstriptease, nichts schlimmer als das. Ludovica und mir sind diese Art Gruppen selbst ein Graus, wir haben das oft genug mitmachen müssen in unserer eigenen Ausbildung! Davor seid ihr in unserem ZRM-Kurs garantiert gefeit, das schwöre ich beim Leben meines Hundes!» Dorabella redet sich richtig in Fahrt beim Thema Seelenstriptease. Man merkt genau, dass ihr viel daran liegt, eine andere Atmosphäre in ihrem Kurs zu schaffen.

«Wo ihr nun alle völlig ohne Seelenstriptease einen prall gefüllten Ideenkorb besitzt, seid ihr bereit für den nächsten Schritt im ZRM-Kurs: zur Auswertung des Ideenkorbs mit Hilfe des Wurms. Gibt es denn jemanden in der Runde, der bei sich schon eine deutliche positive Wurmreaktion bei der einen oder der anderen Idee beobachten konnte?»

«Ja! Ich habe als Fantasiefigur Mary Poppins bekommen», meldet sich Steffi, «und dieses Lied ‹Supercalifragilistic› aus dem Film dazu. Die Melodie geht mir, seit ich die Idee bekommen habe, nicht mehr aus

dem Kopf. Irgendwie macht mich das Lied einfach fröhlich und heiter und auch zupackend, es versetzt mich eigentlich genau in die Stimmung, die gegen meine Hilflosigkeit und Depression wirkt. Eine tolle Idee, danke Leander, das hat voll ins Schwarze getroffen!»

«Och ja, danke, Melodien und Musik, das ist halt meine Welt, keine Ursache, gern geschehen.» Leander ist ob des dicken Lobs richtig verlegen geworden.

«Das ist ein großartiges Beispiel! Was Steffi erlebt hat, ist ein spontanes Bingo-Gefühl des Wurms, wie wir das nennen. Ihr Wurm hat mit starken positiven Gefühlen angezeigt, dass Mary Poppins und ihr Lied dazu geeignet sind, als Ressource zu dienen und sie aus ihrem Ohnmachtsgefühl herauszuholen», erklärt Dorabella. «Viele Kursteilnehmenden erleben solche spontanen Bingos schon während ihr Korb gefüllt wird. Trotzdem wollen wir uns für die Auswertung des Ideenkorbs ein wenig Zeit nehmen.

Der Strudelfaktor

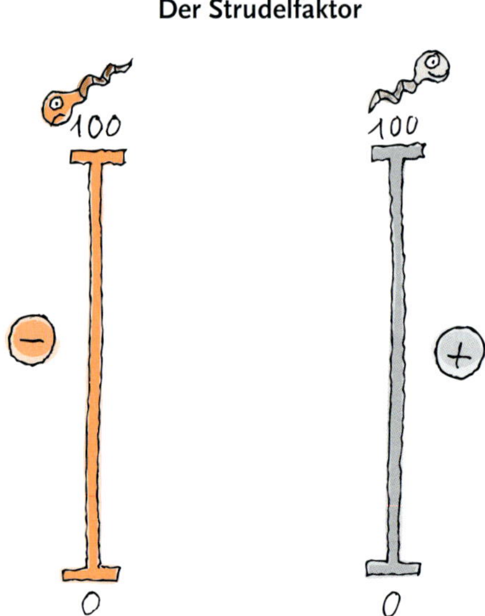

Ich gebe zunächst noch einmal einen kleinen theoretischen Input und mache euch mit unserem Strudelfaktor bekannt.» Mit diesen Worten klappt Dorabella ein neues Blatt auf dem Flipchart auf.

Strudelfaktor! Also wirklich, eine Ausdrucksweise herrscht in diesem Kurs, sehr ungewöhnlich, aber ohne Zweifel eingängig, denkt sich Christoph im Stillen.

«Wenn wir wissenschaftlich über den Strudelfaktor schreiben, dann nennen wir ihn natürlich ernsthafter, er hat dann den Namen Affektbilanz. Weil wir im Kurs aber vom Strudelwurm sprechen, fanden es die bisherigen Teilnehmenden auch sehr amüsant, entsprechend vom Strudelfaktor zu reden. Wem dieser Begriff aber zu kindisch erscheint, der ersetzt ihn einfach durch den Begriff Affektbilanz», erklärt Dorabella.

Kann diese Frau Gedanken lesen? Christoph fühlt sich fast ertappt. Bevor sein mulmiges Gefühl aber stärker werden kann, fährt Dorabella schon munter fort:

«Das Wurmsystem hat zwei Möglichkeiten, Bewertungen abzugeben. Einmal können positive Gefühle erzeugt werden. Das Würmli hat dann den Drang, sich einer Sache anzunähern, weil es sie attraktiv findet. Zum anderen können negative Gefühle erzeugt werden. Das Würmli will dann am liebsten sofort verduften. Die Bewertung, die es gerade vorgenommen hat, fiel eindeutig negativ aus und betraf somit etwas Unangenehmes.

Das Interessante für euch und euer Selbstmanagement ist nun die Tatsache, dass es Themen gibt, bei denen gute und schlechte Gefühle gleichzeitig auftauchen können. Das sind dann gemischte Gefühle, die kennt jeder von uns. Wer von euch hat denn gerade ein Beispiel für ein gemischtes Gefühl?»

«Als ich erfahren habe, dass ich mit meinem ersten Kind schwanger war, das waren gemischte Gefühle, das kann ich euch sagen», platzt Elvira heraus. «Mein Bert steckte noch mitten in der Ausbildung und ich ebenfalls. Wir wollten zwar heiraten, und Kinder wollten wir auch, das war beschlossen, aber erst, wenn wir unsere Abschlüsse in der Tasche hätten. Und dann wollten wir eigentlich erst einmal Geld verdienen und das Leben genießen. Aber nun ja, manchmal kommt es anders und zweitens als man denkt. Aber von gemischten Gefühlen, da kann ich euch ein Liedlein singen!»

Gemischte Gefühle

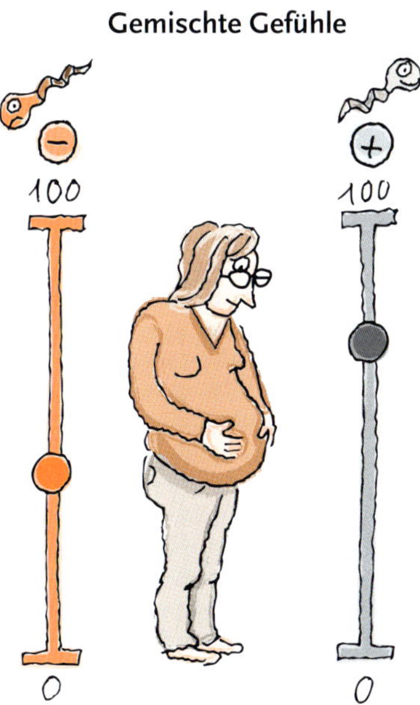

«Das ist ein prima Beispiel für gemischte Gefühle, danke Elvira. Wer hat denn ein Beispiel für ein eindeutig positives Gefühl, bei denen gar keine negative Bewertung mit dabei ist?»

«Ein dickes Plus auf dem Konto!», meldet sich Christoph sofort.

«Ja, da hast du wohl recht, ein dickes Plus auf dem Konto, das erfreut jeden Wurm», kichert Steffi zustimmend.

«Und nun, damit wir die Sammlung vollständig haben, frage ich noch nach einem Beispiel für ein ausschließlich negatives Gefühl. Wem fällt hierzu etwas ein?»

«In Hundescheiße treten!», jauchzt Leander.

«In der Tat, solch ein Erlebnis dürfte wohl bei den meisten Würmern starke negative Bewertungen auslösen!», amüsiert sich Dorabella. «Ich sehe, ihr habt das Grundprinzip des Strudelfaktors begriffen. Auf unserem Flipchart seht ihr außer dem Plus für positive Gefühle und dem Minus für negative Gefühle auch noch zwei Skalen von 0 bis 100. Mit diesen Skalen wollen wir ausdrücken, dass die Wurmbewertungen in ihrer Stärke unterschiedlich ausgeprägt sein können. Wenn man

einen Hundehaufen sieht, aber rechtzeitig ausweichen kann, ist möglicherweise der Ärger nur klein, etwa minus 30. Wenn man aber voll hineintritt und dabei noch Schuhe mit Profilsohle anhat, dann kann die Wurmbewertung ohne Weiteres auf minus 100 hochbrausen.»

«... oder wenn die Hundescheiße auf dem Kinderspielplatz im Sandkasten liegt, dann bin ich auch auf minus 100, das kann ich euch sagen!», macht Elvira einem Dauerärger Luft.

«Wunderbar, ich sehe, ihr habt das Prinzip des Strudelfaktors voll im Griff», freut sich Dorabella. «Dann kann ich euch jetzt als nächstes erklären, wie wir den Strudelfaktor benutzen, um den Ideenkorb auszuwerten.»

Auf dem Flipchart ist nun zu sehen:

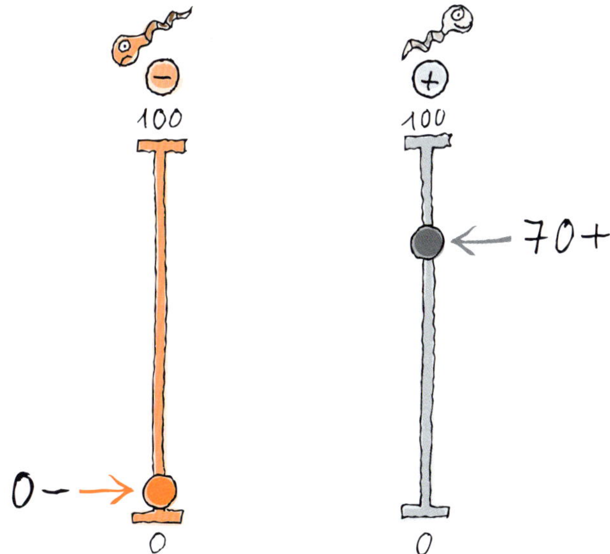

«Für die weitere Verarbeitung der Ideen benötigen wir Ideen, die einen ganz bestimmten Strudelfaktor aufweisen. Diese Ideen müssen 0 im Minus und 70 oder mehr im Plus liegen. In Worten ausgedrückt: Diese Ideen müssen ein starkes Bingo auslösen und für euren Wurm wirklich lecker und attraktiv sein. Außerdem dürfen sie nicht das kleinste bisschen negatives Gefühl auslösen. Wir benötigen diesen Strudelfaktor, um die Ideen zu bewerten. Wir brauchen ja eine Ressource, die den Wurm ins Boot holen soll. Solange der Wurm aber noch ein Minus verzeichnet, und sei es noch so klein, ist er für diese Idee nicht zu gewinnen. Ist das Prinzip klar?»

«Wir dürfen uns jetzt also die Rosinen herauspicken?», fragt Elvira.

«Genau, das ist eine gute Beschreibung, wie man sich die Auswertung des Ideenkorbs vorstellen kann. Man kann auch sagen, ihr dürft den Rahm abschöpfen oder euch die leckersten Pralinen heraussuchen. Welches Bild ihr dafür verwendet, das ist euch selbst überlassen. Wichtig ist, dass ihr auf den Strudelfaktor achtet. Ich gebe euch jetzt fünf Minuten, in denen ihr in Ruhe eure Ideenkorb-Protokolle anschauen und eure Lieblingsideen markieren könnt. Ich verteile hierzu ein Arbeitsblatt.

Auf dieses Arbeitsblatt tragt ihr eure Lieblingsideen ein. Und wie ihr seht, gibt es noch eine zweite Rubrik auf dem Blatt: ‹Meine eigenen Lieblingsideen›. Hier könnt ihr das hineinschreiben, was euch noch selbst an positiven Ideen zu euren Wunschelementen eingefallen ist. Natürlich gilt auch für die eigenen Ideen die 0 Minus-/70 Plus-Regel. Nun wünsche ich euch viel Spaß. Wenn ihr das Arbeitsblatt für euch ausgefüllt habt, gönnt euch 15 Minuten Pause. Danach geht's einen großen Schritt weiter, und es wird noch viel spannender.»

Und so sieht das ausgefüllte Arbeitsblatt von Renate aus:

Auswertung meines Ideenkorbes

Kennzeichnen Sie jede Idee Ihres Ideenkorbes, welche eine Affektbilanz von 0– und mindestens 70+ aufweist.

Folgende Worte, Assoziationen, Ideen aus meinem Ideenkorb haben eine Affektbilanz von 0– und mindestens 70+ und sind meine Lieblingsideen:

Walfisch:

- atmet mit dem Blasloch kraftvoll aus; kann dabei mit dem Körper unter Wasser und somit in seinem Element sein
- Wale haben einen ganz eigenen, besonderen Gesang, nehmen eine besondere Stellung ein (Säugetiere, die im Wasser leben)

Miss Marple:

- hat ihre eigenen Normen
- pfeift auf Autoritäten
- tut das, was sie für richtig hält
- lässt sich von nichts abhalten von niemandem etwas vorschreiben

Meine eigenen Lieblingsideen:

- der Walfisch kann mit dem Ausatmen alles loslassen, was er nicht braucht
- er befreit sich von Nutzlosem und Unliebsamem – er entscheidet selbst, was für ihn gut ist

- Miss Marple ist intelligent, humorvoll und dickköpfig
- hat ihren ganz eigenen Geschmack, den zeigt sie mit Stolz

Arbeitsblatt

2.6 Den Wurm motivieren mit Motto-Zielen

«Der nächste Schritt im ZRM-Training besteht jetzt darin, aus euren Lieblingsideen ein sogenanntes Motto-Ziel zu bauen.» Jetzt hat Ludovica wieder die Kursleitung übernommen, und Dorabella macht es sich mit einem Glas Apfelsaftschorle auf ihrem Stuhl gemütlich. «Bei den Motto-Zielen handelt es sich um einen neuen Zieltyp, der an der Universität Zürich im Rahmen der Arbeiten zum Zürcher Ressourcen Modell entwickelt wurde. Mit Motto-Zielen kann man den Wurm ins Boot bringen, auch für Aufgaben, die er eigentlich nicht mag. Julia Weber hat hierzu eine Doktorarbeit geschrieben, die den bezeichnenden Titel trägt ‹Turning Duty into Joy!›, was übersetzt etwa so viel heißt wie ‹Aus Pflichten freudige Ereignisse machen›. Wenn jemand Diabetes hat, dann sieht diese Person sich wahrlich vielen Pflichten ausgesetzt. Gerade hier kann es eine wunderbare Erfahrung sein, aus der ungeliebten Pflicht etwas werden zu lassen, das mit deutlich weniger negativen Gefühlen und womöglich sogar mit Spaß erledigt wird. Wie dieses Wunder geschehen kann, davon handelt unsere nächste Kurssequenz.»

Ein neues Blatt des Flipcharts zeigt eine Art Pyramide. Auf der Spitze der Pyramide sitzt der Strudelwurm, der mittlerweile allen ans Herz gewachsen ist. Er sieht glücklich aus, offenbar gefällt es ihm dort oben.

«Wenn sich Menschen Ziele setzen, lassen sich diese Ziele je nach Art in einer Pyramide anordnen. Ziele können sich auf die Haltung beziehen, mit der jemand etwas macht, auf das Ergebnis, das jemand erreichen will, oder auf das Verhalten, das er an den Tag legen möchte, um ein bestimmtes Ergebnis zu erreichen. Ein typisches Ergebnis für die Diabetes-Thematik ist das Ziel: ‹Ich möchte meinen Blutzucker in

Zielpyramide und Wurm

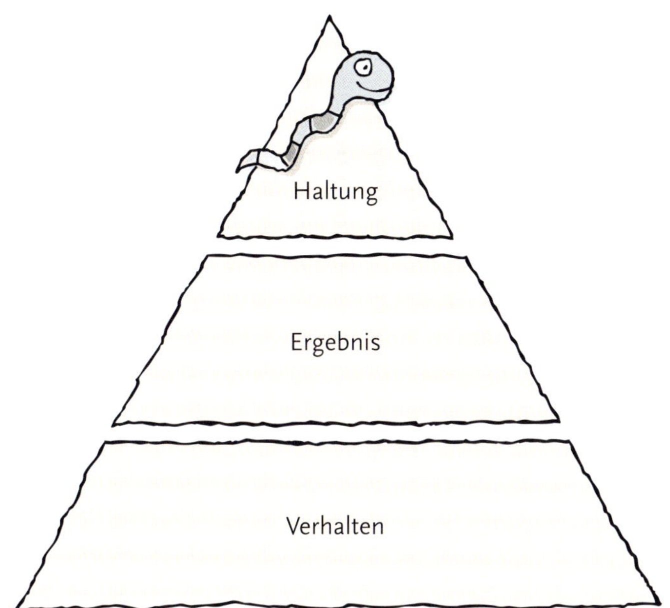

den Griff kriegen›. Ein Verhalten, das dazu führt, dass man dieses Ziel erreichen kann, wäre zum Beispiel ‹Ich messe vor jeder Mahlzeit meinen Blutzucker›.

Die meisten Menschen betreten die Zielpyramide auf der Ergebnisebene und stecken sich dort ein Ziel ab. Von dort wechseln sie dann auf die Verhaltensebene und überlegen sich, welches Verhalten wohl zu dem gewünschten Ergebnis führen kann. Auf der Verhaltensebene macht man sich dann gute und vernünftige Vorsätze. Das kann klappen, tut es aber oft nicht, wie ihr sicher aus eigener leidvoller Erfahrung wisst. Obwohl euch völlig klar ist, was ihr auf der Verhaltensebene tun müsstet, um ein bestimmtes Ergebnis mit eurem Diabetes zu erreichen, gelingt es euch aus geheimnisvollen Gründen nicht, das Verhaltensziel umzusetzen.

Hat man das Wissen über die zwei Bewertungssysteme und den Strudelwurm, hat man dafür auch eine Erklärung: Der Wurm ist nicht mit im Boot. Ihr habt die Haltungsebene vergessen. Ohne diese hagelt es Misserfolge, ihr plagt euch mit Schuldgefühlen herum und haltet euch für willensschwach und disziplinlos. Bei manchen, sehr sensiblen Menschen, können solche Misserfolgserlebnisse sogar zu dauerhafter Selbstabwertung bis hin zu Depression führen.»

Genau, wie bei mir, denkt sich Steffi. Immer und immer wieder erlebe ich, dass ich es nicht schaffe, meine Vorsätze umzusetzen. Daraus ist über die Jahre ein Grundgefühl von Hilflosigkeit und mangelnder Kontrolle entstanden. Wozu soll ich mir was vornehmen, es hat ja sowieso keinen Zweck. Auf dem Standpunkt bin ich mittlerweile gelandet. Ich latsche dann halt zur Diabetessprechstunde und hol mir meinen Anschiss ab. Ich kann ja eh nichts ändern. Aber diese Wurmtheorie, das sieht ja endlich mal nach einem Hoffnungsschimmer aus!

Zielpyramide und Motivation

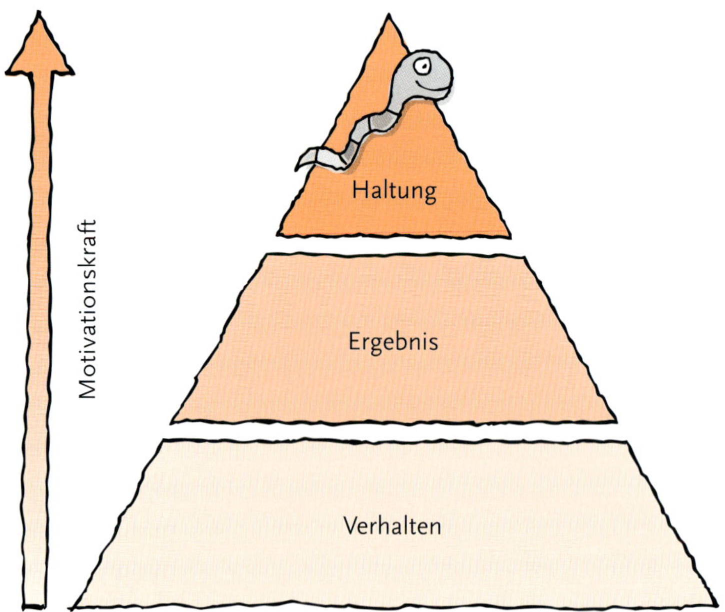

«Bildlich lässt sich der Zusammenhang zwischen Zielpyramide, Wurm und Motivation ganz einfach zeigen. Je höher ich in der Zielpyramide komme, je näher ich mich bei der Haltungsebene befinde, desto näher bin ich beim Wurm. Der Wurm ist der Teil des psychischen Systems, der für die innere Motivation verantwortlich ist. Wenn ich von irgendeiner Sache richtig überzeugt bin und sie aus eigenem Antrieb heraus umsetze, dann liegt das daran, dass der Wurm mit im Spiel ist. Wenn ich etwas nur unter Zwang, Druck oder aus Angst ausführe, dann ist das in der Psychologie keine echte innere Motivation. Wenn jemand mit dem Wurm zusammenarbeitet, dann kann er Berge versetzen, Durststrecken überwinden und schwierige Zeiten überstehen. Der Wurm ist enorm ausdauernd und widerstandsfähig, wenn er erst einmal gewonnen wurde.

Ich habe noch ein anderes Bild für euch. Es zeigt das Verhältnis zwischen Wurm, Pyramide und der sogenannten Ausführungsgenauigkeit.

Zielpyramide und Ausführungsgenauigkeit

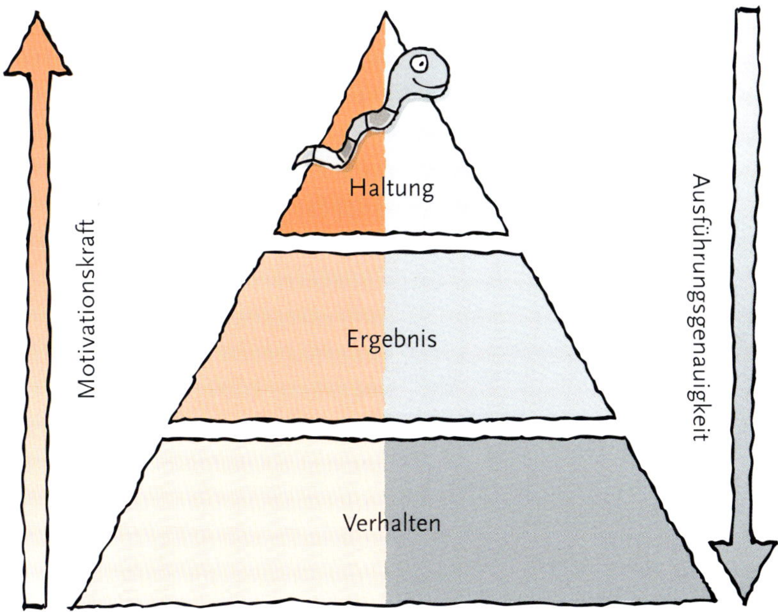

Hier ist die Richtung genau umgekehrt. Je näher ich der Verhaltensebene komme, desto genauer werden die Anweisungen für die Ausführungsgenauigkeit. Die Abbildung zeigt uns, dass alle Ebenen ihren Sinn haben, dass sich jedoch die Wurmbesitzerin und der Wurmbesitzer überlegen müssen, was sie erreichen wollen. Möchte man Ausführungsgenauigkeit, ist die Verhaltensebene perfekt, möchte man aber zuerst einmal motiviert sein, das Verhalten überhaupt mit großer Ausführungsgenauigkeit umzusetzen, dann muss man sich zuerst um den Wurm kümmern.

Ich möchte das gerne an einem Beispiel erläutern, schaut euch dazu bitte einmal diese Darstellung an. Ihr seht hier einen Klassiker, was Umsetzungsprobleme betrifft, den Vorsatz, mehr Bewegung ins Leben zu bringen. Bewegen sollte sich jeder, denn Bewegung ist gut für

Beispiel

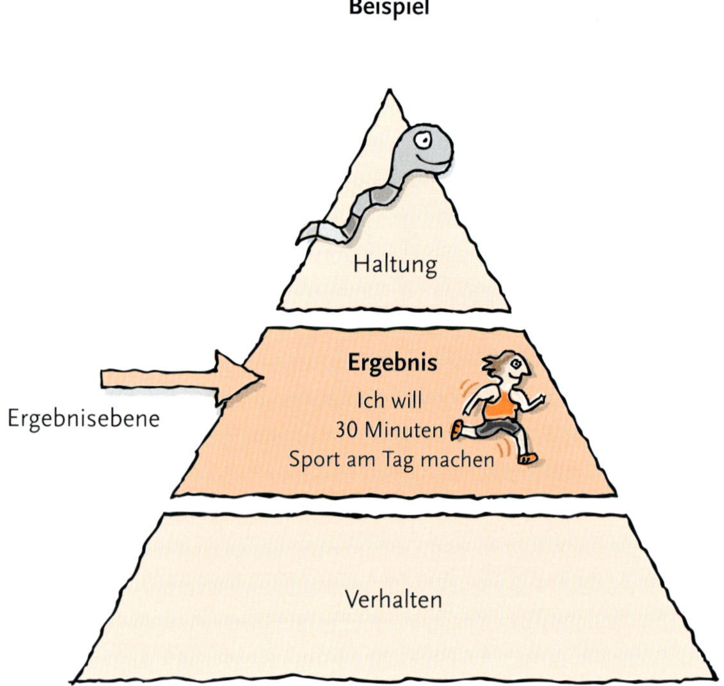

den Kreislauf, für den Stressabbau und für die Ernährung der Gelenkknorpel. Wusstet ihr, dass eure Gelenkknorpel nicht durch Blut versorgt werden, wie alle anderen Organe, sondern durch Gelenkflüssigkeit, die durch Zug und Druck eingearbeitet wird? Jedes Mal, wenn ihr euch bewegt, knetet ihr leckere Gelenkflüssigkeit in eure Knorpel, und die freuen sich, weil sie eine prima Mahlzeit bekommen. Wer sich nicht bewegt, lässt seine Knorpel sprichwörtlich verhungern, ist das nicht eine grauenhafte Vorstellung?

Aber ich bin abgeschweift. Wir waren bei dem Vorsatz, 30 Minuten Sport am Tag zur Selbstverständlichkeit zu machen. Die meisten Menschen betreten bei diesem Thema die Zielpyramide auf der Ergebnisebene. 30 Minuten Sport am Tag, das soll das Ergebnis ihrer Zieldefinition sein. Aus Sicht des Wurms geht es nach diesem Schritt jedoch meistens völlig falsch weiter. Der Mensch begibt sich nämlich auf die Verhaltensebene und kümmert sich überhaupt nicht um den Wurm. Das Ergebnis dieser Überlegungen auf der Verhaltensebene sind dann die berühmten Tipps, die ihr alle kennt und alle nicht mehr hören könnt.

Nimm die Treppe statt den Lift, steige eine Haltestelle früher aus dem Bus und geh ein Stück mehr, geh in Gruppen joggen, so bekämpft die soziale Kontrolle deinen Schweinehund und so weiter und so weiter.

Euch kommen sicher auch folgende Tipps und Tricks zum Thema Ernährung bekannt vor: von allem nur die Hälfte essen, nach 18 Uhr keine Kohlenhydrate mehr, mach dir kleinere Portionen, kauf keine Schokolade ein, dann liegt sie nicht zu Hause rum, trink viel Mineralwasser, dann ist der Hunger nicht so groß, hungere nicht zu lange, zähl die Fettpunkte, verzichte auf Süßigkeiten, iss kein Weißbrot, versuch, mit Stevia zu süßen, zum Fußballspiel statt Bier und Chips einen leckeren Rohkostteller, nur noch mageren Joghurt, frühstücken wie ein Kaiser, zu Mittag essen wie ein König, Trennkost, niedriger Glyx, Atkins, Almased, aber bitte nur mit Wasser, fünf Portionen am Tag, einmal in der Woche eine Ausnahme, Alkohol nur in Maßen …

Ihr seht, was oben mit dem Wurm passiert, während ihr euch auf der Verhaltensebene mit Tipps und Tricks versorgt? Der Wurm wird grantig! Und ein grantiger Wurm wird den Teufel tun, euch bei eurem

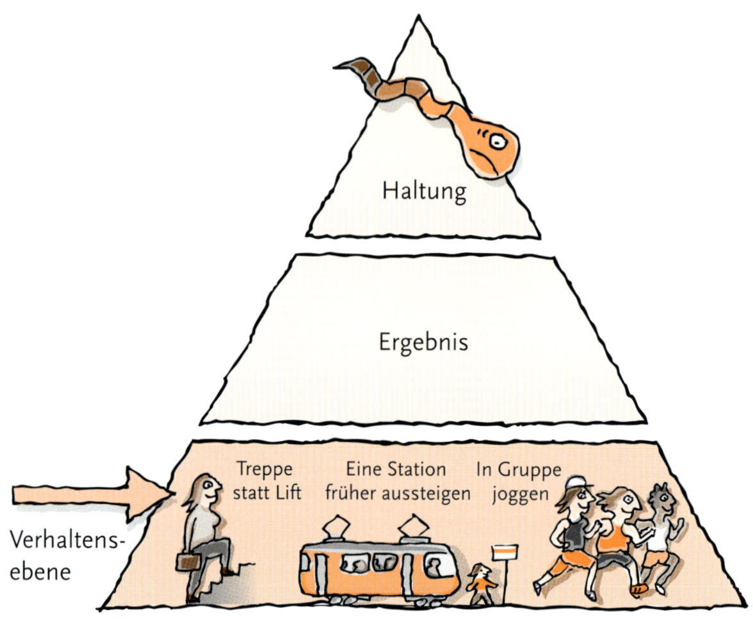

Vorsatz zu unterstützen. Er hat keinen Bock dazu, niemand fragt ihn nach seiner Meinung, und darum spendiert er auch keine Motivationshormone. ‹Du wirst schon sehen, wie weit du ohne mich kommst›, grummelt er. ‹Ja, mach nur einen Plan, nimm dir nur deine tollen Vorsätze vor, ohne mich läuft gar nix, das wirst du schon merken.›

Und das merkt man dann ja auch, in der Tat, das hat sicher jeder von euch schon einmal erlebt.»

Das ist ja interessant, denkt sich Steffi. Dass ich meine Vorsätze nicht umsetze, hat womöglich gar nichts damit zu tun, dass ich willensschwach bin und nix auf die Reihe kriege. Sondern es hat damit zu tun, dass ich meinen Wurm nicht beachtet habe. Das ist ja mal eine richtig gute Theorie, diese Wurmtheorie. Die macht Sinn. Auf den Wurm zu hören, das habe ich nie gelernt. Von wem auch. Von meiner Mutter? Ha. Ha. Ha. Die hat je selber eine ganze Farm voll mit gewürgten Wür-

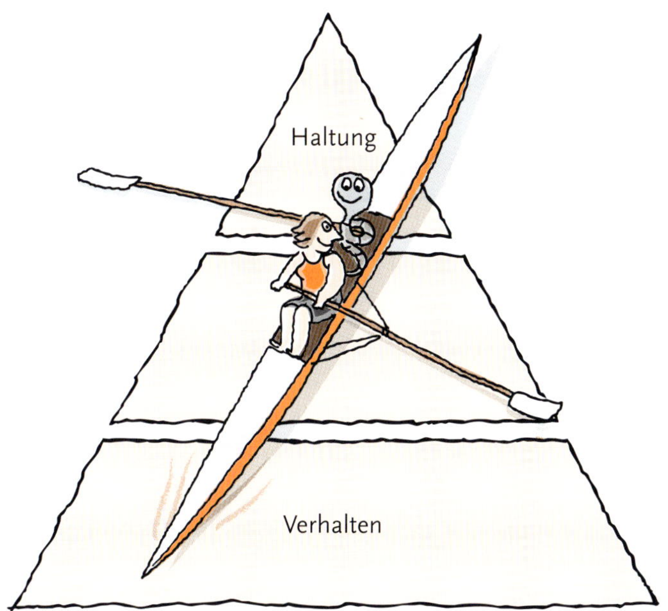

mern. Darum sieht sie auch so verbittert aus und hat dauernd schlechte Laune. Zu viel Wurmwürgen ist ungesund, das haben wir ja schon gelernt. Die Wurmwürgemeisterin dieser Welt, das ist ohne Zweifel meine Mutter. Und ich bin auch schon kurz davor, mir diesen Titel zu holen. Was für ein Glück, dass ich rechtzeitig in diesem Kurs gelandet bin.

Ludovica fährt fort: «Motivationspsychologisch korrekt ist es, zunächst den Wurm mit ins Boot zu holen und dann erst auf die Verhaltensebene zu wechseln, um konkrete Pläne mit hoher Ausführungsgenauigkeit zu machen. Auch hierfür habe ich euch eine Zeichnung mitgebracht.»

«Also, das leuchtet mir alles ein», meldet sich Christoph zu Wort. «Was mich jetzt nur brennend interessieren würde, wäre die Frage, wie man sich denn sonst Ziele setzen soll, außer dass man sich ein bestimmtes, zielführendes Verhalten vornimmt? So habe ich das schon im Studium gelernt. Ziele müssen spezifisch und konkret sein, sonst taugen sie nichts. SMART-Ziele nennt man das bei uns in der Firma. Damit führen wir Mitarbeitergespräche und machen Zielvorgaben. Und genau durch solche Ziele wird meine Motivation behindert? Das stellt ja wirklich mein komplettes Weltbild auf den Kopf!»

«Ja, in gewisser Hinsicht stellen wir mit dem Zürcher Ressourcen Modell dieses Weltbild auf den Kopf, zumindest, was die Thematik der Ziele betrifft.» Ludovica kann sich ein zufriedenes Lächeln nicht verkneifen. «Wir haben hier wirklich eine echte Innovation gelandet, was die Zieltypologie betrifft, und wir sind auch beständig dabei, die Wirksamkeit dieses neuen Zieltyps wissenschaftlich zu untersuchen. Damit verstehen wir immer besser, wie dieser neue Zieltyp wirkt und wann es angebracht ist, mit ihm zu arbeiten. Wenn dich das Thema interessiert, geh mal auf die ZRM-Homepage www.zrm.ch und dort auf den Link ‹Wirksamkeitsstudien›. Dort findest du jede Menge Material. Diesen neuen Zieltyp haben wir ‹Motto-Ziele› genannt, weil Ziele, die für die Haltungsebene gebaut werden, in einer bildhaften, metaphorischen Sprache verfasst sein müssen, die der Wurm versteht. Sie hören sich darum so an wie ein Motto, unter das man sein Handeln stellt. Ich habe mir zum Beispiel für das morgendliche Walken das Motto gebaut: ‹Ich gebe meinen Gelenken Frühstück›, weil dieser Satz meinen Wurm daran erinnert, dass auch Gelenke mit Nahrung versorgt werden wollen. Das versteht er, das leuchtet ihm ein. Mit Motto-Zielen gewinnt man eine andere Einstellung zu dem, was man tut. Man führt dann genau das Verhalten aus, das man sich aus Verstandesgründen vorgenommen hat. Aber man hat eine andere innere Haltung der Sache gegenüber.

Wenn sich die innere Haltung geändert hat, weil der Wurm mit im Boot ist, dann geschieht ein kleines Wunder, das sogenannte Goal-Shielding. Im Deutschen wird das mit dem Begriff «Zielabschirmung» übersetzt. Auch hierfür haben wir ein aussagekräftiges Bild mit dem Wurm. Ihr seht darauf den Strudelwurm, der das Ziel, das die Person sich gesteckt hat, gegen alle Anfeindungen verteidigt, seien sie aus der Innenwelt oder aus der Außenwelt.

Wer mit einem Motto-Ziel seine Haltung geändert hat, der bleibt am Ball, selbst wenn die Pflicht, die er ausführen muss, dem Wurm am Anfang gar nicht gefallen hat. Ist das nicht fantastisch?»

«Ja, das ist es in der Tat, Ludovica, einfach fantastisch. Wenn ich mir vorstelle, dass mein Strudelwurm dafür sorgt, dass ich den rechten Zeitpunkt finde, um in einer Mischung aus Spontaneität und Disziplin meinen Blutzucker zu messen, ist das eine wirklich verlockende Aussicht!» Leanders Wangen glühen schon wieder vor Begeisterung. «Fast muss ich aufpassen, dass ich mich nicht ärgere über die verlorene Lebenszeit, die ich mit erfolglosen Wurmwürge-Versuchen und Selbstvorwürfen zugebracht habe. Aber es bringt ja nix, schlechte Gefühle zu entwickeln wegen etwas, das sich sowieso nicht mehr ändern lässt. Das lass ich lieber bleiben.»

«Recht hast du, Leander», pflichtet Ludovica bei. «Geh sparsam mit deinen schlechten Gefühlen um, denn Gefühle beeinflussen immer auch deinen Körper, darum soll man sie sorgfältig einsetzen, wo immer das möglich ist.»

«Mensch, das hört sich ja paradiesisch an, da beschützt mich dann mein Wurm vor den Schokotörtchen, dem Magnum-Eis und den Cognacbohnen?», fragt Renate sehr interessiert. «Ich muss doch dringend abnehmen, ich habe doch Typ 2 Diabetes, und mein Wurm muss lernen, mit mir zusammen zu verzichten!»

«Zum Thema Essen und Typ 2 Diabetes gibt es aus medizinischer Sicht viel zu sagen», schaltet sich Dorabella ein. «Für dich, liebe Renate, haben wir im Anschluss an den allgemeinen Grundlagenkurs deswegen noch ein Einzelcoaching vorgesehen, in dem wir dir zusätzlich Spezialwissen vermitteln. Neueste wissenschaftliche Ergebnisse zeigen nämlich, dass es keineswegs zwingend ist, von allen Menschen mit Typ 2 Diabetes pauschal zu fordern, sie sollten abnehmen. Ich habe hierzu eine kleine Zusammenfassung geschrieben, die ich dir nachher gerne in die Hand drücken werde. Du kannst dann schon einmal ein wenig schmökern. Kümmere dich jetzt im Moment mal nicht ums Thema Essen, sondern widme dich dem Thema, das du dir zu Kursbeginn ausgesucht hast. Das ist genau richtig für dich. Du willst doch endlich kein schlechtes Gewissen mehr haben, wenn ich das richtig in Erinnerung habe. Das ist das Beste, was du für deinen Wurm tun kannst. Ein schlechtes Gewissen bedeutet Dauerstress, und das macht den Wurm krank! Und schlecht für den Diabetes ist es obendrein. Im Stressstoffwechsel ist für viele Menschen das Abnehmen übrigens völlig unmöglich. Das steht alles in dem Artikel, den ich dir nachher gebe.

Hast du denn schöne Ideen im Korb für dein Thema ‹Ohne schlechtes Gewissen leben›?»

«Oh ja, ich habe einen Walfisch und Miss Marple, mein Wurm ist super happy damit.»

«Das ist ja eine goldige Mischung», lobt Dorabella. «Dann arbeitest du jetzt ausschließlich an einem Walfisch-Miss-Marple-Motto-Ziel, bitteschön, und kümmerst dich überhaupt nicht ums Thema Essen.»

«Na, so einen Auftrag habe ich ja noch nie bekommen, seit ich zurückdenken kann. Das mache ich doch mit Begeisterung und einem lauten Halleluja auf den Lippen!», freut sich Renate, und jeder im Raum kann sehen, dass ihr die Erleichterung ins Gesicht geschrieben steht.

2.7 Ein Motto-Ziel bauen

«Wollen wir das einfach mal probieren mit einem Motto-Ziel für Steffi? Steffi, hast du Lust?», fragt Ludovica.

«Oh ja, gerne!» Steffi nickt bestätigend.

«Steffi hat drei Wunschelemente: Basilikum, Eichhörnchen und Mary Poppins. Hilfst du uns auf die Sprünge mit deinen Lieblingsideen?», bittet Ludovica.

Steffis Thema ist das Gefühl, den Diabetes unter Kontrolle zu bekommen und ihren Pessimismus zu überwinden. Sie präsentiert ihr Arbeitsblatt mit den Wunschelementen:

Wunschelemente

Mein Thema lautet:

Das Gefühl kriegen, den Diabetes im Griff zu haben – nicht selbst vom Diabetes kontrolliert zu werden

Welches Wunschelement hat Eigenschaften, die mir helfen, bei meinem Thema den Wurm ins Boot zu holen?

Wunschelement	Eigene Ideen	Ideenkorb
Tier: Eichhörnchen	• Hat hoch oben in den Bäumen den Überblick • Sammelt jede Nuss und versteckt sie klug und vorausschauend • Kann hoch- und runterklettern, springen, sehr schnell laufen – ist flexibel und kann rasch seinen Standort wechseln	• Legt sich reichlich Wintervorrat an – sorgt für sich, so dass es den Winter über gut mit Nahrung versorgt ist • Packt seine Zukunft selber an, überlässt es nicht der Witterung

Arbeitsblatt

Wunschelement	Eigene Ideen	Ideenkorb
Pflanze: Basilikum	• Ein saftiges Grün, Zeichen für das pralle Leben – lebendig sein	• Basilikum = Königskraut Königliche Mahlzeit, eine Königin hat ihr Reich unter Kontrolle!
	• Gehört zu jedem leckeren Essen dazu: ist also immer dabei und verfeinert jedes Gericht	• Wird in der italienischen Küche benutzt: Italien steht für Lebenslust, Genuss und puren Sommer
Fantasiefigur: Mary Poppins	• Weiß, was nötig ist, und tut es	• Superkonsequent, was Regeln betrifft
	• Zuverlässig, vergisst nichts	• verbindet Pflichten und Fantasie miteinander
	• Selbstbewusst und attraktiv	• macht aus allen Pflichten ein Spiel, sogar aus dem Aufräumen
	• Immer zuversichtlich, immer ein Lächeln	• Supercalifragilisticexpialidocius

Arbeitsblatt

«Ein Motto-Ziel zu bauen ist im Prinzip ganz einfach. Ihr nehmt die Lieblingsideen von Steffi und baut daraus Sätze. Genauso, wie man aus Legosteinen eine Burg bauen kann oder wie man im Scrabble aus Buchstaben Worte zusammenfügt oder wie man aus Puzzleteilchen ein Bild zusammenlegt.

Bei den Motto-Zielen gilt wieder das Ideenkorbprinzip: Es gibt kein Richtig und kein Falsch, ihr habt nur die eine Aufgabe, den Ideenkorb von Steffi zu füllen. Wir bauen ihr zehn Motto-Ziele, und Steffi darf sich dann davon inspirieren lassen.

Ich schreibe unsere Sammlung auf ein großes Blatt!»

Nach einigen Sekunden des Überlegens folgen die Vorschläge der Gruppe und – ruck, zuck – ist Steffis Ideenkorb gefüllt.

Steffi ist begeistert, was da an Ideen zusammengekommen ist. Ludovica bittet sie, wieder mit dem Farbstift die Worte, Sätze oder Satzteile zu unterstreichen, die ihr spontan am allerbesten gefallen. Daraus könne Steffi dann entweder etwas Neues kreieren oder einen Satz komplett übernehmen. Es sei auch völlig in Ordnung, wenn sich das Motto-Ziel später noch einmal etwas ändere, verkürze oder etwas dazukomme. Insofern bestehe überhaupt kein Druck, es «richtig» zu machen.

«Hmmmm», überlegt Steffi, «dann würde ich gerne eine Kombination aus der Supercali-Zaubernuss und der Basilikumkraft machen. Ich brüte mal ein wenig drüber nach und melde mich dann, wenn ich soweit bin. Einverstanden?»

«Klar, an einem Motto-Ziel kann man so lange herumbasteln, wie man möchte», versichert Ludovica. «Wir bauen jetzt alle zusammen die

Mary Poppins verschafft mir den Überblick.

Mit italienischer Fantasie sammle ich meine Zaubernüsse.

Ich reite mit meinem Eichhörnchen ins Land von Mary Poppins.

Jedes Basilikumblatt zählt für supercalifragilisticexpialidocious.

Supercali-Zaubernuss

Im Basilikumland zähle ich mit heiterer Fantasie jede Nuss.

Ich lebe in dem Land, in dem das Basilikum blüht und Mary Poppins Heiterkeit versprüht!

Ich wechsle den Standort, wie es mir beliebt, immer dem saftigen Sommer nach.

Saftiges Grün bereichert mein Leben.

Basilikumkraft weist mir den Weg zum Sommer.

Motto-Ziele für euch, und Dorabella und meine Wenigkeit unterstützen euch noch etwas, weil es ja euer ‹erstes Mal› ist. Wenn ihr später dann eure Motto-Ziele alleine bauen möchtet, dann gibt es auf der Seite www.zrm.ch ein kostenloses Online-Tool, das einen durch die einzelnen Schritte leitet. Meistens können die Leute das aber schon ziemlich gut, wenn sie einmal in einem Kurs waren. Die Motto-Ziele, die ihr für Steffi entwickelt habt, sind alle ganz hervorragend.»

Eifrig macht die Gruppe sich daran, sich gegenseitig Motto-Ziele zu bauen. Am Schluss liegen folgende Prachtexemplare vor:

Renate stellt sich bei diesem Motto-Ziel vor, dass sie Konventionen, schlechtes Gewissen und Regeln, die ihr nicht gut tun, einfach aus sich herausblasen kann, wie ein Walfisch.

Leanders Motto-Ziel

Für Leander bedeutet dieses Motto-Ziel den Genuss des Augenblicks kombiniert mit der Präzision eines Musikers. Nur durch Präzision und ständiges Üben entsteht die Freiheit zur Improvisation, so erklärt er. Er möchte mit seinem Diabetes so umgehen wie ein Musiker, der ein schwieriges Stück einübt. Dieses Bild bringe ihm den Wurm ins Boot.

Steffis Motto-Ziel

Steffi findet, bei diesem «saustarken» Motto-Ziel erübrige sich jeder Kommentar. Wer nicht selber merke, welche Power in dem Satz stecke, dem sei nicht zu helfen. Punktum.

Christophs Motto-Ziel

Mit James Bond kommt ein gehöriger Schuss Männlichkeit in sein Leben, findet Christoph. Die Souveränität, die die Figur James Bond mit sich bringt, hilft ihm, unangemessene Beschützerinstinkte seiner Ehefrau in die Schranken zu weisen. Und zwar mit Humor und Charme, nicht mit schlechter Laune und Ärger. Ja, und dann kann man mit so einem grünen Aston Martin natürlich auch Ausfahrten unternehmen und unbekannte Gegenden erforschen. Aber das ist ein Thema, das nicht für die Öffentlichkeit bestimmt ist.

Der Adler erlaubt es Elvira, sich aus dem Alltagsbetrieb in die Lüfte zu heben und dort oben die Freiheit zu genießen. Von oben aus kann sie mit Überblick entscheiden, welche Richtung sie einschlagen will, wann sie wo landen will. Und wenn sie keine Lust dazu hat, bleibt sie einfach noch eine Weile oben.

Nachdem jeder in der Runde sein Motto-Ziel vorgestellt hat, sind überall im Raum zufriedene Gesichter zu sehen.

Ludovica ergreift nochmal das Wort: «Nun ist der erste Kurstag vorbei, und ihr habt das Herzstück des Kurses vor euch liegen: euer Motto-Ziel. Damit werden wir morgen weiter arbeiten. Morgen geht es darum, wie wir dafür sorgen, dass ihr das Motto-Ziel auch im Alltag umsetzen könnt. Jetzt gönnt euch eine Pause und genießt den Abend. Falls ihr das Gefühl haben solltet, dass euer Motto-Ziel noch nicht ganz perfekt ist oder dass noch etwas fehlt – habt keine Sorge, das kann vorkommen! Das Motto-Ziel darf sich auch noch in den nächsten Tagen und Wochen verändern, es ist nicht in Stein gemeißelt. Macht euch bloß keinen Druck, heute am ersten Kurstag ein perfektes Motto-Ziel zu kreieren. Geht einfach entspannt in den Abend und schlaft gut, mal sehen, was eure Würmlis im Schlaf erschaffen. Die sind jetzt bestimmt sehr angeregt. Wenn ihr das Gefühl habt, das Motto-Ziel müsste noch verändert werden, dann können wir das morgen gemeinsam tun! Genießt also den Abend – wir freuen uns schon auf morgen!», schließt Ludovica die Runde, und auch Dorabella verabschiedet sich.

2.8 Was das Motto-Ziel alles kann

Am nächsten Morgen bereitet Dorabella den Seminarraum in Ruhe vor, schneidet einen Strauß Löwenmäulchen an, schaut nochmals, ob alles auf dem Buffet lecker hergerichtet ist, und freut sich auf den zweiten Kurstag. Als Erste trudelt Steffi ein, die vor Aufregung nicht viel geschlafen hat: «Ich hab von meinem Motto geträumt und hab meinen Satz mit dem Reim immerzu im Kopf und bin ganz aufgeregt, was damit passieren wird und was es alles verändern wird.»

Da kommt Renate strahlend in den Seminarraum, gefolgt von Christoph. Laut ruft sie: «Ich habe einen super Parkplatz bekommen, Mann, heute starte ich aber anders in den Tag als gestern, was? Und unterwegs habe ich Christoph gesehen, wie er von der U-Bahn-Station hierher lief, hab einfach das Beifahrerfenster runtergelassen und ihn angesprochen, ob er nicht einsteigen mag. Sonst mach ich ja so etwas nicht, man spricht als mittelalte Walküre ja nicht einfach nen jungen Kerl an, oder? Na und, dachte ich, der Christoph wird's mir nicht übel nehmen.» Renate grinst wie ein Honigkuchenpferd.

«Da hast du also gleich heute Morgen ein bisschen auf Konventionen gepfiffen und sie ‹ausgeblasen›, Renate, was?», begrüßt Ludovica sie und benutzt die kleine Episode gleich, um Renates Motto-Ziel zu festigen.

Auch Leander ist eingetroffen, und Elvira huscht gerade mit einem duftenden Karton im Arm in den Seminarraum: «Ich hab heute ganz früh einen gedeckten Apfelkuchen gebacken. Nach einem Rezept meiner Großmutter. Für die erste Pause.»

Die Runde freut sich, und Ludovica ergreift das Wort: «Guten Morgen, jetzt noch einmal an alle in die Runde. Wir starten durch. Ihr habt

euch alle super Motto-Ziele gebaut, wie wir gestern ja begeistert gehört haben. Der nächste Schritt des Trainings besteht jetzt darin, die Motto-Ziele anzuwenden. Durch ein Motto-Ziel wird eine neue Haltung ausgedrückt, die für euer Vorhaben eine starke Ressource darstellt. Ihr habt euch jetzt eine innere Verfassung erarbeitet, bei der euer Wurm mit im Boot ist. Der Wurm findet die Haltung klasse, und der Motto-Zielsatz erfüllt den Wurm mit großer Freude. Jetzt könnt ihr beginnen, mit diesem Motto-Ziel zu arbeiten und die Umsetzung zu planen. Viele Menschen haben erste Erfolgserlebnisse, unmittelbar nachdem sie ihr Motto-Ziel gebaut haben. Denkt mal an das, was Renate erzählt hat, dass sie einfach das Fenster runtergekurbelt und Christoph eingeladen hat. Das war deshalb möglich, weil der Wurm, wenn er mit im Boot sitzt, seine gute Laune auf die ganze Zielpyramide ausdehnt, bis hinunter auf die Verhaltensebene. Ich kann also durch ein Motto-Ziel sogar auf die Verhaltensebene zugreifen, ohne mir vorher Pläne zu machen! Ist das nicht fantastisch?»

Ludovica blättert auf ihrem Flipchart eine Seite weiter.

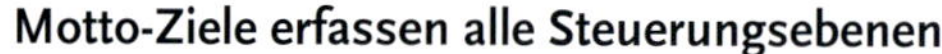

Motto-Ziele erfassen alle Steuerungsebenen

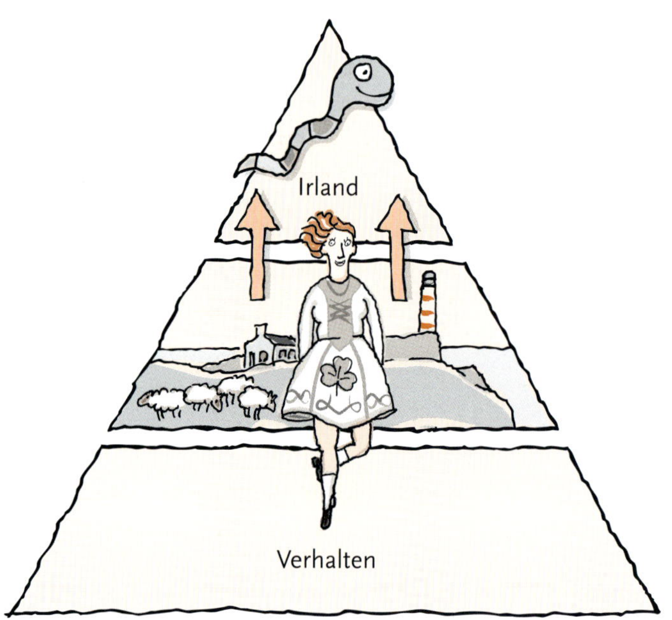

«Ich habe euch hier ein Beispiel aufgezeichnet von einer Managerin, die sich ein Motto-Ziel zur Stressreduktion entwickelt hat. Sie hatte als Wunschelement das Land Irland, in dem sie einige Jahre gearbeitet hat. Die irische Lebensart und der geruhsame Umgang mit der Zeit, den die Iren an den Tag legen, haben ihrem Wurm außerordentlich gut gefallen, und sie hat sich in dieser Zeit sehr wohl und stressfrei gefühlt. Zurück in der Schweiz wurde sie wieder vom Stress überfallen. Darum hat sie für sich und ihren Wurm folgendes Motto-Ziel gebaut:

> Irland lebt in mir zu jeder Zeit.

Mit diesem Motto-Ziel hat sie die Lebenseinstellung der Iren in die Schweiz importiert. Wenn es in der Schweizer Niederlassung wieder hektisch wurde, dann hat ihr Wurm die Zielabschirmung aktiviert, von der wir schon gesprochen haben, und hat sich ‹irischer› verhalten. Sie ist ruhiger geblieben als zuvor, sie hat sich nicht von der Hektik anstecken lassen, sie hat Mittagspause gemacht, obwohl die Mailbox voll war, und sie hat sich Zeit genommen für einen Schwatz mit der Büronachbarin. Ohne präzise Pläne hat der Wurm die Zielpyramide irischgrün gefärbt.

Fällt euch eine Situation ein von gestern Abend oder von heute Morgen, in der euer Wurm von selbst aktiv wurde? Elvira und Renate haben ja schon so ein kleines Erlebnis gehabt. Hat noch jemand in irgendeiner Form so gehandelt wie im Motto-Ziel beschrieben, ohne dass er oder sie sich das vorher überlegt hatte?»

«Ja, doch, jetzt fällt mir etwas ein. Das gibt's ja gar nicht, das fällt mir jetzt erst auf: Bei mir ist etwas James-Bond-Mäßiges vor sich gegangen», meldet sich Christoph. «Ich kann euch sagen, ich war über mich selbst erstaunt! So eine Reaktion wäre mir nie in den Sinn gekommen, das hat der Wurm sich ausgedacht. Das ist ja fast gespenstisch!»

«Nun sind wir aber gespannt!» Ludovicas Augen sind vor Neugier ganz groß geworden.

«Als ich nach Hause gekommen bin, fing meine Frau gleich wieder an, mich zu fragen, ob ich denn während des Kurses auch etwas gegessen hätte, um nicht zu unterzuckern, und wann ich das letzte Mal den Blutzucker gemessen hätte. Es gebe gleich Abendbrot. Und wisst ihr, was James Bond mit ihr gemacht hat? Er hat sie in den Arm genommen, sie auf den Mund geküsst, lange und ausdauernd, und ihr dann in die Augen geschaut und mit tiefer, sexy Stimme gesagt: ‹Schatz, glaub mir, ich hab das im Griff. Lass mich einfach machen, okay?›»

«Das ist ja echt der Hammer!», platzt Steffi heraus, «Wow, kann ich da nur sagen, alle Achtung! Und wie hat deine Frau reagiert?»

«Die war sprachlos, würde ich sagen. Sie hat mich zurückgeküsst, und ich hatte den Eindruck, dass ihr meine James-Bond-Intervention richtig gut gefallen hat.» Dass sie nach dem Abendessen seit langem wieder richtig guten Sex hatten, davon erzählt Christoph nichts, das geht ja niemanden etwas an. Aber insgesamt ist die Bilanz von James Bond bisher außerordentlich befriedigend, das muss er schon sagen.

«Das ist ein tolles Beispiel dafür, wie mit Hilfe des Wurms spontan neues Verhalten entsteht. Motto-Ziele regen ein System im Gehirn an, das für Kreativität und Spontaneität zuständig ist. Der Verstand kann so etwas nicht, das kann nur der Wurm», erklärt Ludovica. «Hat noch jemand ein Beispiel?»

«Also, ich weiß nicht, ob das Beispiel auch taugt, es ist nur eine Kleinigkeit», meldet sich Elvira zögerlich.

«Gerade die Kleinigkeiten sind ganz besonders kostbar», schaltet sich Dorabella ein. «Das ZRM-Training ist ja für den ganz normalen Alltag gedacht. Und ein ganz normaler Alltag besteht nun einmal aus vielen kleinen, unspektakulären Alltagsepisoden, die in der Summe aber dem Tag seine Prägung geben. Heute war ein schlechter Tag: Kevin hat seinen Frühstückskakao umgeschmissen, ein Vogel hat mitten auf die Autoscheibe gekackt, an der Schule gab es keinen Parkplatz, das Ladegerät vom Handy hat auf einmal den Dienst verweigert, und beim Bäcker war das gute Sauerteigbrot ausverkauft. Diese ganzen sogenannten Kleinigkeiten ergeben die Grundstimmung des Lebens. Das ZRM-Training zielt darauf ab, die vielen Kleinigkeiten zu ändern. Nicht den Umstand, dass sie euch widerfahren, das kann niemand ändern. Aber wie ihr damit umgeht, euer Selbstmanagement, das könnt ihr ändern.»

«Also gut, dann erzähle ich diese Kleinigkeit», fährt Elvira ermutigt fort. «Ich will ja mehr auf meine Bedürfnisse hören. Als ich gestern nach dem Kurs nach Hause gekommen bin, habe ich natürlich als erstes die Kinder, die bei unseren Nachbarn sein durften, im ersten Stock abgeholt. Jesper, mein Sohn, hat gleich angefangen zu nörgeln, weil er Hunger hatte, aber im Brotkasten war leider kein Brot mehr, und Butter hatten wir auch keine mehr im Kühlschrank. Jule hat gemault, weil sie noch ein Plakat für die Schule machen musste, aber gar keine Lust dazu hatte, und es nur mit mir zusammen machen wollte. Die Waschmaschine hat geblinkt, und die feuchte Wäsche, unter anderem Jules Lieblingsklamotten, mussten dringend aufgehängt werden. Die Trompetenblume hat die Blätter hängen lassen und sollte unbedingt gegossen werden. Normalerweise hätte ich sofort damit begonnen, alles zu regeln, inklusive noch schnell zum Bäcker zu laufen, um Brot und Butter zu holen. Was habe ich gemacht? Ich habe Jesper einen Müsli-Riegel in

die Hand gedrückt, Jule gesagt, sie könne jetzt erst einmal eine Stunde chillen, und habe mich auf den Balkon gesetzt, die Beine aufs Geländer gelegt und mir einen Eistee eingeschenkt. Jawohl, das habe ich gemacht, und ich bin richtig stolz auf mich!»

«Gratuliere, Elvira.» Ludovicas Lob klingt ehrlich begeistert. «Genau das sind die vielen Kleinigkeiten, die in der Summe deinem Leben eine andere Stimmung geben. Und vor allem müsst ihr eines bedenken: Dies habt ihr dem Strudelwurm zu verdanken, der bei eurem Vorhaben mit im Boot sitzt und aktiv Zielabschirmung betreibt. Ihr alle werdet solche Beispiele noch oft erleben. Dazu erzählen wir euch später noch mehr.

Momentan möchte ich festhalten, dass wir hier einige Beispiele gehört haben, die zeigen, wie ihr schon ohne besondere Maßnahmen euer Handeln so geändert habt, dass es eurem Motto-Ziel und eurem Vorhaben entspricht. Nun können wir aber noch viel mehr dafür tun, dass unser Verhalten der neu entwickelten, wurmgerechten Haltung entspricht. Wir können den Wurm nämlich in die Wurmschule schicken.»

Mit diesen Worten verweist Ludovica auf ein neues Blatt.

«Die Wissenschaft benutzt für die Wurmschule den Begriff ‹neuronale Plastizität›. Damit wird ausgedrückt, dass euer Gehirn plastisch, das heißt, veränderbar ist. Alles, was euer Würmli gelernt hat, ist im Gehirn niedergelegt. Ihr könnt euch das vorstellen wie ein riesiges Netzwerk von Verbindungen zwischen Nervenzellen. Hier habe ich für euch ein Bild dazu.

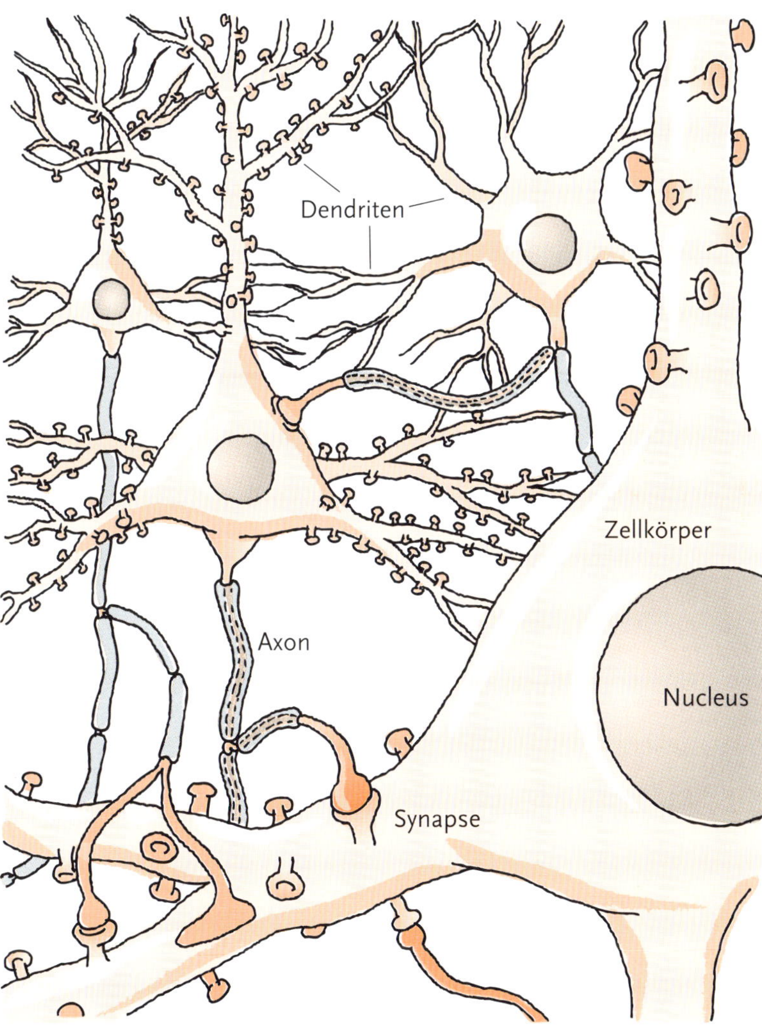

Die einzelnen Nervenzellen sind untereinander über kleine Stöpsel miteinander verbunden, genauso wie ein Stecker und ein Steckdose. Man nennt diese Verbindungsstellen Synapsen. Auch von einer Synapse habe ich ein Bild für euch.

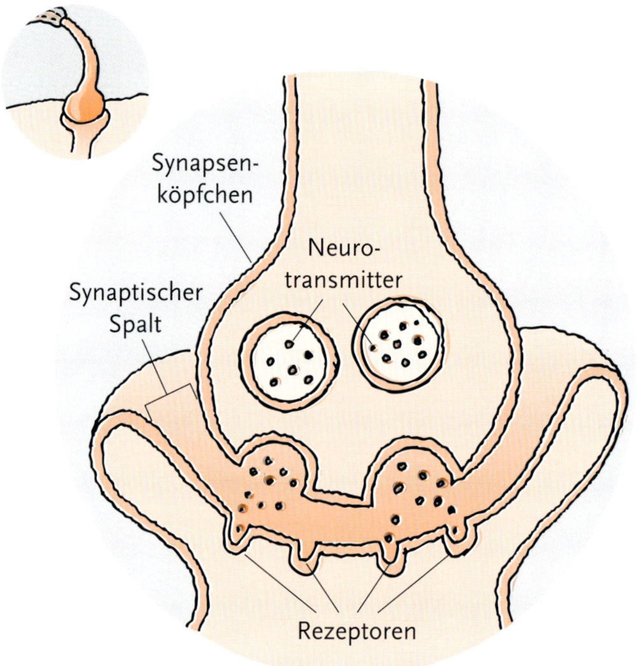

Für unsere Selbstmanagement ist die Eigenschaft der Synapsen wichtig, in ihrer Effektivität stärker oder schwächer werden zu können. Diese Stärkung oder Schwächung funktioniert nach einem ganz einfachen Prinzip: Verbindungen zwischen Nervenzellen, die oft benutzt werden, werden stärker – wie ein Muskel, der im Fitnessstudio trainiert wird. Verbindungen, die nicht mehr benutzt werden, werden schwächer oder bilden sich sogar ganz zurück.

Ihr kennt das aus eigener Erfahrung. Wer von euch hat früher schon mal an einem Schüleraustausch mit einer ausländischen Schule teilgenommen?

«Ich!», meldet sich Elvira. «Ich bin in Baden-Baden in der Nähe von Frankreich aufgewachsen, und dort hatten wir Französisch als zweite Fremdsprache. Wir hatten auch eine Partnerstadt in Frankreich, mit der es Schüleraustausch gab.»

«Fein», freut sich Ludovica. «Und du konntest doch sicher feststellen, dass du nach einer oder zwei Wochen Schüleraustausch merklich besser Französisch sprechen konntest?»

«Oh ja, und ob. Ich war sogar in einen Franzosen verliebt, Jean-Luc hieß er. Wir haben uns ein Jahr lang Briefe geschrieben und uns ab und zu getroffen. In dieser Zeit machte mein Wortschatz rasante Fortschritte. Allerdings habe ich nicht nur Worte für die Schule gelernt, da gab es auch andere, viel wichtigere Vokabeln.» Beim Gedanken an diese Zeit kichert Elvira wie ein Backfisch.

«Ach ja, die süßen Küsse der Jugendzeit», seufzt Dorabella.

«Und wie ist es deinem Französisch ergangen, nachdem die Beziehung zu Jean-Luc ein Ende hatte?», fragt Ludovica völlig unbeeindruckt von Dorabellas Schwärmerei.

«Ich weiß schon, was du hören willst. Natürlich wurde mein Französisch wieder schlechter. Und heute bin ich Meilen davon entfernt, so flüssig zu parlieren, wie ich das einmal konnte. Ich habe leider keinen Franzosen geheiratet, sondern einen waschechten Berliner», erzählt Elvira.

«Das Beispiel mit den Fremdsprachen kennt fast jeder, darum ist es gut geeignet, um das Prinzip der neuronalen Plastizität zu erklären.» Ludovica hat momentan wirklich nur ihr Referat zur Hirnforschung im Kopf.

«Je öfter man eine Verbindung zwischen Nervenzellen benutzt, desto besser funktioniert sie. Eure Motto-Ziele sind in Form von Nervenverbindungen in eurem Gehirn abgelegt. Und jetzt geht es darum, diese Nervenverbindungen zu trainieren. Das wird unser nächster Schritt im Kurs sein.»

«Oh nein!», stöhnt Steffi. «Du willst nicht im Ernst von uns verlangen, dass wir unser Motto-Ziel täglich hundertmal aufschreiben, um die Nervenverbindung zu stärken? Bitte keinen Schulstress, da bin ich allergisch drauf! Der Kurs war bisher so unterhaltsam, und jetzt kommt ihr mit Schulstress daher, bitte nicht! Also endet es doch so wie in der Diabetes-Sprechstunde mit dieser Dokumentiererei im Tagebuch!»

«Vokabeln lernen habe ich immer gehasst», pflichtet Elvira bei. «Jean-Luc hatte ganz andere Methoden, mir die wichtigen Worte auf Französisch beizubringen.»

«Auch wir haben andere Methoden, um euer Motto-Ziel gut im Gehirn zu stabilisieren. Macht euch keine Sorgen. Sie werden euch gefallen, das verspreche ich. Aber jetzt machen wir erst einmal Pause, draußen müsste schon der Kaffee bereit stehen.»

Elvira packt den duftenden Apfelkuchen aus und schneidet ihn am Buffet an. Die Kursteilnehmenden verspeisen ihn sogleich mit Genuss. Dorabella und Ludovica nehmen dazu einen köstlichen Cappuccino und lassen dabei Genießerlaute vernehmen.

2.9 Erinnerungshilfen festlegen

«Jetzt möchte ich mit euch gerne ein kleines Experiment durchführen», beginnt Dorabella nach der Kaffeepause. «Ich stelle euch drei Fragen und bitte euch, so schnell wie möglich zu antworten. Sobald ihr die Antwort wisst, ruft ihr sie einfach laut heraus. Klar?»

Logisch klar, die Gruppe ist ja nicht blöd.

«Erste Frage: Welche Farbe haben Wolken?»

«Weiß», ruft die Gruppe im Chor.

«Prima, ich sehe, ihr habt das Prinzip verstanden. Zweite Frage: Welche Farbe hat das Brautkleid?»

«Weiß», grölen alle belustigt.

«Wusste ich doch, dass ihr ein schlauer Haufen seid!», lobt Dorabella. «Dritte Frage: Was trinkt die Kuh?»

«Milch!», platzt Elvira heraus.

«Stimmt nicht, die Kuh trinkt Wasser», meldet sich Christoph.

«Christoph hat natürlich Recht, die Kuh trinkt nicht Milch, sondern Wasser. Das würdest du doch auch so sehen, Elvira, oder?»

«Klar sehe ich das so, keine Ahnung, wieso ich so einen Quatsch erzähle. Tss, tss, die Kuh trinkt Milch! So ein Blödsinn.»

«Was eben passiert ist, hat in der Wissenschaft einen Namen. Man nennt diesen Vorgang ‹Priming›, sprich: Preiming. Damit meint man, dass man ein neuronales Netz unterhalb der Bewusstseinsschwelle aktivieren kann, so dass es auf das Verhalten Einfluss hat. Im Falle des Fragespiels wurdet ihr auf das Thema ‹weiß› geprimt. ‹Weiß› wurde in eurem Gehirn durch die beiden vorhergehenden Fragen nach den Wolken und dem Brautkleid aktiviert. Und dadurch schlittern manche

dann bei der Frage nach der Kuh auf die Spur ‹Milch›. Wenn ich Elvira heute Morgen, ohne das vorhergehende Priming, in einer neutralen mentalen Verfassung, gefragt hätte, was die Kuh trinkt, hätte sie selbstverständlich ‹Wasser› geantwortet.»

«Ich hätte auch fast ‹Milch› gerufen», meldet sich Steffi. «Das ist ja schon verblüffend, wie schnell so ein neuronales Netz zu aktivieren ist. Zwei doofe Fragen und, zack bumm, sitzt man in der Falle.»

«Richtig erkannt, Steffi, genau das haben wir uns auch gedacht», bestätigt Dorabella. Es gibt in der Wissenschaft eine Fülle von Priming-Experimenten, die solche Effekte belegen. Für unsere Zwecke des Selbstmanagements sind diejenigen Experimente besonders interessant, die nachweisen, dass Priming auch mit Gegenständen funktioniert. Menschen, die eine Aktentasche in Sichtweite haben, zeigen zum Beispiel in einem Leistungstest bessere Ergebnisse als Menschen, die den Test ohne Aktentasche in Sichtweite ausführen. Durch die Aktentasche wird im Gehirn des Thema ‹Arbeit› aktiviert, und das hat sofort Auswirkungen auf das Verhalten. Ein Gegenstand dient in so einem Fall eurem Gehirn und besonders dem unbewusst arbeitenden Würmli-System als Erinnerungshilfe. Ohne dass ihr euch bewusst damit beschäftigen müsst, wird durch das geschickte Platzieren von Erinnerungshilfen euer Motto-Ziel beständig aktiviert und somit immer stärker.»

«Mensch, das ist ja ein dolles Ding. Kann ich mir das Priming ungefähr so vorstellen wie die Kugelschreiber mit der Werbeaufschrift?

Da ist es ja auch nicht so, dass ich jedes Mal bewusst den Schriftzug lese, der draufsteht. Aber die Absicht hinter diesen Werbematerialen ist doch sicher, in meinem Gehirn die Erinnerung an die betreffende Firma fest zu verdrahten, oder?»

«Genau das ist das Prinzip, Christoph», bestätigt Dorabella. «Die Werbeindustrie hat sich diese Erkenntnis der Wissenschaft sofort zunutze gemacht. Seltsamerweise wurde das Priming jedoch nie für das Selbstmanagement genutzt. Im Zürcher Ressourcen Modell haben wir diesen Schritt vollzogen. Durch Erinnerungshilfen beherrscht ihr euer Motto-Ziel jeden Tag besser, ohne dass ihr es üben müsst wie beim Vokabellernen. Schick, nicht wahr?»

«Wirklich schick, das hört sich doch gut an», nickt Elvira.

Nachdem alle mit dem Prinzip der Erinnerungshilfen vertraut gemacht sind, geht es darum, in der Gruppe zu üben, welche Primes für ein Motto-Ziel passend sein könnten. Dorabella bittet die Gruppe, sich gemeinsam Primes für Steffis Motto-Ziel zu überlegen. Sie notiert sie auf dem Flipchart.

«Nun hast Du einen Ideenkorb für Erinnerungshilfen bekommen, liebe Steffi. Du suchst dir jetzt aus diesem Korb die Ideen heraus, die dir und deinem Wurm gut gefallen. Sie sollen zu dir passen, es soll dir Spaß machen, damit zu arbeiten. Das ist wichtig.»

Anschließend fragt Dorabella Steffi noch, in welchen Situationen es ihr voraussichtlich besonders schwerfallen könnte, ihr Motto-Ziel umzusetzen; wann es am ehesten passieren könnte, dass sie von ihrem Vorhaben abkomme. Wie könnten solche Situationen aussehen? Wäre das zu Hause? Bei einem Buffet auf einer Party? Oder wenn sie in der Kanzlei mit den Kollegen mittags essen geht? Diese Fragen sind wichtig, weil Steffi genau in diesen Situationen dafür sorgen sollte, dass möglichst viele Erinnerungshilfen das Motto-Ziel aktivieren. Je schwieriger die Situation ist, desto mehr Erinnerungshilfen soll Steffi für solch eine Situation einplanen. «Wie man diese Planung genau vornehmen kann, das ist Thema des nächsten Arbeitsschritts», kündigt Dorabella an. Und fügt an: «Nun wird die Gruppe zuerst einmal jedem Gruppenmitglied einen Ideenkorb mit Erinnerungshilfen zum Motto-Ziel füllen.»

Erinnerungshilfen für mein Motto-Ziel

Meine Wunschelemente	Mary Poppins Eichhörnchen Basilikum
Mein Motto-Ziel	Trotz Diabetes spontan bleiben und den Moment genießen
Meine Erinnerungshilfen	• Basilikum-Töpfchen auf dem Tisch, auch im Büro • den Pen mit Haselnuss-Papier bzw. -motiven umkleben • Schöne Pesto-Gläschen für den Küchentisch • Mary Poppins-Bild im Netz suchen und ausdrucken • Mary Poppins-Bild auf Blutzucker-Messgerät aufkleben • Mary Poppins-Bild laminieren und ins Portemonnaie legen, das Steffi mitnimmt, wenn sie von der Arbeit aus essen geht • Mary Poppins-Bild als Bildschirmschoner im Büro

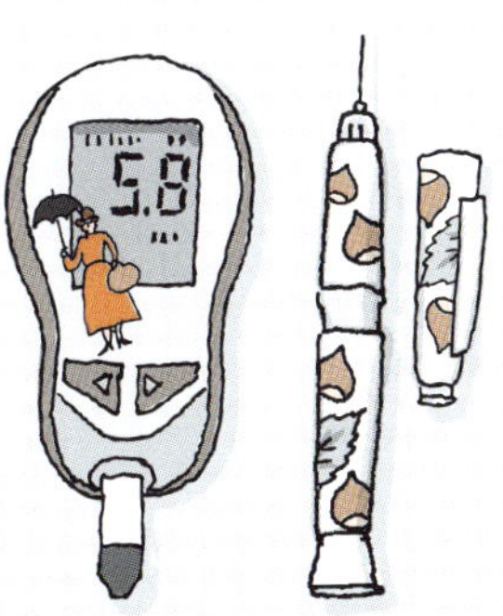

- Basilikum-Set für den Tisch zu Hause
- Tütchen mit Haselnüssen auf den Tisch
- Basilikum-grünen Pen besorgen
- Basilikum-grünes Armband
- Mini-Eichhörnchen-Schlüsselanhänger
- Bild Basilikum oder Mary Poppins an den Kühlschrank kleben
- Supercalifragilisticexpialidocious als Passwort für den Computer am Arbeitsplatz

Erinnerungshilfen für mein Motto-Ziel

Meine Wunschelemente	Walfisch Miss Marple
Mein Motto-Ziel	Blasius begleitet mich
Meine Erinnerungshilfen	• Walfisch als Schlüsselanhänger • ein Walfisch in der Badewanne • Saunatuch mit Walfisch • Wandkalender Wale • Walfisch-Sticker für Notizbücher und Hefte • Walfisch-Radiergummi • Masking Tape mit Walfischen für Locher, Tesafilm-Rolle usw. • WC-Deckel mit Walfischdekor • CD mit Walfisch-Klängen • ein Halstuch in Walfisch-Blautönen • Haarklammer mit Walfisch

- walblaue Nachtwäsche
- Moby Dick-Buch für Schreibtisch
- Walfisch T-Shirt für zu Hause
- eine Decke mit englischem Karomuster fürs Sofa
- Klingelton «Miss Marple» fürs Handy
- kleiner Blumestrauß fürs Büro mit Hortensien (in Anlehnung an den Wachsblumenstrauß von Miss Marple)
- schöne kleine Kunstblumen (Wachsblumenstrauß)
- eine edle Miss-Marple-Teetasse für den Bürotisch und für zu Hause
- ein Miss-Marple-Ring
- DVD Miss Marple an einen wichtigen Ort platzieren
- Miss Marple-Ohrringe

Erinnerungshilfen für mein Motto-Ziel

Meine Wunschelemente	Faultier Harfe
Mein Motto-Ziel	Mein Faultier spielt die Himmelsharfe und lauscht den Sphärenklängen des Augenblicks
Meine Erinnerungshilfen	• Ein Bild von einem Faultier als Hintergrund auf dem Handy • eine spezielle Notenmappe mit Harfen oder Noten • einen Faultier-Sticker auf dem Kolophonium • einen Harfen-Sticker auf den Notenständer • ein Handyklingelton mit Harfenmusik • Socken in Himmelblau • kleine Harfen-Brosche für die Jacke • Pen mit Sternchen bekleben, (auch wenn für Leander ungewöhnlich)

- eine Flasche Guinness-Bier (hat die Harfe als Logo)
- Streichhölzer und die Karte des legendären Lokals «Die rote Harfe» in der Oranienstraße in Berlin
- eine neue Wäscheharfe für zu Hause
- Waschbeckenstöpsel mit Engel-Motiv
- kleiner erzgebirgischer Engel mit Harfe aus dem KaDeWe
- Magnet mit Faultierbild für den Kühlschrank
- Wärmflasche mit Faultier
- Felltuch für den Cellokasten
- Fellmäppchen für Pen und Blutzucker-Messgerät
- neue Unterwäsche mit Sternchen
- Bettwäsche mit Sternchen

Erinnerungshilfen für mein Motto-Ziel

Meine Wunschelemente	Basilikum, Eichhörnchen Mary Poppins
Mein Motto-Ziel	Supercali-Zaubernuss, Basilikumkraft hält mich in Schuss!
Meine Erinnerungshilfen	• Basilikum-Servietten • Basilikum-Duftöl für Duftlampe • Pesto-Gläschen • Basilikum-Pflanze fürs Küchenbrett • grüne Flip-Flops • grüne Tinte für den Füller • grüne Seife fürs Bad • grüne Ohrringe oder Kette • Tasse mit Basilikumaufdruck • Schale mit Basilikumaufdruck • grüne Murmeln in Schale als Dekoration • grüner Pen • grünes Blatt als Sticker auf dem Blutzucker-Messgerät und auf der Stechhilfe

- Einschlagpapier mit Kräutern oder Basilikum für Blutzucker-Tagebuch
- Kräuter-Kalender
- grüne Klingel fürs Fahrrad
- grüne Schnürsenkel für Sneaker
- grüne Stifte, grüne Marker und grüne Post-its für die Kanzlei
- grüner Nagellack
- Supercali als Computerpasswort
- Supercali-Lied als Handyklingelton
- Schirm für den Flur zu Hause
- neue Mary-Poppins-Ledertasche
- kleines Spielzeugkarussell für den Tisch
- Mary-Poppins' rot-weißer Schal
- schicke Mary-Poppins-Schuhe
- kleine Deko-Papierschirmchen für Getränke
- Haselnüsse in der Küche
- Walnüsse als Deko in einer Schale
- Zaubernuss-Körperlotion von Dr. Hauschka
- Plüsch-Eichhörnchen.

Erinnerungshilfen für mein Motto-Ziel

Meine Wunschelemente	grüner Aston Martin James Bond
Mein Motto-Ziel	Mit souveräner Eleganz halte ich das Steuer in der Hand und gebe Gas.
Meine Erinnerungshilfen	• James Bond-Musik als Handyklingelton • «James Bond am Steuer» als Computer-Passwort • ein Bild von James Bond als Bildschirmhintergrund • Revolver als Schlüsselanhänger • eine grüne Fliege • spezielle neue Schuhe, die als James Bond Schuhe betitelt werden • Herrenduft «007 Quantum» • 007-Duschgel • Pokerkarten • zwei neue Cocktailgläser (geschüttelt, nicht gerührt) • grüne Oliven im Glas

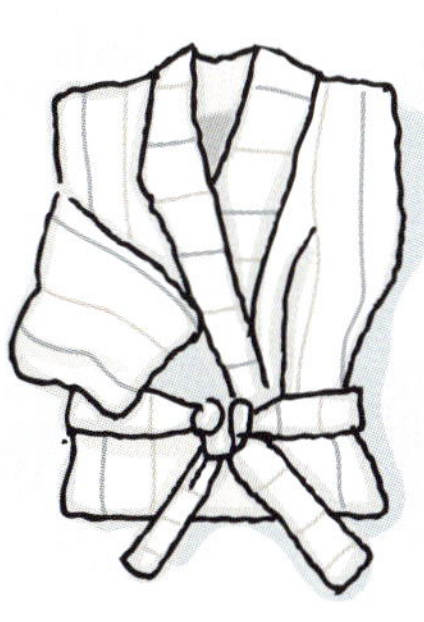

- ein kleines schickes Spielzeugauto für den Bürotisch
- ein goldener Edding (in Anlehnung an «Goldfinger»),
- ein 007-T-Shirt für die Freizeit
- 007-Manschettenknöpfe
- dunkelgrünes Einstecktuch
- Mousepad mit James-Bond-Bild
- edles Uhrarmband
- neue Unterwäsche in Schwarz
- Bademantel im Kimono-Stil (wie Sean Connery)
- James Bond-Geldscheinklammer
- Martini-Flasche für zu Hause
- den Pen mit einem goldenen Marker markieren
- einen goldenen Punkt auf der Vorratspackung für die Blutzucker-Teststreifen
- ein goldener Punkt auf dem Insulinpatronen-Vorrat
- einen goldene Dose für die Traubenzucker-Plättchen im Handschuhfach
- ein goldener Punkt auf dem Lenkrad
- James Bond-Musik-CD fürs Auto

Erinnerungshilfen für mein Motto-Ziel

Meine Wunschelemente	Adler
Mein Motto-Ziel	Ich fliege genüsslich, in die Lüfte gehoben zu meinen Zielen.
Meine Erinnerungshilfen	• «Über den Wolken» von Reinhard Mey als Handyklingelton oder «Something in the Air» • eine Adlerfeder aus dem Indianerladen am Autorückspiegel • Traumfänger mit Federn über dem Bett • Mousepad mit Adlerbild • Musik von The Eagles • Adler-Anhänger für Kette • Ring mit Adler • Gürtelschnalle mit Adler • Federkiel-Stift • Feder-Ohrringe

- Stahlfeder an den Schlüsselanhänger
- Kalligraphie-Feder
- Feder-Deko-Lichterkette
- Nageltattoo Adler
- Federkissen
- Feder-Haarspange
- Tee «Leicht wie eine Feder»
- Feder-Boa
- iPhone-Hülle mit Federdesign
- dekorativer Staubwedel mit bunten Federn
- Raumduft «Happy Heaven»
- kleine Adlerfigur von Schleich
- Adler-Applikation zum Aufbügeln für Jeans
- Top mit Adler-Design,
- Biker-Geldbörse mit Adler
- Feuerzeug mit Adler
- Visitenkartenetui mit Adler

Leander, Elvira, Steffi, Renate und Christoph lachen und tauschen sich angeregt aus über ihre bunten, reichhaltigen und witzigen Ideen für Primes, als Dorabella das Wort ergreift: «So, nun ist hoffentlich eure Fantasie in Sachen Primes angeregt. Wahrscheinlich fallen euch in den nächsten Tagen, wenn ihr durch die Gegend läuft, einkauft oder schlendert, neue Primes auf. Ihr werdet sehen, was es für einen Spaß macht, Primes zu besorgen. Und möglicherweise werden euch die Menschen um euch herum, denen ihr von den Primes erzählt, zusätzliche Primes schenken – lasst euch überraschen. Macht euch bitte klar, dass ihr die Primes nur ein Mal besorgen müsst, dann ‹arbeiten› sie für euch. Sorgt dafür, dass ihr besonders an den Orten, an denen es wichtig ist, euer Motto-Ziel umzusetzen, mit Primes ausgestattet seid. Wenn also jemand insbesondere im Büro seine Motto-Ziel-Haltung braucht, ist es gut, wenn es auch dort Primes gibt und nicht nur im Schlafzimmer zu Hause. Primt euch so viel wie möglich, besonders da, wo es schwierig wird. Nutzt das Primen als Werbung für euer Motto-Ziel! Und nun, liebe Kursteilnehmerinnen und Kursteilnehmer, ist es Zeit für eure Mittagspause. In einer Stunde geht es weiter, wir treffen uns wieder hier.»

2.10 Selbstcoaching mit dem Situationstypen-ABC

In der Pause hat Ludovica ein neues Blatt auf dem Flipcharts beschrieben und macht sich bereit für den nächsten Kursabschnitt. «Und nun, liebe Leute», erklärt sie, nachdem sich alle gesetzt haben, «kommen wir zum letzten Kursteil. Jetzt geht es darum, euch für den Alltag fit zu machen, damit ihr euren Vorsatz immer besser ausführen könnt. Dies ist der Einstieg in die sogenannte Selbstcoaching-Phase.

Das kennt ihr alle: Wenn man eine neue Sprache, eine neue Sportart wie zum Beispiel Windsurfen oder wenn man Swing tanzen lernen will: Es muss geübt werden, immer wieder, wie beim Autofahren. Mit jedem Mal wird man sicherer und reaktionsschneller.

So wird es euch auch mit eurem Motto-Ziel gehen: Es wird mit der Zeit immer schneller aktiviert und ‹flutscht› immer zuverlässiger. Natürlich müsst ihr dafür ebenso wie beim Erlernen einer neuen Sportart Zeit fürs Training einplanen. Drei bis sechs Monate dauert es, bis das neue Motto-Ziel zuverlässig euer Handeln leitet. Denkt einmal daran, wie das wäre, wenn ihr ab jetzt beginnen würdet, Italienisch zu lernen. Nach einer kurzen Zeit könntet ihr bestimmt schon ‹danke› und ‹bitte› sagen. Nach einer Woche könntet ihr mit ein paar kleinen Redewendungen schon das Essen im Restaurant bestellen. Bis ihr euch einen italienischen Film ansehen oder im Italien-Urlaub ein kleines Gespräch im Einkaufsladen führen könntet, würde es ein paar Monate dauern. Und irgendwann, wenn ihr weiter üben würdet, würde dasselbe passieren, was wir mit dem Motto Ziel erreichen wollen: Ihr würdet Italienisch sprechen, mehr oder weniger perfekt, und nicht mehr darüber nachdenken, wie man dieses oder jenes ausdrückt oder was der Plural eines bestimmten Wortes ist. Ihr würdet es einfach automatisch, ohne Einschalten des bewussten Verstandes, tun. Das genau ist unsere Absicht, die wir mit dem Motto-Ziel verfolgen: dass es zielsicher und automatisch funktioniert, wenn es durch einen kleinen Reiz ‹angeschaltet› wird.

Ich erzähle euch das, weil wir jetzt den zweiten Teil unseres Trainings vorbereiten: die Phase des Selbstcoachings. Das Selbstcoaching schließt sich an unseren gemeinsamen Kurs an. In dieser Phase seid ihr über weite Zeiträume auf euch allein gestellt. Ohne das Selbstcoaching hat ein Motto-Ziel gar keine Chance, richtig sattelfest zu werden und sich zu automatisieren. Ihr bekommt von uns dazu eine Leitlinie, anhand derer ihr euch orientieren könnt und die euren Alltag nach ZRM-Gesichtspunkten ordnet. Wir nennen diese Leitlinie ‹Situationstypen-ABC›.» Mit diesen Worten schlägt Ludovica das Blatt auf dem Flipchart auf, das sie in der Pause beschrieben hat.

Situationstypen-ABC

A wie: Automatisch

B wie: Bodybuilding

C wie: Champions League

«Wenn ihr jetzt mit eurem Motto-Ziel in euren Alltag zurückkehrt», beginnt sie zu erklären, «dann könnt ihr das, was ihr dort antrefft, mit dem Situationstypen-ABC einordnen und auf diese Art Übersicht gewinnen.

Die A-Situationen sind Situationen, in denen euch das zielrealisierende Handeln gemäß eurem Motto-Ziel automatisch gelingt, ohne dass ihr euer Handeln planen müsst. Die beiden Situationen, die Christoph und Elvira vorhin geschildert haben, waren A-Situationen. James Bond hat sich von selbst aktiviert und Christophs Frau geküsst, und Renates Wurm hatte ihren Walfisch und Miss Marple als Hilfe, die ganz von selbst erkannt haben, wann es wichtig ist, aktiv zu werden. Bei diesen A-Situationen müsst ihr eigentlich nur eine einzige Sache tun: Ihr müsst sie euch merken und euch jeden Abend dafür loben und euch darüber freuen. Denn gerade weil sie automatisch ablaufen, übersieht man sie oft.

Für Leute wie dich, Steffi, deren Problem das in bestimmten Situationen aufsteigende Gefühl der Hilflosigkeit ist und die manchmal auch noch das Gefühl haben, die Kontrolle über ihr eigenes Leben entgleite ihnen, ist es von eminenter Wichtigkeit, die A-Situationen sorgfältig aufzuschreiben. Mit Hilfe der Notizen kannst du jeden Abend deine Aufmerksamkeit auf die Dinge richten, die gut geklappt haben. Auf diese Weise wird mit der Zeit dein Gefühl der Hilflosigkeit weniger werden, und dein Stolz und deine Zuversicht werden wachsen.

Die B-Situationen sind euer Bodybuilding-Studio: B-Situationen sind Ereignisse, die euch schwierig vorkommen, die ihr aber vorhersehen könnt. Weil ihr sie vorhersehen könnt, seid ihr in der Lage, sie zu planen. Und das nutzen wir im ZRM aus. B-Situationen sind das zentrale Trainingsfeld für euer Motto-Ziel. Es ist wichtig, die B-Situationen abzustufen, damit ihr euch die günstigsten für das Fitness-Training eures Motto-Ziels aussuchen könnt. Stellt euch mal vor, ihr kommt neu in ein Fitness-Studio, und euer Personal Trainer empfiehlt euch gleich zu Beginn Übungen mit den schwersten Hanteln. Das kann nicht von Erfolg gekrönt sein. Oder stellt euch bitte vor, ihr kommt ins Fitness-Studio und trainiert mit den leichtesten Hanteln und merkt die Gewichte nicht einmal. Da wird sich sicher genauso wenig Trainingserfolg für eure Muskeln zeigen. Um die günstigsten B-Situation herausfinden zu können, haben wir hierfür als Messinstrument ein Thermometer eingeführt, mit dem ihr den Schwierigkeitsgrad von Situationen einschätzen könnt. Ich habe dazu ein Arbeitsblatt für euch.» Ludovica verteilt einen Stapel Arbeitsblätter, die einen Thermometer abbilden.

«Damit ihr wisst, wie die Methode mit dem Thermometer funktioniert, führen wir sie gemeinsam am Beispiel eines von euch durch. Wer hat Lust dazu?»

Gleich meldet sich Christoph: «Mein Motto-Ziel heißt ja *Mit souveräner Eleganz halte ich das Steuer in der Hand und gebe Gas.* Gut, dazu fällt mir eine Situation ein mit meiner Frau Paula. Ich komme nach Hause und bin müde und abgekämpft, und sie fragt mich als erstes, wann ich das letzte Mal meinen Blutzucker gemessen habe. Was soll ich jetzt auf dem Thermometer eintragen?»

«Wenn du dir die Situation vorstellst: Wie schwer fällt dir da deine James-Bond-Haltung? Ganz leicht wäre 0, sehr schwer wäre 100. Wo würdest du das einsortieren?», gibt Ludovica zurück.

Christoph zögert und denkt nach: «Das liegt auf dem Thermometer so bei 50. Mehr Situationen fallen mir im Moment nicht ein.»

Dorabella schlägt vor: «Wir können dir gerne für deinen Thermometer einen Ideenkorb füllen, wenn du möchtest, Christoph.»

Christoph nickt, und schon fängt Elvira an zu fragen: «Wie ist es denn, wenn du im Büro bist, Christoph?» Dazu fallen Christoph gleich mehrere Situationen ein: Wenn er sich bei seiner Frau nicht gleich nach seinem Eintreffen meldet, sorgt sie sich und schickt ihm eine SMS. Diese Situation entspricht für ihn dem Schwierigkeitsgrad einer B30-Situation. Meldet er sich dann nicht per SMS zurück, ruft sie spätestens nach einer halben Stunde gereizt an. Das ist dann schon eine B40-Situation. Christoph denkt weiter nach. Ein netter Arbeitskollege kommt ihm in den Sinn, der schon mal sehr freundlich nachgefragt hat, ob es Christoph gut ginge, als er müde und unkonzentriert wirkte. Der Kollege weiß, dass Christoph Diabetes hat, und auf Christophs Erklärung hin, dass er einfach nur erschöpft und maximal angespannt sei, hat er verständnisvoll genickt. Das war eine leichte B-Situation, höchstens eine B15-Situation. Die Methode mit dem Thermometer scheint ja gar nicht so schwierig zu sein.

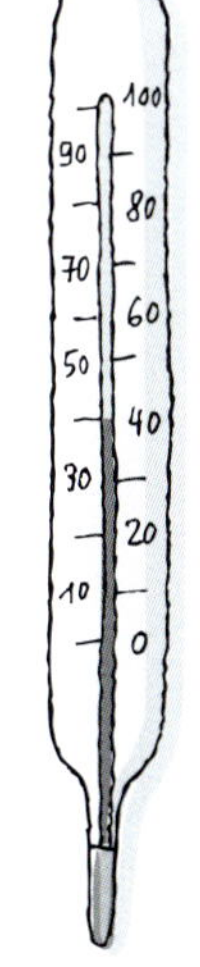

Christoph denkt weiter nach, als Steffi ihn verwegen angrinst: «Äh, Christoph, sag mal, wie ist das mit Paula denn so im Bett…? Gibt's da auch mal B-Situationen?» Christoph ist es ziemlich peinlich, aber Steffi hat ins Schwarze getroffen.

Er schweigt zunächst und sagt dann: «Okay, wenn wir überhaupt mal in der Stimmung sind, uns einander zu nähern, und es grade so richtig schön wird, da kann es sein, dass Paula tatsächlich mittendrin fragt, ob ich eigentlich meinen Blutzucker schon gemessen habe. Also, das ist wirklich eine B90-Situation. Da erstirbt in mir dann wirklich alles – James Bond eingeschlossen. Einmal war ich im Bett ziemlich ausgelassen, da wollte Paula mir Traubenzucker geben, weil sie meinte, ich habe eine Unterzuckerung. Das war mindestens eine B80-Situation. Ich glaube, mir fallen jetzt gleich noch viel mehr Beispiele ein – danke für den Ideenkorb.»

Christophs Arbeitsblatt sieht jetzt so aus:

Fünf B-Situationen, in denen ich mein Motto-Ziel einsetzen möchte

Verteilen Sie den Schwierigkeitsgrad Ihrer fünf B-Situationen über das ganze Thermometer

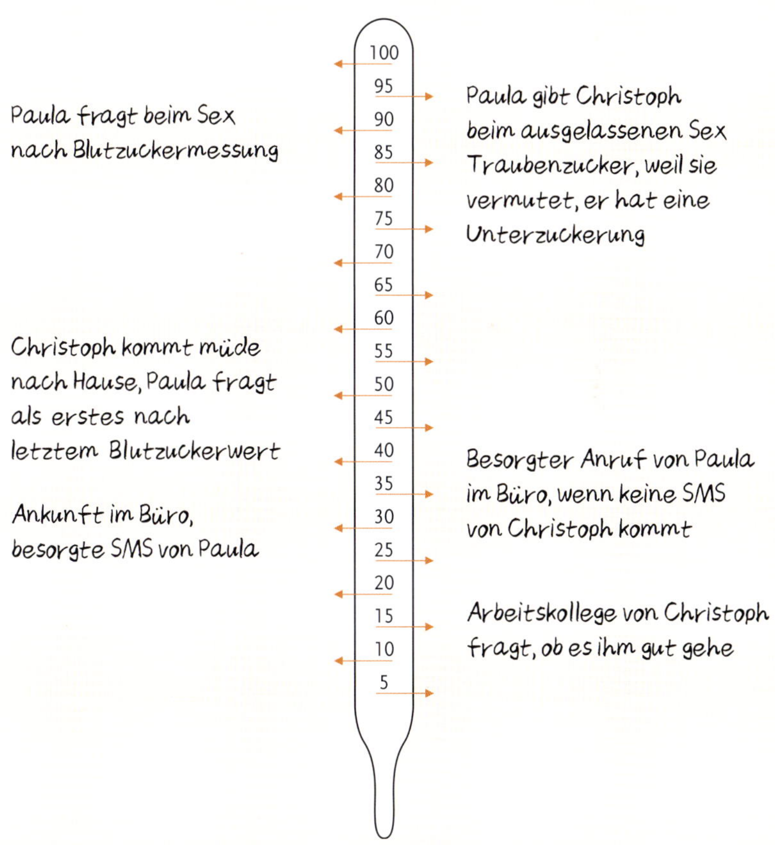

Arbeitsblatt

«So, und jetzt macht ihr das mal bitte in Einzelarbeit für euch selbst. Ich gebe euch dazu zehn Minuten Zeit. Hier muss man schon ein bisschen brüten. Wer mag, kann sich ja einen Kaffee und eine kleine Leckerei dazu holen.»

Nach zehn Minuten verteilt Ludovica ein neues Arbeitsblatt. «Hier seht ihr, wie wir mit den ZRM-Methoden solch eine B-Situation vorbereiten. Wir werden das Arbeitsblatt gemeinsam Schritt für Schritt durchgehen. Zuerst wird die Situation daraufhin geprüft, ob sie den geeigneten Schwierigkeitsgrad hat. Denkt dran: Euer neuronales Netz ist momentan noch nicht gut trainiert, es ist noch neu und frisch. Deshalb wählt bitte eine B-Situation mit einem Schwierigkeitsgrad zwischen 40 und 60. Dies ist der optimale Body Building-Bereich, um euer Motto-Ziel zu stärken.

Bitte übertragt die passende Situation aus eurem Thermometer jetzt in diese Spalte des neuen Arbeitsblattes.

Den Transfer meines Motto-Ziels in den Alltag sicherstellen – für vorhergesehene B-Situationen

Folgende **Situation** hat für mich den passenden Schwierigkeitsgrad:

Folgende **Erinnerungshilfen** – mobile und stationäre – werde ich einsetzen, um mein Ziel aktuell in dieser Situation zu aktivieren:

An folgendem Ort, in folgender Weise werde ich mir eine **«Ressourcen-Tankstelle»** einrichten, an der ich mich mit meinen Ressourcen «aufladen» kann:

Auf folgende Weise werde ich mir **Unterstützung durch Dritte** sichern, um meinen Ressourceneinsatz zu gewährleisten (Arbeitskollegin, Netzwerkpartner, etc.):

Arbeitsblatt

Als Nächstes geht es darum, welche Erinnerungshilfen ihr einsetzen möchtet. Wir unterscheiden zwischen mobilen Erinnerungshilfen, die ihr mit euch tragen könnt, und stationären Erinnerungshilfen, die ihr irgendwo fest installiert. Hat jemand von euch gerade ein Beispiel?»

«Ja, wenn ich mir einen Walfisch als Schlüsselanhänger hole, dann ist das mobil, und wenn ich mir einen Duschvorhang mit kleinen Walfischen drauf im Badezimmer aufhänge, dann ist das stationär», meldet sich Renate.

«Genauso ist das gemeint», bestätigt Ludovica. «Denkt dran, euer Motto-Ziel braucht noch viel Unterstützung, mit Erinnerungshilfen helft ihr eurem Würmli, seine Arbeit zu tun. Darum sollte man mit der Installation von Erinnerungshilfen eher großzügig und nicht geizig sein.

Bitte sichtet jetzt eure Ideenkörbe zu den Erinnerungshilfen und tragt passende Erinnerungshilfen in das Arbeitsblatt ein.

Im dritten Abschnitt lernt ihr den neuen Begriff Ressourcentankstelle kennen. Was ist damit gemeint? Wir verstehen darunter einen Ort, an dem ihr euch mitsamt eurem Wurm mit guten Gefühlen für euer Motto-Ziel und euer entsprechendes Bild davon volltanken könnt. Man kann sich die psychischen Kräfte eines Menschen wirklich vorstellen wie einen Tank oder eine Batterie. Wenn viel daraus entnommen wurde, dann ist kein Treibstoff mehr da beziehungsweise der Akku leer. Eine Ressourcentankstelle dient dazu, sich wieder an das Motto-Ziel zu erinnern, das Bild mental wachzurufen und den Wurm zu kräftigen. Eine Ressourcentankstelle kann bei euch in der Wohnung sein, am Arbeitsplatz, aber auch draußen in der Natur. Am besten plant ihr mehrere Ressourcentankstellen ein, um überall tanken zu können. Mein Bruder hat ein Elektroauto, und der schaut vor jeder längeren Autofahrt, wo es überall Stromzapfsäulen gibt. Ähnlich sollt ihr das mit euren Ressourcentankstellen handhaben. Wer von euch hat schon eine Idee für sich und sein Motto-Ziel?»

Steffi meldet sich. «Ich möchte ja mein Zaubernuss-Motto leben. Es geht mir zum einen darum, mein Gefühl der Hoffnungslosigkeit zu überwinden, das mich jedes Mal überfällt, wenn ich irgendetwas in Bezug auf meinen Diabetes anstellen muss – egal ob es um das Blutzuckermessen geht und die Sekunden, bis der Wert auf dem Gerät erscheint, oder ob ich Insulin spritzen muss. Und erst recht, wenn ich dieses doofe Blutzucker-Tagebuch sehe. Ich brauche unbedingt eine Tankstelle an den Orten, an denen ich meinen Blutzucker messe und Insulin spritze. Und das ist halt meine Wohnküche, wo ich alles hinlege und wo ich mir dann mein Frühstück oder nach der Arbeit mein Abendbrot mache. Ich brauche unbedingt etwas, das ich anfassen kann, etwas, woran ich mich festhalten kann und das mir Sicherheit gibt. Dazu ist mir mein Küchenfenster eingefallen, das hat so einen festen Griff. Den werde ich kurzerhand mit einem schönen basilikumgrünen Band umwickeln, und immer wenn's ans Eingemachte geht in der Küche, dann

gehe ich zum Küchenfenster und umfasse den Fenstergriff. Das könnte mich wieder ein bisschen auftanken und mir Sicherheit geben.»

«Eine tolle Idee, Steffi, danke!», sagt Ludovica.

«Und zum guten Schluss überlegt ihr euch bitte noch, wie ihr euch von anderen Menschen Unterstützung holen könnt. Ihr plant also dreierlei Unterstützung: durch Gegenstände, das sind die Erinnerungshilfen; durch Orte, das sind die Ressourcentankstellen; und schließlich durch Menschen. So seid ihr gut vorbereitet. Denkt dran, dass ihr euch natürlich auch als Gruppenmitglieder untereinander unterstützen könnt. Ihr seid füreinander Ressourcen geworden, weil ihr euch ehrlich und offen miteinander unterhalten und euch gegenseitig mit Ideenkörben weitergeholfen habt. Dieses Potenzial könnt ihr natürlich gerne weiter nutzen, dazu müssen keineswegs immer Dorabella oder ich dabei sein. Hat jemand von euch eine Idee? Ja, Steffi?»

«Ich glaube, für mich ist diese Unterstützung durch Menschen ganz besonders wichtig. Es hilft mir enorm, wenn mir jemand Mut macht und mir signalisiert, dass er optimistisch ist und an mich glaubt.»

«Das ist klasse, dass du dich selber schon so gut kennst!», findet Ludovica. «Je besser man sich kennt, umso effektiver wird die Vorbereitung und umso besser ist die Wahrscheinlichkeit, dass die B-Situation gut bewältigt werden kann. Kennst du denn jemanden, den du in dieser Hinsicht um Unterstützung fragen könntest?»

«Ja, ich werde meiner besten Freundin von diesem Kurs erzählen, und wir werden tolle Sachen aushecken. Dass sie mir beispielsweise zu einer bestimmten Zeit eine SMS schickt oder mich anruft.»

«Jawohl, das hört sich doch plausibel an», nickt Ludovica zustimmend. «Ihr werdet jetzt alle zehn Minuten in Einzelarbeit über eurem Arbeitsblatt brüten. Falls euch zu einer Rubrik nichts Gescheites einfällt, folgt noch einmal eine Runde mit dem Ideenkorb. Dann wünsche ich also fröhliches Brüten! Wir machen später direkt im Anschluss an die Ideenkörbe eine schöne Kaffeepause. So seid ihr flexibler in eurer Zeiteinteilung.»

Nach der Pause finden alle Teilnehmenden auf ihrem Stuhl ein neues Arbeitsblatt vor.

«Ihr seid ja jetzt für die B-Situationen gut gerüstet», beginnt Ludovica den neuen Kursabschnitt. Ihr solltet jede Woche eine der B-Situationen im Selbstcoaching vorbereiten, ausführen und auswerten. Wenn ihr das konsequent durchführt, werdet ihr von Woche zu Woche in euren Motto-Ziel sicherer werden, und eure Würmer werden zu absoluten Experten, was eure neue Haltung betrifft.

Nun wäre es fahrlässig von uns, wenn wir euch in die Welt hinausschicken würden, ohne euch noch etwas über den Situationstyp C zu erzählen. C ist ein besonders heimtückischer Situationstyp. Es handelt sich nämlich um Situationen, in denen sich Dinge ereignen, von denen ihr kalt erwischt werdet. Situationen, die schwierig sind, aber nicht vorhergesehen wurden und darum auch nicht geplant werden konnten. Wir nennen diese Situationen Champions League. Die absolute Meisterschaft habt ihr dann erreicht, wenn eine schwierige Situation überraschenderweise über euch hereinbricht und ihr völlig cool und relaxed, mit gechilltem Wurm also, euer Motto-Ziel umsetzt. Und zwar automatisch, ohne Planung.»

«Wenn das automatisch geht, ist das dann nicht eine A-Situation?», fragt Christoph, der bei solchen Sachen aufpasst wie ein Schießhund.

«Da hast du völlig recht, Christoph», antwortet Ludovica. «Wenn ihr die Meisterschaft erreicht habt, werdet ihr eine erfolgreich absolvierte C-Situation gar nicht mehr als schwierig erleben, ihr werdet sie abends in der Liste der A-Situationen vorfinden und euch sagen: ‹Mensch, vor einem halben Jahr noch hätte mich diese Situation völlig niedergeschmettert, und jetzt bin ich damit so souverän umgegangen!›

Ihr seht also, das Situationstypen-ABC ist zwar eine Art Schubladensystem, in das ihr eure Alltagserlebnisse einsortieren könnt, der Inhalt dieser Schubladen verändert sich jedoch mit zunehmendem Training. Inhalte aus der C-Schublade wandern nach oben ins A-Fach, und B80-Situationen mutieren zu B40-Situationen. Wenn ihr am Ball bleibt.

Doch zurück zu den C-Situationen. Einem Anfänger – und das seid ihr momentan noch – passiert bei einer schwierigen Situation, die überraschend eintritt, genau dasselbe wie einem Ski-Neuling, der sofort auf eine schwarze Piste geht: Er fällt auf die Nase. Ihr werdet nicht reagieren, wie ihr das in eurem Motto-Ziel geplant habt, sondern so, wie ihr es gerade nicht mehr wolltet. Christoph wird sich wieder wie ein kleines Kind behandeln lassen, Elvira wird wieder ihre eigenen Bedürfnisse hintanstellen, und Steffi wird sich wieder hilflos fühlen.

Wenn der alte, unerwünschte Automatismus aktiviert wird, könnt ihr daran in der momentanen Verfassung nicht viel ändern. Es erwischt euch kalt, der Karren steckt im Dreck. Basta. Wo ihr jedoch aktiv und ressourcenorientiert eingreifen könnt, das ist in der Zeit *nach* der C-Situation. Wie habt ihr bisher reagiert, wenn euch eine gute Absicht misslungen ist?», fragt Ludovica.

«Oh, da kann ich etwas dazu sagen!», ruft Steffi. «Ich mache mir Vorwürfe und grüble manchmal noch tagelang darüber nach, was ich hätte anders machen können. Ich ärgere mich über mich selber. Einmal habe ich mich sogar darüber geärgert, dass ich dumme Kuh mich wegen einer Lappalie so geärgert habe. Ärger über den Ärger also. Meinem Selbstbewusstsein hat das bisher nicht gerade geholfen, so viel steht fest.»

«Mensch Steffi, du lieferst mir hier eine Steilvorlage für mein Referat», freut sich Ludovica. «Genau diesen Ablauf werden wir jetzt nämlich ändern. Schaut euch bitte einmal das Arbeitsblatt ‹Meine C-Situationen› an. Wenn euch in Zukunft eine C-Situation passiert, dann hört sofort auf, euch zu ärgern. Es bringt nämlich nichts. Für Selbstvorwürfe gilt dasselbe. Was ihr stattdessen macht, steht hier auf dem Blatt. Ihr tragt die C-Situation in euer Arbeitsblatt ein. Wenn ihr dieses Arbeitsblatt eine Weile führt, werdet ihr sehen, dass es Teufelstage gibt, an denen euch mehrere C-Situationen unterkommen. Dann kann es sein, dass ihr eine Woche Ruhe habt, und auf einmal kommt wieder eine C-Situation daher und macht euch fertig.

Logbuch für C-Situationen

Bei folgenden überraschenden C-Situationen hat es mich «kalt erwischt», wurde ein alter, unerwünschter Automatismus aktiviert:

1. ....
2. ....
3. ....
4. ....
5. ....
6. ....
7. ....
8. ....
9. ....
10. ....

Arbeitsblatt

Wenn ihr eine gewisse Menge C-Situationen gesammelt habt, dann könnt ihr euch mit dem nächsten Arbeitsblatt befassen. Hier sucht ihr nach Mustern und Gemeinsamkeiten unter diesen C-Situationen.»

«Elvira», fährt Ludovica fort, «wenn es dir viermal passiert ist, dass du dich nicht um dich selber gekümmert hast, sondern wieder zu gutmütig warst und den anderen Menschen den Vortritt in deinem Leben gelassen hast, dann kannst du dich fragen: Gibt es Gemeinsamkeiten unter diesen vier C-Situationen? Das kann zum Beispiel sein, dass diese C-Situationen immer am Wochenende passiert sind, wo du es deinen Kindern besonders nett und kuschelig machen möchtest. Dann wäre das entsprechende Vorläufersignal der Wochenendbeginn. Das wäre in der Systematik des ZRM ein äußeres Vorläufersignal. Es gibt aber auch innere Vorläufersignale. Passieren dir die C-Situationen immer dann, wenn du selber erschöpft bist und einfach keine Kraft mehr hast, dich durchzusetzen? Dann wäre das innere Vorläufersignal dein Erschöpfungsgefühl.

Sobald es euch gelungen ist, ein Vorläufersignal zu identifizieren, könnt ihr laut ‹Hurra› rufen, denn ihr könnt jetzt die C-Schublade ausmisten. Die entsprechenden C-Situationen wandern nämlich in die B-Schublade, wo ihr sie ganz normal planen könnt, wie ihr das schon mit der B-Situation getan habt, die in eurem Thermometer den Schwierigkeitsgrad 40 bis 60 hatte. Darum steht über diesem Arbeitsblatt auch ‹C-Situationen zu B-Situationen machen›.

Meine C-Situationen zu B-Situationen machen: Die Analyse meiner C-Situationen

Welche **Gemeinsamkeiten** im (Vor-) Verlauf meiner C-Situationen erkenne ich?

Welche **Vorläufersignale** kann ich identifizieren (äußere, in meinem Umfeld; innere, in mir selber)?

Welche **Maßnahme** ist für mich geeignet, um das unerwünschte neuronale Netz zu hemmen?

Arbeitsblatt

Ich habe euch noch einmal eine Übersicht zusammengestellt, wie ihr mit den drei Situationstypen umgehen sollt. Die A-Situationen sollen täglich eingetragen werden, die B-Situationen werden im Wochenrhythmus bearbeitet und die C-Situationen dann, wenn sie auftreten. Hier lässt sich nichts planen, weil sie überraschend über euch hereinbrechen», zieht Ludovica ihr Fazit.

«Damit ist mein Part beendet, und ich übergebe wieder an Dorabella», erklärt Ludovica mit einer eleganten Handbewegung. «Sie wird euch während der Selbstcoaching-Phase begleiten. Ich fahre zurück in den Süden.»

«Wir werden uns in regelmäßigen Abständen wieder hier treffen, um zu sehen, was besonders gut geklappt hat, wo es noch kleine Meerengen gibt und wie ihr sie umschiffen könnt. Damit unsere Treffen wirklich fruchtbar sein werden, ist es wichtig, die Situationen, die ihr im Alltag erlebt habt, festzuhalten, ebenso die Erfolgserlebnisse, die ihr feiern könnt, sowie die Schwierigkeiten, die euch begegnet sind. Könnt ihr euch bitte mal überlegen, in welcher Form ihr das in den nächsten Wochen tun wollt? Am besten, wir halten das heute schon fest», schlägt Dorabella vor.

Christoph meldet sich: «Also, ich werde mir eine Excel-Tabelle mit Datum und einer Spalte für die Situationen anlegen, in die ich jeweils tagesaktuell Situationen, Erfolge und Misserfolge notieren kann. Die kann ich mir direkt auf mein Smartphone raufladen, damit ich sie immer bearbeiten kann, egal wo ich bin.»

Steffi schlägt vor: «Ich will mir ein ganz besonders schönes Heft kaufen und wunderschönes Geschenkpapier mit Basilikumblättern drauf. So etwas habe ich schon mal gesehen. Mit dem Geschenkpapier schlage ich das Heft ein, in das ich mir meine Alltagserlebnisse mit Mary Poppins notiere.»

Leander meint: «Ich möchte mir nichts aufschreiben müssen. Ich möchte bloß nicht an diese Diabetes-Tagebücher erinnert werden. Jetzt nicht noch ein Tagebuch. Ich habe eine andere Idee: Timon hat mich doch auf die Idee mit dem Kurs gebracht. Ich werde ihm ein bisschen von meinem Motto-Ziel erzählen und von dem, was ich mir so vornehme, und ihn bitten, mich abends immer nach den erlebten Situationen zu fragen und mich so zu erinnern. Wenn ich ihm die Situationen erzähle, dann mache ich sie mir ja auch bewusst. Im Gespräch fallen mir bestimmt sowohl die Schwierigkeiten daran auf als auch neue Lösungen ein. So etwas finde ich zu zweit immer am schönsten.»

Elvira seufzt: «Ehrlich gesagt, ich verbringe so viel Zeit damit, für andere kreativ zu sein, ob ich an die Gestaltung der Schultüten für meine Kinder denke oder die Adventskalender… Ich möchte mir den Kopf darüber jetzt nicht zerbrechen, wie ich so ein schönes Heft gestalte oder so eine Tabelle entwerfe… Ich möchte doch einfach nur mehr Zeit für mich haben… Mir wäre es am liebsten, es gäbe einen Entwurf, den ich direkt nutzen kann, so wie eine Art Strickanleitung.» Vorsichtig wirft Christoph ein: «Also, wenn du mir sagst, wie du diese Anleitung haben möchtest, entwerfe ich dir gerne eine Tabelle, die du für dich nutzen kannst, und maile sie dir.» Elvira strahlt.

«Wir treffen uns in vier Wochen wieder und werden besprechen, wie es euch mit eurem Motto-Ziel ergangen ist, was gut geklappt hat beziehungsweise nicht so gut. Wie ihr euch die Erfolge und Schwierigkeiten merkt, bleibt euch überlassen, aber ich bitte jeden von euch, sich vor Ende des Kurses für eine der Möglichkeiten zu entscheiden. Und nun wünsche ich euch viel Erfolg und Freude bei der Umsetzung eurer Motto-Ziele. Kommt alle gut nach Hause. Und dir, Ludovica, wünsche ich auch eine schöne Heimreise. Du hast ja ein paar Kilometer mehr vor dir als wir», beendet Dorabella den Tag.

3 Das Einzelcoaching von Renate

3.1 Erste Sitzung

Nach dem Ende des gemeinsamen Kurses haben Dorabella und Renate ein Treffen für ein Einzelcoaching vereinbart, weil Typ 2 Diabetes spezielle Sondertipps erfordert, wie Dorabella meinte. Dorabella hat Renate einen Artikel in die Hand gedrückt: «Lies dies bitte bis zu unserem nächsten Treffen durch, liebe Renate. Ich hab in diesem Artikel versucht, die wesentlichen neuen Erkenntnisse zu Typ 2 Diabetes zusammenzufassen. Außerdem habe ich beschrieben, was die Konsequenzen aus den neuen Erkenntnissen für das Thema Selbstmanagement sind. Mit dem Text haben wir eine super Ausgangsbasis, um mit dem ZRM-Einzelcoaching für Typ 2 Diabetes sofort zu beginnen.»

«Klar, das mach ich doch gerne, ich bin schon neugierig», hat Renate geantwortet und die Klarsichtmappe mit Dorabellas Artikel in ihrer großen Tasche verstaut. Zu Hause dann begann sie noch am selben Abend damit, sich in den Text zu vertiefen. Und je mehr sie las, desto wütender wurde sie.

«Mein Gott, was hat man mich mein Leben lang verarscht!», brummelt Renate schon wieder vor sich hin, während sie die Treppe zu Dorabellas Praxis erklimmt. Mit voller Kraft drückt sie ausdauernd auf den Klingelknopf, als sei der schuld an ihrer Aufregung.

«Hallo Renate», empfängt Dorabella sie fröhlich, «schön, dass du alles gefunden hast. Komm rein, wir können gleich anfangen. Was für einen Tee magst du lieber, einen kräftigen Assam, vielleicht mit einem Schuss Milch, oder einen Wohlfühl-Yogi-Tee?»

«Eigentlich brauche ich keinen Tee, sondern einen doppelten Wodka. Was in deinem Artikel steht, lässt einem ja die Haare zu Berge stehen!»

«Haha, das dachte ich mir, dass der Artikel für Gesprächsstoff sorgt», amüsiert sich Dorabella, «ich weiß, das ist starker Tobak. Umso wichtiger ist, dass du über alle diese Themen informiert bist, die darin zur Sprache kommen.»

Dorabella tänzelt den Flur entlang und bittet Renate mit einer graziösen Handbewegung in ihr Besprechungszimmer. Es gibt zwei gemütliche Ohrensessel, von denen aus man in den Berliner Himmel schauen und die Wölkchen an sich vorbeiziehen lassen kann. Dorabella bringt Assam-Tee mit Milch und Grümmel-Kandis und schenkt Renate die erste Tasse Tee ein.

«Was hat in meinem Text am meisten Eindruck bei dir hinterlassen?», fragt Dorabella.

«Also, das sind mehrere Themen. Erstens: Man muss sich mit Typ 2 Diabetes gar nicht zum Magerhaken runterhungern. Die Verbesserung des Hbac1-Wertes tritt schon nach vier bis sechs Kilo Gewichtsverlust ein. Glaubst du, das hat mir jemals jemand erzählt? Nein, alle gucken mich mit meinen 110 Kilo an und wollen mir weismachen, dass da mindestens 30 Kilo runtermüssen. Da verzweifelt man ja schon bei der Vorstellung daran. Wenn mir das jemals jemand gesagt hätte, dass sich der Effekt auf meinen Diabetes schon nach so wenigen Kilos einstellt, dann wäre ich in einer völlig anderen Verfassung gewesen, das kannst du mir glauben!

Aber der eigentliche Hammer, der kommt ja noch. Du schreibst, dass sich die positiven Effekte der Gewichtsabnahme auf den Diabetes nach zwei Jahren wieder verflüchtigen, auch wenn die Leute ihr Gewicht halten! Das ist ja wirklich krass! Wenn ich mir also die Qual antue, den Wurm würge und diese hochgepriesene Umstellung des Lebensstils durchziehe, von der alle Gesundheitsapostel faseln, dann hält das gerade mal für zwei Jahre, und danach ist alles wieder beim Alten! Das heißt, ich kann mir das ganze Galama sparen! Glaubst du, das sagt mir einer? Alle tun so, als würde der Effekt FÜR IMMER anhalten! Das ist doch wirklich Verarschung, ich finde einfach kein anderes Wort dafür. Mein Gott, man hat mir so viele Jahre meines Lebens geraubt mit Lügengeschichten und Halbwahrheiten, da bleibt mir echt die Spucke weg!»

«Das kann ich gut verstehen, dass dich das aufregt. Ludovica und mich regt das auch schon lange auf, deswegen haben wir ja unseren Diabetes-Kurs auf die Beine gestellt. Irgendjemand muss ja mal den Anfang machen und den Patienten vernünftige Informationen geben.»

«Na, ein Glück, dass ich bei euch gelandet bin», schnauft Renate erbost. «Am liebsten würde ich den ganzen Idioten, die mir meine Lebensqualität geraubt haben, Zucker in den Benzintank schütten, aber jedem einzelnen. Und Hundescheiße in den Briefkasten stecken. Mindestens.»

«Ja, es ist wirklich verblüffend, wie lange sich bestimmte Vorstellungen in der öffentliche Meinung halten können, die wissenschaftlich schon lange wiederlegt sind. Ludovica und ich können uns das auch nicht so ganz erklären. Im Prinzip läuft es darauf hinaus, dass Diabetes auch eine Reaktion auf chronischen Stress ist. Wenn man Leute dazu zwingt, mit gewürgtem Wurm abzunehmen, dann setzt man sie noch mehr unter Stress, das kann auf keinen Fall gesund sein. Das weißt du ja selber, dein wichtigstes Thema im Kurs war ja der Umgang mit dem schlechten Gewissen. Schlechtes Gewissen erzeugt eine negative Gefühlslage, und eine negative Gefühlslage ist auf Dauer nichts weiter als chronischer Stress.

Statt schlechtes Gewissen zu erzeugen, sollte man Patienten mit Typ 2 Diabetes dabei helfen, mit Stress umzugehen. Dort liegt der Hase im Pfeffer. Wenn dein Körper vom Stress-Stoffwechsel auf einen normalen Stoffwechsel umstellt, kann es gut sein, dass du ein paar Kilo verlierst. Ziel des ZRM-Trainings für Typ-2-Diabetes-Patienten ist jedoch nicht der Gewichtsverlust, Ziel ist die Gefühlsregulation. Wenn dann auch noch ein paar Pfunde abschmelzen, freuen wir uns alle, aber das nehmen wir lediglich als Zusatzbonus mit. Es befindet sich nicht im Fokus unserer Aufmerksamkeit. Wir nennen dieses Vorgehen ‹gewichtsneutrale Diabetestherapie›.»

Renate hat mit ihrem Motto-Ziel «Blasius begleitet mich» schon genau die Thematik der Gefühlsregulation angesprochen. In ZRM-Trainingsstunden ist oft zu beobachten, dass die Teilnehmenden instinktiv genau die Thematik wählen, die für sie relevant ist. Ihr Motto-Ziel hat für Renate genau den Effekt, der für einen besseren Umgang mit Stress wichtig ist. Es hilft ihr dabei, schlechte Gefühle loszuwerden.

«Seit dem Ende des Kurses hat sich der Anwendungsbereich von meinem Blasius-Motto noch ausgeweitet», berichtet Renate. «Das Stichwort ‹Blasius› fällt mir ganz oft auch in Situationen ein, die mit Diabetes gar nichts zu tun haben. Wenn mein Nachbar mich wieder von der Seite anquatscht, weil in meinem Garten zu wenig gejätet würde und die Samen vom Unkraut zu ihm geweht würden – Blasius! Wenn meine Kollegin grätig ist, und ich ihre schlechte Laune schon am Morgengruß erkenne – Blasius! Wenn ich bei der Fahrt zur Arbeit im Stau stecke und vermutlich zu spät komme – Blasius! Mein Walfisch und meine süße Miss Marple sind extrem vielfältig einsetzbar!»

Das zeigt, dass Renate mit ihren Wunschelementen und ihrem Motto-Ziel wirklich genau ins Schwarze getroffen hat.

«Ich möchte nun gerne noch mit dir über das Thema Essen reden, aber keine Angst, wir reden nicht über Gewicht, wir reden über die Freude am Essen. Erzähl mir doch mal bitte, wie es dir beim Essen geht. Ich meine, auf der Gefühlsebene. Isst du mit Genuss? In Ruhe und fröhlich?», fragt Dorabella.

«Machst du Witze?», faucht Renate, der man den Ärger immer noch deutlich ansieht. «Essen mit Genuss? Ich war der Moppel, seit ich denken kann! Schon in der Schule fing das mit den Diäten und den Ermahnungen an. Dann hab ich Diabetes bekommen. Ich kann es fast immer noch hören, wie sie alle hinter meinem Rücken tuschelten: ‹Selber schuld, nun hat sie die Quittung dafür, dass sie so verfressen ist›.»

«Ja, viele Patienten mit Typ 2 Diabetes haben eine lange Leidensgeschichte hinter sich, die oft an Mobbing grenzt. Das wissen wir», seufzt Dorabella. «Darum ist es auch so eminent wichtig, das Thema Essen von Stress zu befreien. Was du wieder lernen sollst, das ist in Ruhe und mit Genuss zu essen. Und zwar das, wonach dir gerade der Sinn steht, und so viel davon, dass es deinem Bauch gut geht und sich ein Zufriedenheitsgefühl breit macht.»

«Wie, was erzählst du denn da?» Renate kann es kaum fassen. «Keine Ernährungsempfehlung? Kein Fluch über böse Kohlenhydrate? Kein Schlank-im-Schlaf-Rezept? Wenigstens ein kleiner Vortrag über Ballaststoffe? BMI? Kalorientabelle?»

«Nichts von alldem», nickt Dorabella bestätigend. «Wir haben etwas ganz anderes im Auge. Wir wollen umstellen von Fremdsteuerung auf Selbststeuerung. Nicht ein Experte von außen sagt dir, was und wie du essen sollst, sondern du selber gewinnst die Gestaltungsmacht über das Thema Essen zurück und wirst Herrin über dich selbst. Das kann manchmal eine Weile dauern, das sage ich dir gleich. Gerade wenn man eine lange Moppelgeschichte hinter sich hat und dann noch Diabetes dazukommt, ist man oft dermaßen eingeschüchtert und neben der Spur, dass man das erst langsam und allmählich wieder aufbauen muss: das Gespür für richtiges Essen. Eigentlich hat das jedes Lebewesen von Natur aus mitbekommen. Dieser Hunger-Appetit-Sättigungsmechanismus ist jedoch leider sehr störanfällig. Chronischer Stress, das Dauerfeuer der Werbung, Aroma- und Zusatzstoffe bringen diese feine Balance völlig durcheinander. Es ist sogar möglich, eine Zuckersucht zu entwickeln. Die muss man durch einen regelrechten Entzug wieder loswerden, einschließlich Entzugserscheinungen! Du siehst: Da brauchst du Aufmerksamkeit, Schläue und Geduld. Aber es macht großen Spaß, sich seinen natürlichen Umgang mit Essen zurückzuerobern, das kann ich dir versprechen.»

Renate soll ab sofort das Thema Essen unter ganz anderen Gesichtspunkten betrachten als früher. Es geht um zwei Begriffe:

- Bekömmlichkeit
- Zufriedenheit

Menschen reagieren in unterschiedlichen Lebenssituationen und unterschiedlichen Lebensaltern verschieden auf Nahrungsmittel. Darum ist es wesentlich sinnvoller, selbstgesteuert zu bestimmen, was einem gut tut, als sich an Expertenlisten zu orientieren, die sich ohnehin dauernd ändern.

Maßstab für gutes Essen sollen für Renate ab heute Bekömmlichkeit und Zufriedenheit sein. Was hat man sich darunter vorzustellen?

«Och, mit Bekömmlichkeit kann ich was anfangen», sagt Renate sofort. «Wenn ich zu viele Gummischlümpfe esse, habe ich von der Gelatine einen richtigen Klumpen im Bauch. Das wird wohl nicht so bekömmlich sein, oder?»

Genau das ist mit Bekömmlichkeit gemeint. Renate lernt eine wichtige Unterscheidung: Nicht alles, was gut schmeckt, ist auch bekömmlich. Nicht alles, auf das ich gerade Lust habe, erzeugt im Bauch ein angenehmes Gefühl. Maßstab für die Zukunft ist das angenehme Bauchgefühl. Das gilt übrigens auch für die sogenannten gesunden Sachen, die Renate bisher immer empfohlen wurden. Viele Bäuche reagieren gar nicht erfreut auf einen Rohkost-Salatteller aus der eisgekühlten Salattheke. Man hat vermeintlich etwas Gesundes gegessen, der Bauch fühlt sich aber gar nicht gut an. Renate soll mit allem experimentieren, worauf sie Lust hat. Ist vielleicht eine Suppe zu Mittag der Schlüssel zum angenehmen Bekömmlichkeitsgefühl? Oder Kartoffelbrei?

«Ich möchte gerne, Renate, dass du jetzt einmal die nächsten zwei Wochen alles isst, worauf du Lust hast. Auch die Dinge, die du dir bisher verboten hast. Bitte alles essen, was dich interessiert! Und dann achte darauf, welches Bekömmlichkeitsgefühl das Nahrungsmittel in dir auslöst. Wenn du jetzt zum Beispiel bei den Schlümpfen bist: Probier mal aus, ob es die Menge der Schlümpfe ist, die den komischen Magen macht, oder ob es die Süßigkeit an sich ist. Um die Bekömmlichkeit zu steigern, könntest du dann entweder die Menge reduzieren oder auf eine andere Süßigkeit umsteigen, die ohne tierische Gelatine auskommt. Da gibt es auch leckere vegane Produkte. Wichtig bei dieser Experimentalphase ist jedoch immer: Du bist die Herrin über deinen Bauch, und nur du alleine kannst wissen und spüren, was für dich gut ist.»

«Das leuchtet mir ein», nickt Renate. «Das ist wirklich ein neuer Ansatz. Und was meinst du mit ‹Zufriedenheit›?»

«Damit meinen wir: Macht ein Essen happy oder nicht. Wenn du anfängst darauf zu achten, dann wirst du bald feststellen, dass es zum Beispiel Schokoladensorten gibt, die zwar gut schmecken, die aber keine Zufriedenheit in dir auslösen. Dann gibt es feine Schoggi, die ist zwar meistens ein bisschen teurer, aber schon ein einziger Riegel davon kann absolute Befriedigung hervorrufen. Nach einem richtig guten Essen, mit Liebe gekocht und mit Zeit und Muße genossen, ist nicht nur der Bauch happy, sondern du bist es auch. Wenn du im Gehen auf dem Weg zum Zug einen Thunfischwrap verschlingst, ist danach vielleicht dein Magen voll, möglicherweise ist der Thunfischwrap auch bekömmlich, aber er hat dich nicht glücklich gemacht, weil die Umstände nicht gestimmt haben. Idealerweise sollte ein gutes, stressfreies Essen immer beide Ansprüche erfüllen. Es soll für deinen Bauch bekömmlich sein, und es soll dich auch psychologisch zufrieden machen. Das sind ab sofort deine beiden Kriterien, an denen du dich orientieren kannst. Was sagt denn dein Wurm, wenn er das hört? Bekömmlichkeit und Zufriedenheit, sind das gute Wurmwörter?»

«Oh, meinem Wurm gefällt das sehr gut», meint Renate.

Damit ist die erste Sitzung beendet, und wohlgemut macht sich Renate auf den Heimweg.

3.2 Zweite Sitzung

«Und? Was für Erkenntnisse hast du gesammelt?», fragt Dorabella zu Beginn der zweiten Sitzung. Konntest du mit Bekömmlichkeit und Zufriedenheit als Wegweiser etwas anfangen?»

«Oh ja, sehr viel!», bestätigt Renate.

In der Tat entpuppten sich die letzten zwei Wochen seit der Einzelsitzung als eine spannende Abenteuerreise. Seit sie zurückdenken kann, war bei Renate das Thema Essen immer mit einem schlechten Gewissen verbunden. Und dann kommt diese Diabetologin daher und forderte sie auf, einfach zu essen, was ihr schmeckt, und dabei nur auf sich selbst zu achten. Auf den Bauch und auf die Seele. Fantastisch.

Gleich, nachdem sie von der letzten Sitzung nach Hause gekommen war, hat sie sich einen Thunfischsalat angemacht. Mit selbstgemachter Mayonnaise. Nicht mit Joghurtdressing. Und dann hat sie sich aufs Sofa geflackt und den Thunfischsalat Bissen für Bissen genossen. Meine Güte, war das wunderbar, endlich essen zu dürfen! Nach jedem Bissen hat sie innegehalten und ihren Bauch gefragt, wie es ihm geht. Und sie hat bewusst versucht, den Zeitpunkt, um aufzuhören, über den Bauch zu bestimmen und nicht über den Inhalt der Schüssel.

«Iss deinen Teller leer!», hatte ihre Mutter immer gesagt, und Renate hatte auf diese Art gelernt, sich an einem äußeren Maßstab zu orientieren und nicht an ihrem eigenen.

In der ruhigen Atmosphäre ihres gemütlichen Wohnzimmers ist es Renate an diesem Abend ganz hervorragend gelungen, genau zu spüren, wann ihr Bauch genug hatte. Sie wusste von früheren Ernährungsschulungen, dass es eine Weile dauert, bis sich das Sättigungsgefühl einstellt, denn das Gehirn muss den geänderten Blutzuckerspiegel erst registrieren. Darum hatte Renate schon aufgehört zu essen, als sie angenehm satt war und nicht erst, als sie pappsatt war. Der Abend war ein voller Erfolg, und sie hatte sich rundum wohl gefühlt mit ihrem Thunfischbauch.

Am nächsten Morgen bemerkte Renate auf einmal, dass sie beim Frühstück nicht die Bohne Wohlfühlempfindung hatte. Sie war wie immer zu lange im Bett geblieben und musste deshalb hetzen. Ihre übliche Frühstücksmüslimischung schüttete sie sich hastig in ein Schüsselchen und goss kalte Milch darüber. Kauend verrichtet sie die Morgentoilette, nahm immer wieder zwischendurch einen Löffel und kramte eilig ihre Sachen zusammen. Das Müsli lag wie ein Klumpen im Bauch. Auf jeden Fall gar kein gutes Gefühl.

«Lag das jetzt am Müsli oder an der Hetze?», fragt sie.

«Das kannst du durch Versuch und Irrtum selbst herausfinden», lautet die Antwort. «Hetze ist auf jeden Fall ein super schlechter Tagesbeginn, du solltest dir deswegen etwas einfallen lassen. Und dann vertragen viele Verdauungssysteme auch diese ganzen Flocken und Körner gar nicht gut. Kalte Milch ist sowieso ein Schock für den armen Darm.

In der Ernährungslehre von Ayurveda und in der traditionellen chinesischen Medizin wird immer empfohlen, zum Frühstück etwas Warmes zu essen. Ich würde an deiner Stelle mal probieren, ob es Alternativen gibt, die dir schmecken. Du kannst aus den Haferflocken einen Brei kochen, zum Beispiel. Hirsebrei schmeckt auch lecker, finde ich.»

«Oh, Mann, das braucht Zeit, und wie komm ich rechtzeitig aus dem Bett?»

«Hier machst du dir am besten einen Wenn-Dann-Plan. *Wenn* der Wecker klingelt, *dann* steige ich in meinen Morgenmantel. Zum Beispiel. Einmal Aufschreiben genügt. Du kommst doch auch zum Selbstcoaching-Kurs? Da werden wir das ausführlich besprechen mit den Wenn-Dann-Plänen.»

Haha, dachte Renate bei sich, das Aufstehen morgens ist für mich kein einfaches Thema, aber man kann es ja mal probieren. Vielleicht klappts ja wirklich.

«Okay, dann nehme ich mir für die nächsten Tage vor, mir ein stressfreies Frühstück auszudenken. Vielleicht kann man den Brei ja schon abends kochen, so dass ich ihn morgens nur noch Aufwärmen muss. Ich lass mir was einfallen. Ist auf jeden Fall eine fabelhafte Aufgabe, mir einen schönen Tagesbeginn auszudenken.»

Renate hatte noch eine andere Situation identifiziert, die ihr schwer im Bauch lag: das tägliche Mittagessen mit den Kollegen in der Kantine. Dort ist es immer so laut, dass sie schon von der Geräuschkulisse völlig entnervt ist. Außerdem hat sie nach einem anstrengenden Vormittag mit vielen Telefonaten überhaupt keine Lust, auch in der Mittagspause zu kommunizieren. Sie würde viel lieber einfach die Klappe halten und sich regenerieren, das war ihr in den letzten Tagen durch Selbstbeobachtung klar geworden. Bisher sah ihr Mittagsritual aber ganz anders aus: Man schiebt sich in der Schlange an der Essensausgabe vorbei, rafft ein paar Sachen aufs Tablett, erkämpft sich einen Sitzplatz und schlingt hastig das Essen herunter – ohne Aufmerksamkeit, ohne Genuss. Manchmal weiß sie nach einer Stunde schon gar nicht mehr, was sie zu Mittag gegessen hat. Stattdessen muss sie ihre Aufmerksamkeit auf den Tratsch der Kollegen richten, manchmal werden ja auch Fachthemen erörtert. Von stressfreiem Essen kann nicht im Geringsten die Rede sein.

«Ja, diese gemeinsamen Mittagessen in der Firma, das ist ein Teufelszeug», pflichtet ihr Dorabella bei. «Hier musst du ganz geschickt vorgehen, wenn du dich aus der Affäre ziehen willst. Für jemanden, der ein so ausgeprägtes Ruhebedürfnis hat wie du, ist es letztendlich die einzige Lösung, die Mittagspause alleine zu verbringen oder sich wenigstens für die Zeit der Nahrungsaufnahme abzukoppeln. Für den gemeinsamen Espresso an der Kaffeemaschine kannst du dich dann ja wieder einfinden. Aber im Stress zu essen führt zu einer Aktivierung des Stressstoffwechsels, und was das bedeutet, das habe ich ja in meinem Artikel beschrieben.»

«Ach, meine Kollegen sind eigentlich ganz nett», meint Renate. «Ich kann denen wirklich reinen Wein einschenken und ihnen sagen, dass der Umtrieb und der Lärm für mich Gift sind und dass ich mich in Zukunft fürs Essen ausklinken und für den Espresso wieder dazustoßen werde. Ich glaube, die haben dafür Verständnis. Und wenn einer blöd schaut, dann habe ich ja mein Blasius-Motto. Ich ruiniere mir doch nicht meine Gesundheit, bloß damit andere happy sind! Kommt nicht in Frage! Auf der Schiene war ich lange genug unterwegs, damit ist jetzt Schlussowitsch!»

«Prima, prima, ich sehe, dein Motto-Ziel ist schon groß und stark geworden in den letzten Tagen», lobt Dorabella. «Ist dir noch etwas aufgefallen?»

«Ja, in der Tat, da wäre noch etwas. Ich weiß aber nicht, wie du mir dabei helfen kannst. Es handelt sich um die Abendzeit. Oft komme ich spät nach Hause und habe dann richtig Kohldampf. Weil ich aber berufstätig bin, habe ich natürlich keine Zeit zu kochen. Dann sitze ich daheim und lasse dann halt aus Bequemlichkeit den Pizzaservice kommen. Nun ist es so, dass mir Pizza eigentlich gut bekommt, wenn ich sie tagsüber esse. Und glücklich macht mich Pizza auch. Wenn ich aber so spät abends noch Pizza esse, ist zwar der Hunger weg, dafür liege ich aber mit Sodbrennen und einem Betonmagen im Bett und kann nicht einschlafen. Das ist super unangenehm.»

«Aha, die Logistik! Mein Lieblingsthema», freut sich Dorabella.

«Logistik? Was meinst du denn damit?», fragt Renate mit großen Augen.

«Naja, ganz einfach, die Menschen haben heute das ganz normale alltägliche Kochen verlernt. Es laufen zwar jede Menge Kochshows im Fernsehen, und es gibt jede Menge Kochbücher und jede Menge Gourmetzeitschriften. Aber das ganz normale Kochen mit einem Wochenplan, das kann fast niemand mehr. So ein Wochenplan, der erlaubt dir, im Voraus für eine Woche einzukaufen, so dass du jeden Tag etwas zum Kochen im Haus hast. Was glaubst du, wie viele Menschen sich täglich irgendetwas zwischen die Kiemen schieben, das ihnen nicht schmeckt, ihnen nicht bekommt und sie auch nicht zufrieden macht? Viele, viele Menschen leben so, glaub mir. Da ist unserer Gesellschaft etwas verlorengegangen. Kennst du das Schulkochbuch von Paula Horn?»

«Paula wer?», fragt Renate irritiert.

«Hier habe ich die Literaturangabe für dich», entgegnet Dorabella eifrig und schiebt ihr einen Zettel zu.

«Paula Horn: Schulkochbuch. Verlag Freiburger Echo. 2004/Auflage 51», liest Renate irritiert.

«Das ist ein uraltes Schulkochbuch, nach dem schon meine Großmutter gekocht hat, und die war Jahrgang 1915. Keine Ahnung, wie lange es Paula Horns Schulkochbuch schon gibt. Darin findest du bewährte Rezepte, keine Fotos, keinen Schickimicki-Kram mit Algensprossen und Tonkabohnenmarinade, sondern die gute alte heimische Küche. Und was das Wichtigste ist: Paula Horn liefert einen Essensplan für das ganze Jahr, inklusive Resteverwertung. Kauf dir das Buch, es ist gar nicht teuer. Dort lernst du Logistik. Man kocht zum Beispiel am Sonntag die Kartoffeln, mit denen man am Montag Rösti machen kann, am Dienstag Kartoffelauflauf und am Mittwoch Bratkartoffeln. Oder du machst dir eine feine Tomatensoße, die du einfrierst und die du für Tortellini, Tomatensuppe oder Tomatenreis einsetzen kannst. Hach, ich komme schon wieder ins Schwärmen. Das ist echt mein Lieblingsthema. Überhaupt solltest du es einmal mit Suppen zum Abendbrot versuchen. Die sind sehr bekömmlich. Dann machst du dir noch ein feines Knoblauchbaguette dazu oder ein paar Bruschette mit Olivenöl – mmhhhh lecker sag ich dir.»

«Also, Suppe zum Abendbrot finde ich eine gute Idee», sinniert Renate, «das gefällt mir auf Anhieb. Ich werde dafür sorgen, dass ich Suppen im Haus habe. Ich probier das mal aus.»

«Personen mit einem guten Logistiksystem sorgen auch dafür, dass sie leckere Zwischenmahlzeiten mit ins Büro nehmen, damit sie auch dort gut versorgt sind und nicht jeden Tag auf das Fleischkäsebrötchen zurückgreifen müssen. Obwohl gar nichts gegen Fleischkäsebrötchen zu sagen ist, solange es dir gut bekommt und dich wirklich zufrieden macht. Was meinst du, hast du genug Anregungen für heute bekommen, um weitere zwei Wochen zu experimentieren?»

«Ja klar», antwortet Renate. «Und was für schöne Anregungen! Ich kaufe mir ein Oma-Kochbuch und beschäftige mich mit Großmutter-Küche! Ich muss kein Diät-Buch kaufen und auf nichts verzichten! Ich darf mir Gedanken darüber machen, wie ich es mir gut gehen lasse und mich verwöhnen darf. Das ist einfach wunderbar.»

«Und hier ist noch der versprochene Artikel über Wenn-Dann-Pläne.» Dorabella steckt ihr eine Klarsichtmappe zu.

Beschwingt und mit einer Melodie auf den Lippen verlässt Renate die Praxis und steuert den nächsten Feinkostladen an, um sich etwas Leckeres und Bekömmliches fürs Abendessen zu kaufen.

3.3 Dritte Sitzung

Zur dritten Sitzung kommt Renate sehr aufgeräumt.

«Bevor du fragst – mir geht es blendend!», berichtet sie strahlend. «Du glaubst gar nicht, welche Last du mir von den Schultern genommen hast mit deiner gewichtsneutralen Diabetestherapie. Das Essen hat für mich einen ganz anderen Stellenwert bekommen, ich habe mit einer Bürokollegin und meiner berufstätigen Nachbarin zusammen einen Paula Horn-Logistikkreis gegründet. Wir kochen jetzt nach Wochenplan, immer eine für drei Personen. Das klappt wunderbar, und jede muss nur zweimal in der Woche kochen. Seit ich denken kann, hat man mich mit meinem Gewicht tyrannisiert. Wenn ich mir vorstelle, dass ich seit meiner Kindheit nur mit schlechtem Gewissen gegessen habe, dann stand ich ja seit vielen, vielen Jahren unter chronischem Stress. Ist das richtig?»

«Ja, das ist richtig», nickt Dorabella. «Das geht vielen Menschen so, die von Natur aus mollig sind. Bei dem Magerwahn, der momentan als Schönheitsideal grassiert, werden die Naturmolligen oft schon im Kindergarten durch Ernährungsbewachung in eine Dauersituation hineinmanövriert, in der sie ständig ihren Wurm würgen müssen. Das versetzt ihren Stoffwechsel in den Stressmodus, und dadurch nehmen die Naturmolligen weiter zu. Lange, dünne Menschen nehmen unter Stress ab, Naturmollige nehmen zu. Also sind es gerade die gutgemeinten Ernährungstipps, die bei den Molligen über den dadurch ausgelösten Stress zu Gewichtszunahme führen können. Dann versuchen es viele Naturmollige zusätzlich immer wieder mit der einen oder anderen Diät, die gerade angepriesen wird, und handeln sich dadurch noch einen fetten Jojo-Effekt ein. Sie legen natürlich weiter an Gewicht zu. Vermutlich würdest du etliche Kilos weniger wiegen, wenn man dich in deiner Kindheit in Ruhe gelassen hätte mit den Ernährungstipps und wenn du dein Blasius-Motto schon in der Schule während der Pubertät gelernt hättest. Dann hättest du nämlich genug Selbstvertrauen gehabt, um dich gegen den Magerwahn zu wehren, und hättest ein gesundes Selbstbewusstsein als mollige junge Frau aufgebaut.

Im Grunde kannst du froh sein, dass du keine Essstörung entwickelt hast. Viele Naturmollige geraten nämlich in einen Teufelskreis aus gezügeltem Essverhalten und Essattacken, aus dem sie dann von alleine gar nicht mehr rauskommen. Du ahnst gar nicht, wie viele Frauen und mittlerweile auch Männer solche Essattacken haben. Die trauen sich oft gar nicht, das irgendjemandem zu erzählen, weil sie sich so schämen. Dabei kennen es ganz viele, dass sie in bestimmten Situationen einen Riesenappetit kriegen und alles in sich hineinstopfen, was der Kühlschrank bietet. Und nachher kommt das schlechte Gewissen, sich mal wieder nicht gebremst zu haben. Das Gefühl, die Kontrolle über ihr Essverhalten total verloren zu haben. Und obwohl sie so viel in sich reingestopft haben, dass ihnen schlecht ist, fühlen sie sich leer. Gar nicht zu sprechen von den akrobatischen Höhen, die die Blutzuckerwerte nach so einer Essattacke erreichen können. Das ist auch mit Insulin echt schwierig aufzufangen. Von daher hast du noch großes Glück gehabt.»

«Glück im Unglück nennt man das dann wohl! Aber was hast du da eben gesagt: Selbstbewusstsein als mollige Frau?», fragt Renate interessiert.

«Naja, das ist doch ganz einfach. Schau dir doch mal eine der Frauenzeitschriften an oder die Hochglanzmagazine, in denen von den Stars und Prominenten berichtet wird. Wie sehen dort alle Frauen aus? Lang und dünn. Und wie sehen deine Verwandten aus, deine Mutter, deine Oma, dein Vater, dein Onkel?»

«Klein und rund, alle miteinander. Ich habe nur einen einzigen langen Spargel in der Sippe, aber der ist mein Stiefopa, mit dem haben wir keinen Genpool gemeinsam. Der Rest ist kugelrund.»

«Na also, da haben wir es doch. Schau mal, bei den Hunderassen oder bei den Pferderassen ist es völlig klar, dass die Tiere eine unterschiedliche Statur haben. Niemand erwartet von einem Kaltblut, das in München Bierkutschen zieht, dass es Rennen läuft wie ein arabisches Vollblut. Ein Mastino oder ein Mops sind kräftige Hunde mit bulliger Statur. Niemand erwartet von ihnen, dass sie aussehen wie ein Windhund. Aber bei den Menschen werden alle über einen Kamm geschoren. Es braucht schon eine gehörige Portion Selbstbewusstsein, sich dagegen zu Wehr zu setzen, und zwar mit Anmut und Charme, ohne biestig und verbittert zu werden. Das ist keine einfache Aufgabe.»

«Da hast du Recht, Dorabella, weiß Gott. Und weißt du, wo man noch aufpassen muss, dass man nicht biestig und verbittert wird? Wenn man Klamotten kaufen will. Wenn ich diese ganzen schwindsüchtigen Gestalten von Verkäuferinnen schon sehe, sinkt mein Selbstbewusstsein auf unter null. Ich komme mir dann vor wie eine Tonne und fange gar nicht erst an, nach etwas Schickem für mich zu suchen.»

Renate hat sich noch nie attraktiv und erotisch gefühlt. Seit sie zurückdenken kann, war sie der unförmige Fleischberg, den sowieso niemand beachtet. Sie hatte darum in der Zeit, in der ihre Mitschülerinnen die Männerwelt erkundeten und mit Schminke und Frisuren experimentierten, einen kompletten Rückzug von dieser Thematik vollzogen, einfach aus Hoffnungslosigkeit. Was soll man nach den Sternen greifen, wenn die Realität einem jeden Tag vor Augen führt, wie hässlich man ist? Renate hüllte sich einfach in weite Klamotten, trug XXL-T-Shirts, die sie sich wahllos und ohne Freude aus Billig-Wühlkisten in Kaufhäusern fischte. Sie hat das Thema Weiblichkeit für sich innerlich schon immer abgehakt. Geld für Friseur und Make-Up betrachtete sie als sinnlose Ausgaben, und außer ihrem Deo benutzte sie auch keinen Duft. Bei ihrem Arbeitgeber, den Berliner Wasserwerken, war das Thema Outfit auch nicht so wichtig, zumindest in ihrer Abteilung schien sich niemand darum zu kümmern, dass Renate zwar sauber und praktisch gekleidet, aber nicht hübsch und attraktiv zurechtgemacht daherkam.

«Meinst du denn, mit deinem ZRM-Training kann man sich auch ein Motto-Ziel für Weiblichkeit bauen?», wagt Renate sich aus der Deckung. «Das ist schon immer ein geheimer Traum von mir gewesen, aber ich habe bisher nie Ansatzpunkte gesehen, wie ich ihn verwirklichen könnte.»

«Aber natürlich können wir ein Motto-Ziel dafür bauen!» Dorabella ist begeistert von dieser Thematik. «Schau mal, ich habe hier eine Auswahl an Bildern für dich, such dir doch einmal ein Bild aus, das deinem Würmli zum Thema Weiblichkeit gefällt.»

Flink ist Dorabella aufgesprungen und breitet eine Fülle von wunderbaren Bildern vor Renate aus. Renates Wurm sucht sich sofort das tollste Bild von allen heraus. Das geht ruckzuck.

«Diese Blüte, die geht mir so zu Herzen, dass ich weinen könnte vor Glück.» Renate schnieft tatsächlich ein wenig und wischt sich verstohlen eine Träne aus dem Augenwinkel.

«Dass das möglich ist, so anmutig und klar zu wachsen, so selbstverständlich und bunt im Licht zu stehen, das ist für ein Mauerblümchen wie mich ein Wunder. Ich weiß nicht, ob du das nachvollziehen kannst, Dorabella, du bist ja naturdünn, du hattest meine Probleme nie.»

«Aber ich habe Einfühlungsvermögen, und darum kann ich ahnen, was du bisher mitgemacht hast, Renate. Und es freut mich sehr, dass ich dazu beitragen kann, diese alten Wunden zu heilen. Du hast ja schon wunderbare Ideen produziert, die wir für ein Motto-Ziel benutzen können.»

«Wie bitte? Was für Ideen denn? Wir haben doch noch gar keinen Ideenkorb gemacht?»

«Oh, manchmal sprudelt der Wurm schneller als der Mensch denken kann», lacht Dorabella. «Aber weil ich das weiß, habe ich mitgeschrieben, als du eben so geschwärmt hast. Auf meinem Zettel stehen die Worte:

anmutig, klar, selbstverständlich,
bunt, im Licht stehen

Das sind doch tolle Bausteine für ein Motto-Ziel, findest du nicht?»

«In der Tat, das ist verblüffend», wundert sich Renate. «Das ist alles von mir gesagt worden? Das ist wirklich gut!»

«Ja, das Unbewusste birgt viele Ressourcen», schmunzelt Dorabella. «Und jetzt möchte ich gerne, dass du dein neues Weiblichkeitsmotto an dein Blasius-Motto dranbaust. Dadurch wird gewährleistet, dass du deine gesamte Persönlichkeit im Hinblick auf den Umgang mit Stress und im Hinblick auf deine Weiblichkeit entwickelst. Das sind zwei zentrale Themen, die deine Identität betreffen. Sie sollten darum in einem Motto-Ziel zusammengeschmiedet werden.»

Dorabella und Renate machen sich ans Werk. Nach einigen Versuchen entscheidet sich Renate für folgende Variante:

Ich stehe anmutig und selbstverständlich im Licht unter dem Schutz von Blasius.

«Halleluja, ich kann es kaum fassen, der Schutz von Blasius, das ist ja nochmal besser als das alte Motto-Ziel aus dem Kurs!», begeistert sich Renate.

«Ja, das kommt immer mal wieder vor, dass man nach einiger Zeit das Motto-Ziel nochmals optimiert und eine bessere Variante findet. Motto-Ziele umbauen ist immer möglich, die leben ja mit dir und sind nicht in Stein gemeißelt.»

Dorabella fragt Renate, was sich jetzt an neuem Verhalten aus ihrem neuen, erweiterten Motto-Ziel ergibt. Renate fallen sofort jede Menge Maßnahmen ein. In eine Farb- und Stilberatung möchte sie gehen, ein Parfüm kaufen als Erinnerungshilfe, ein Friseurbesuch steht auf dem Programm, und insgeheim liebäugelt sie schon lange mit künstlichen Fingernägeln. Ihre Bürokollegin hat immer wahre Kunstwerke an den Händen. Dorabella gibt ihr noch den ultimativen Tipp, sich einmal nach einer kostengünstigen Maßschneiderei umzusehen. In Berlin gäbe es jede Menge junge, frische, freie Modedesigner, die sich mit kleinen Läden am Prenzlauer Berg selbständig machen. Dort könne man sich mit wunderbaren Schnitten und geeigneten fließenden Stoffen die tollsten Kleider auf den Leib zaubern lassen, die dann wirklich richtig passen und die Figur optimal zu Geltung bringen. Konfektionskleidung sei eine Geißel der Menschheit, erklärt sie. Niemand solle sich dem Modediktat der Modehäuser unterwerfen, die sich wie Kraken in den Innenstädten der ganzen Welt ausbreiteten und ihre Ramschware auf der Ausbeutung von Menschen aus China und Bangladesch aufbauten.

«Lieber kaufst du dir nur drei Kleidungsstücke, die dir passen, die du lange tragen wirst, weil sie gut verarbeitet sind, und die fair bezahlt wurden, als zehn von diesen lumpige Fetzen», ereifert sich Dorabella. «Du wirst sehen, das sind dann Kleider, die dich auch zufrieden machen, genauso wie das gute Essen aus Paula Horns Schulkochbuch.»

«Das leuchtet ein», nickt Renate, «da werde ich mich mal auf die Suche machen nach so einer Maßschneiderei. Aber mollig muss sie sein, meine Designerin, eine dünne nehme ich nicht.»

«Aha, da sieht man ja das Selbstbewusstsein schon wachsen und blühen», freut sich Dorabella. «Eine letzte Frage habe ich noch. Bist du am Thema Flirten interessiert?»

«Wie bitte, an was interessiert?» Renate verschluckt sich fast an ihrem Tee, von dem sie gerade einen Schluck zu sich genommen hat.

«Naja, wenn du jetzt so schick und hübsch und weiblich wirst, dann könnten doch auch die Männer interessant für dich werden, oder?»

Puterrot und immer noch hustend schafft es Renate zu nicken.

«Wenn du willst, leih ich dir ein Buch, in dem erklärt wird, wie man sich Motto-Ziele fürs Flirten bauen kann. Du kannst es dir ja einmal unverbindlich anschauen. Wie die Methode funktioniert, weißt du ja jetzt. Versuch's doch einfach mal!»

«‹Tigerblick trifft Himbeerlächeln›, das ist ja ein goldiger Titel!» Blitzschnell verschwindet das Buch in Renates großer Tasche.

«Ich wünsche dir jetzt erst einmal alles Gute, Renate! Wenn du weitere Unterstützung brauchst, lass es mich wissen. Aber ich glaube, du hast jetzt erst einmal genug Informationen und Anregungen, um Selbstmanagement zu betreiben. Ich drück dir die Daumen, viel Erfolg!»

Damit verabschieden sich Dorabella und Renate. Kaum hat Renate die Praxis verlassen, steuert sie auf das nette Café mit dem verführerischen Namen «Schokoladentempel» neben Dorabellas Praxis zu. Das wollte sie schon lange einmal testen, und so bestellt sie sich dort eine heiße Schokolade. Dann schlägt sie die erste Seite des Flirtbuches auf.

«Hach, das Leben kann so schön sein, wenn man nur erst einmal auf der richtigen Spur ist. Wenn ich heirate, lade ich Dorabella zur Hochzeit ein. Das ist so sicher, wie das Amen in der Kirche», murmelt sie leise und versenkt sich lesend in die neue Welt des Flirtens.

Giovanna Eilers

4 Theoretischer Rundflug: Wieso Diäten nicht gegen Diabetes helfen

Sehr geehrte Leserinnen und Leser, in diesem Teil möchten wir uns erlauben, mit Ihnen zusammen einen kleinen Spazierflug in die Welt der Wissenschaft zu machen, um die Arbeitsweise des Gehirns kennenzulernen.

Wissend, dass Sie möglicherweise zwischendurch das Gefühl bekommen, Ihr Kopf raucht, haben wir uns entschlossen, ein solches Kapitel zu schreiben.

Wir denken nämlich, gerade Sie kennen nur zu gut Empfehlungen wie «Nehmen Sie erst einmal ab, dann ist der Blutzucker auch nicht mehr so ein Problem!» oder «Sie müssen eben auch etwas dazutun!» oder Äußerungen wie «Wenn Sie nicht so dick wären, dann hätten Sie diese Probleme gar nicht» oder «Wenn Sie abgenommen haben, können Sie wiederkommen.»

Mehrere Patienten berichteten mir geknickt von Sprechstundenterminen, in denen Ärzte ihnen an den Kopf geworfen hatten: «Wenn Sie nicht abnehmen, dann behandle ich Sie gar nicht!»

Wie oft haben Sie sich solche Bemerkungen anhören müssen? Haben Sie sich schon einmal gefragt, ob sie überhaupt richtig sind?

Wir denken, Sie sollten die Fakten zu diesem Thema kennen. Es gibt viele neue wissenschaftliche Erkenntnisse zum Thema Dicksein. Diese Erkenntnisse sind noch nicht allen (auch nicht allen Behandlern!) geläufig – für Sie haben diese Erkenntnisse aber weitreichende Konsequenzen!

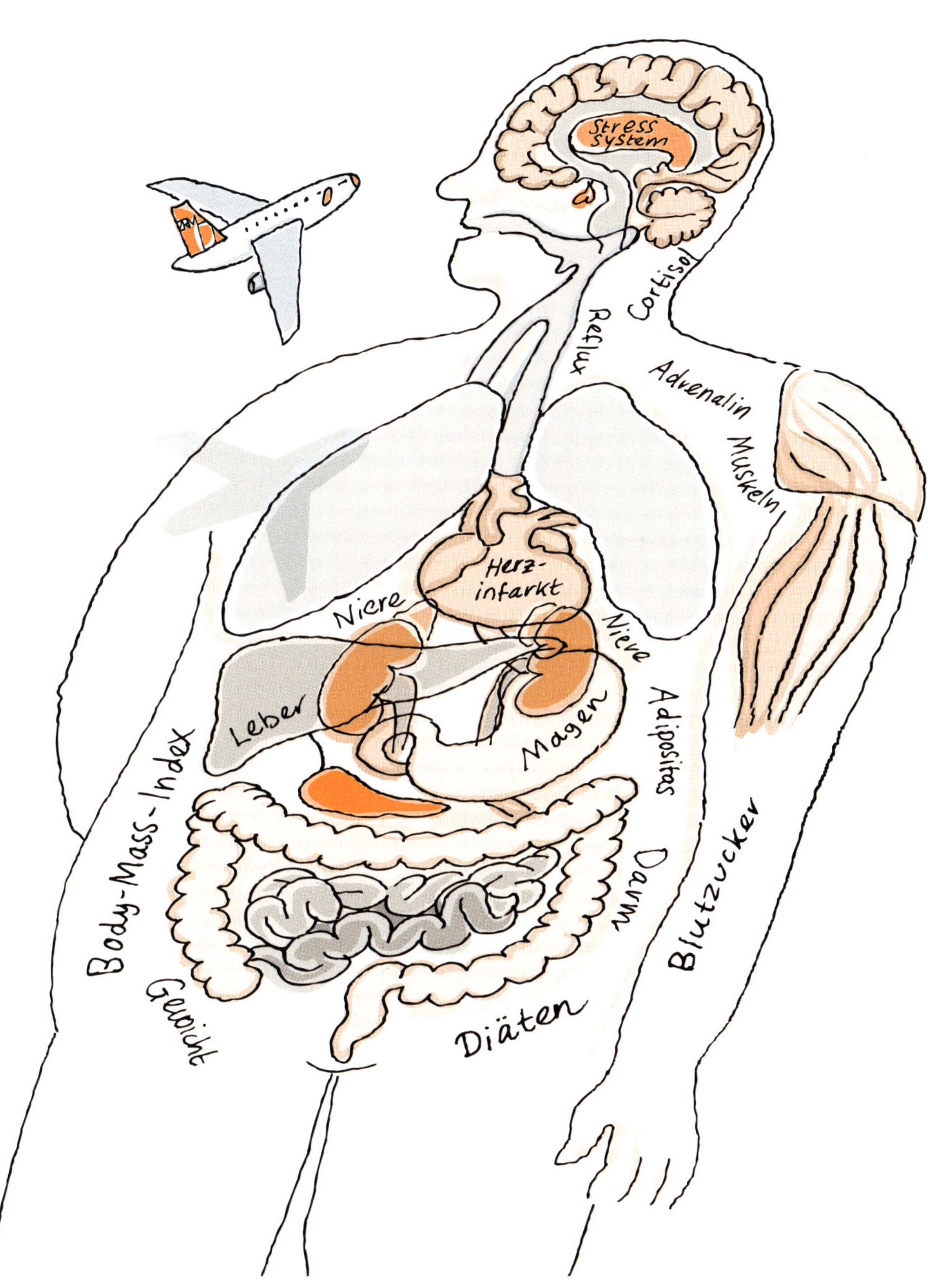

Stress System
Cortisol
Reflux
Adrenalin
Muskeln
Herz-infarkt
Niere
Niere
Leber
Magen
Adipositas
Body-Mass-Index
Darm
Blutzucker
Gewicht
Diäten

Mit diesem Wissen können Sie verstehen, warum die zahllosen Diäten, mit denen sich Menschen kasteien, keinen Erfolg aufweisen können.

Wir haben Ihnen einen Spazierflug versprochen: Wir schenken Ihnen als Gast in unserem Flugzeug einen Koffer, der gefüllt ist mit Wissen zu diesen Fragen. Diesen neuen Koffer dürfen Sie mitnehmen, wenn wir wieder gelandet sind. Wenn Sie möchten, dürfen Sie alte Gepäckstücke direkt im Flugzeug liegen lassen, falls sie eines der folgenden Themen enthalten: Schuldgefühle, die Sie möglicherweise bisher begleitet haben, weil Sie vermeintlich zu dick sind; ein schlechtes Gewissen, weil Sie es bisher noch nicht geschafft haben abzunehmen; der Vorwurf mangelnder Willensstärke, weil Sie keine der begonnenen Diäten langfristig durchgehalten haben, weil Sie wieder nicht stark genug waren, weil, weil, weil….

Sie dürfen das alte Sperrgepäck eintauschen gegen den neuen Wissenskoffer und beginnen, mit sich zufrieden zu sein, so wie Sie sind! Sie werden am Schluss unseres Fluges wissen, dass es sich auf Ihre Gesundheit (und auch auf Ihr Gewicht) auswirkt, ob Sie mit sich zufrieden sind oder eben nicht. Ihnen wird klar sein, dass es sich nicht bezahlt macht, sich immer wieder unter Druck zu setzen mit dem Ziel, um jeden Preis abzunehmen. Sie werden verstehen, dass das Zunehmen im Grunde genommen die «Nebenwirkung» eines Anpassungsvorgangs an Belastungen und Stress ist. Darum macht es Sinn, an der Ursache anzusetzen: der Stressverarbeitung (und nicht primär am Essen).

Lassen Sie doch die anderen, die diesen Wissenskoffer *nicht* besitzen, einfach reden.

Nun aber bitten wir Sie, es sich bequem zu machen, sich etwas Ruhe zum Lesen zu gönnen und sich anzuschnallen – wir rollen zur Startbahn.

Häufig, wenn es um das Thema Dicksein geht, kommen heftige Emotionen und wertende Äußerungen ins Spiel. Nicht nur Bekannte oder Außenstehende, sondern auch Ärzte werfen manchmal mit verletzenden Sätzen um sich. Dabei geht es meist um Schuld («selber Schuld», «jedes Pfund geht durch den Mund», «der tut ja nichts dagegen») und um Schönsein. In den Medien wird uns ein dünnes, androgynes Schönheitsideal wie Twiggy, Ally McBeal oder Doctor Cameron aus der Fernsehserie «Dr. House» vorgesetzt, das jegliche weibliche Kontur verabscheut. Es geht dabei auch um das angeblich massiv erhöhte Krankheits- und Sterblichkeitsrisiko von Dicken («Die sollen doch einen Extra-Tarif bei der Versicherung zahlen», «Wir zahlen das alle für die mit»).

Wir wollen uns in diesem Kapitel mit den Gesundheitsempfehlungen von Experten beschäftigen und mit der Frage, ob diese Empfehlungen nachweislich richtig sind. Stimmt es eigentlich, dass Dicke kränker werden und früher sterben als Menschen, die nicht dick sind?

4.1 Gewicht und Gesundheit

Alle wichtigen Aussagen dieses Kapitels finden Sie, geehrte Fluggäste, in kleinen Kästen zusammengefasst, so dass Sie sie jederzeit in Ihrem Köfferchen wiederfinden.

Wenn wir von «dick» sprechen, müssen wir uns klar machen, was damit eigentlich gemeint ist. Obwohl es weitere Messgrößen gibt, wird in den meisten Studien nur der sogenannte Body-Mass-Index (BMI) als Parameter für Dicksein verwendet.

Den BMI eines Menschen errechnet man, indem man das Körpergewicht (in Kilogramm) durch das Quadrat der Körpergröße (in Meter) teilt.

Von Normalgewicht spricht man definitionsgemäß bei einem Body-Mass-Index von 18,5 bis 24,9; von Übergewicht ab einem BMI von 25 bis 29,9; von Adipositas (starkem Übergewicht) ab einem BMI von 30.

Wir sprechen in unseren Ausführungen von «mollig», wenn Menschen einen Body-Mass-Index von 25 bis 29,9 haben. Der Begriff «übergewichtig» gefällt uns nicht, weil er andeutet, das Gewicht läge über dem «richtigen» Gewicht. Mit solchen Vorstellungen wollen wir aufräumen. Hat jemand einen Body-Mass-Index von 30 oder mehr, bezeichnen wir dies als «dick».

Neben dem BMI, der in den meisten Studien als Parameter zur Messung von Übergewicht – oder besser «Molligkeit» – benutzt wird, gibt es einen weiteren Messwert: den Bauchumfang. Gemessen wird dieser knapp oberhalb des Bauchnabels, an der dicksten Stelle des Bauches. Der Bauchumfang ist ein Indikator für das in der Bauchhöhle liegende Fettgewebe.

Der Body-Mass-Index (BMI)

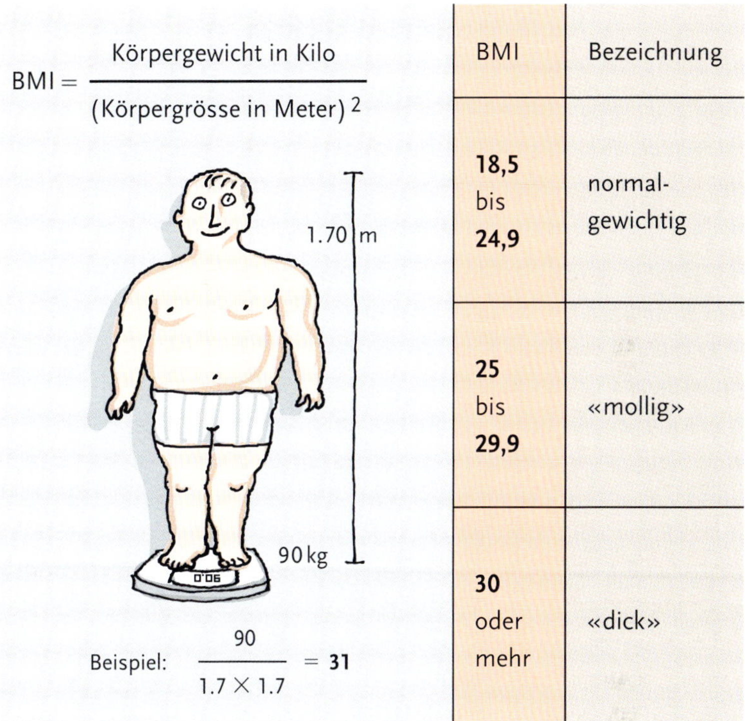

BMI	Bezeichnung
18,5 bis **24,9**	normal-gewichtig
25 bis **29,9**	«mollig»
30 oder mehr	«dick»

Wie sieht das sogenannte Übergewicht eigentlich aus? Stellen Sie sich eine Figur wie die der berühmten Sängerinnen Jessye Norman oder Ella Fitzgerald vor, oder schauen Sie einmal, wie die wunderschönen Modelle in der Aktmalerei viele Jahrhunderte lang aussahen.

Ab einem Body-Mass-Index von 30 und mehr spricht man von starkem Übergewicht (Adipositas). Bei einer Körpergröße von 1,70 Meter entspräche das einem Körpergewicht von 90 Kilogramm und mehr. In diesem Sinne dick sind zum Beispiel die weltberühmten Nanas der Künstlerin Niki de Saint Phalle. Ihr Body-Mass-Index läge sicher locker bei 45, der BMI der Tänzerinnen des Malers Fernando Botero bei 40 bis 45.

Welchen Zusammenhang gibt es zwischen einer molligen oder dicken Figur und der Sterblichkeit eines Menschen?

Sterben dicke Menschen (mit einem BMI von 30 und mehr) früher? Und wie ist es bei den Molligen?

Häufig werden Aussagen zu molligen und dicken Menschen in einen Topf geworfen und in Studien nicht unterschieden. Weil dies aber nicht korrekt ist, möchten wir nochmals auf diesen Unterschied hinweisen.

Vor über 15 Jahren wurde folgender Zusammenhang entdeckt: In einer Gruppe von nierenkranken Patienten, die dauerhaft an der Dialyse (der sogenannten Nierenwäsche) behandelt wurden, hatten diejenigen, die mollig waren, bessere Überlebenschancen als dünne Patienten. Noch besser waren die Überlebenschancen bei dicken Patienten (Degoulet et al, 1982, Kopple et al, 1999, Kalantar-Zadeh et al, 2005).

Solche Zusammenhänge fand man auch in Bezug auf andere Krankheitsbilder: Menschen, die einen Herzinfarkt, einen Schlaganfall oder eine Hirnblutung erlitten, hatten eine bessere Prognose, wenn ihr Gewicht höher war. Diesen Zusammenhang konnte man für mollige Patienten, erst recht aber für dicke Patienten finden (Buettner et al, 2007, Vemmos et al, 2011). Der Zusammenhang war so auffällig und betraf offensichtlich mehrere Krankheitsbilder, dass man ihn als «Gewichtsparadox» bezeichnete (Vemmos et al, 2011).

In einer Studie zum Thema Diabetes konnte gezeigt werden, dass Menschen mit einem Typ 2 Diabetes, die zum Zeitpunkt der Diabetesdiagnose normalgewichtig waren, eine höhere Sterblichkeit hatten als Menschen, die zum Zeitpunkt der Diagnose mollig beziehungsweise dick waren (Carnethon et al, 2012). In dieser Studie wurde leider kein Unterschied zwischen molligen und dicken Probanden gemacht.

Eine große systematische Übersicht, die die Ergebnisse von insgesamt 43 Studien auswertet (eine sogenannte Metaanalyse), zeigt, dass sich die Sterblichkeit von molligen Menschen nicht von der normalgewichtiger Menschen unterscheidet (Lenz et al, 2009).

Erst wenn der Body-Mass-Index über 30 liegt, also in der Gruppe der dicken Patienten, finden die Autoren eine Zunahme der Sterblichkeit. Dieser Zusammenhang lässt sich jedoch nur bis zum 50. Lebensjahr feststellen. Mit steigendem Lebensalter wird die Beziehung zwischen Dicksein und Verkürzung der Lebenserwartung immer geringer. Nach dem 65. Lebensjahr ist Dicksein kaum oder gar nicht mehr mit einer verkürzten Lebenserwartung verbunden. In einer weiteren Studie fand man, dass jüngere (gesunde) Menschen sogar eine höhere Lebenserwartung haben, wenn sie dick sind (Berentzen et al, 2010). In dieser Studie wurden Menschen mit einem BMI bis 40 untersucht.

Damit gibt es immer mehr Zahlen, die zeigen: Die Behauptung, mollige Menschen seien gefährdeter (höheres Krankheitsrisiko) oder hätten eine kürzere Lebenserwartung (höheres Sterblichkeitsrisiko), kann nicht aufrecht erhalten werden und ist durch Studien nicht eindeutig belegt. Neuere Studien zeigen sogar das Gegenteil (Flegal et al, 2013, Peters und McEwen, 2015). Die Ergebnisse von Studien, die sich mit dem Zusammenhang von Sterblichkeit und Dicksein befassen, sind nicht so einheitlich wie bei den Molligen, dennoch gibt es auch hier Studien, die zeigen, dass dicke Menschen im Vergleich zu normalgewichtigen eine geringere Sterblichkeit oder zumindest keine erhöhte Sterblichkeit aufweisen (Berentzen et al, 2010, Cameron et al, 2012, Hamer und Stamatakis, 2012).

Mollige Menschen haben eine Lebenserwartung, die mindestens genauso hoch ist wie die normalgewichtiger Menschen. Es gibt neuere Studien, die sogar zeigen, dass mollige Menschen länger leben. Auch für dicke Menschen (BMI von 30 und mehr) konnte in einigen Studien gezeigt werden, dass deren Lebenserwartung nicht niedriger ist als die von normalgewichtigen Menschen.

Es gibt noch einen Aspekt, der zu beleuchten ist. Auch wenn die wissenschaftlichen Erkenntnisse bezüglich der Molligen eindeutig sind – was ist mit den Dicken? Ihnen sitzt der Abnehm-Terror am schlimmsten im Nacken.

Ist es wissenschaftlich belegt, dass eine Gewichtsabnahme bei dicken Menschen das Krankheitsrisiko senkt oder die Lebenserwartung steigen lässt?

Falls nein, dann sollte sich jeder Arzt (jede Ärztin) fragen, auf welcher Grundlage er (sie) überhaupt eine Gewichtsabnahme empfehlen darf.

Zu dieser Frage gibt es nur wenige Untersuchungen und Ergebnisse, und diese beschränken sich auf eine einzige Methode. Das ist der chirurgische Eingriff an Magen und Darm, der auf eine Gewichtsabnahme abzielt (die sogenannte bariatrische Operation). In einer schwedischen Studie mit dicken Menschen konnte gezeigt werden, dass bariatrische Operationen zu einer langfristigen Gewichtsabnahme und auch zu einer Senkung der Sterblichkeit führen können (Sjöström et al, 2007). Dieser Studie muss jedoch angelastet werden, dass es sich um keine «randomisierte» Studie handelt, die die Testpersonen durch ein Zufallsverfahren in die Gruppen einteilt. Da es sich bei der Randomisierung um ein wissenschaftliches Standardvorgehen handelt, wird durch ihr Fehlen die wissenschaftliche Überzeugungskraft des Studienergebnisses stark abgeschwächt.

Außerdem gilt es zu bedenken, dass derartige chirurgische Eingriffe weitreichende Auswirkungen auf den Stoffwechsel haben und nicht direkt mit einer «gewöhnlichen» Gewichtsabnahme durch Diäten oder Bewegung verglichen werden können. Schauen wir darum, ob es Studien zum Thema Gewichtsabnahme durch Bewegung und Diät gibt, die vermeintlichen Allheilmittel schlechthin, die jedem dicken Menschen angepriesen werden. Sie werden sich über das Ergebnis wundern: Es gibt zum jetzigen Zeitpunkt keine Studiendaten, die beweisen, dass eine Gewichtsabnahme durch Diäten oder Bewegung oder eine Kombination von beidem einen Einfluss auf die Lebenserwartung hat!

Wie sieht es des Weiteren mit dem Erkrankungsrisiko dicker Menschen im Vergleich zu normalgewichtigen Menschen aus? Wer dick ist, ist auch kränker, so heißt es.

Interessanterweise existieren nur wenige Studien, die diesen Zusammenhang wirklich nachweisen konnten: Betrachtet man das Risiko eines molligen Menschen, einen Herzinfarkt zu bekommen, so findet man in unterschiedlichen Studien widersprüchliche Ergebnisse. Neben Studien, die zeigen, dass mollige Menschen häufiger einen Herzinfarkt bekommen, gibt es auch Studien, die zeigen, dass mollige und auch dicke Patienten, die einen Herzinfarkt erleiden, seltener als Normalgewichtige einen erneuten Herzinfarkt bekommen oder sterben (Romero-Corral et al, 2006).

Dick zu sein hat Vorteile und Nachteile, genauso, wie dünn zu sein. Dicke Menschen bekommen häufiger Refluxerkrankungen (vermehrter Rückfluss der Magensäure in die Speiseröhre) oder Asthma, aber seltener bestimmte Krebserkrankungen. Sie haben zwar statistisch gesehen häufiger eine Gelenksarthrose, aber seltener orthopädische Komplikationen wie Knochen- und Hüftbrüche (Lenz et al, 2009). Dicke Menschen haben ein höheres Risiko als dünne Menschen, einen Typ 2 Diabetes zu bekommen (Hartemink et al, 2006, Meisinger et al, 2006). Die Ergebnisse sind unterschiedlich und teilweise auch durch die Studienbedingungen beeinflusst.

Derart unterschiedliche Ergebnisse bieten unserer Einschätzung nach nicht wirklich eine gute Grundlage, um klare Behauptungen über Zusammenhänge und Ursachen aufzustellen!

Noch weniger halten wir es für gerechtfertigt, diese teils sogar widersprüchlichen Ergebnisse heranzuziehen, um molligen und dicken Menschen die Empfehlung zu geben, sie sollten abnehmen.

Stellen Sie sich vor, Ihr Arzt verschreibt Ihnen in der Sprechstunde ein Medikament und erklärt Ihnen: «Ich rate Ihnen dringend, diese Tablette morgens und abends einzunehmen. In einigen Studien hat das

Medikament eine gute Wirkung gezeigt und die Lebenserwartung verlängert. In anderen Studien wurde aber das Gegenteil gezeigt. Sie müssen Sie unbedingt einnehmen.» Wie sähe Ihre Reaktion wohl aus?

Mit dem Wissen um diese Zusammenhänge möchten wir Sie einladen, sich ganz entspannt in Ihren Sessel zurückzulehnen, denn:

> Die Bedeutung des Gewichts als krankmachender Faktor wird überschätzt.

Der Film in unseren Köpfen vom «kranken» Dicken und vom «gesunden» Schlanken wird durch Ergebnisse wissenschaftlicher Studien nicht gestützt.

Wie schon weiter oben erläutert, wird in den meisten Studien zum Thema Übergewicht der Body-Mass-Index als entscheidender Parameter gemessen, obwohl inzwischen anerkannt ist, dass das Gewicht allein kein zuverlässiger Risikomarker für Herz-Kreislauf-Erkrankungen ist. Eine wichtige Rolle spielt stattdessen das sogenannte viszerale Fett, das sich in der Bauchhöhle des Menschen befindet (Larsson et al, 1984). Das Ausmaß des viszeralen Fetts lässt sich einfach und recht zuverlässig durch die Messung des Bauchumfanges eines Menschen abschätzen (Peters und McEwen, 2015).

Ebenso anerkannt ist aber, dass es keine einfachen Formeln gibt, die die mollige oder dicke Figur von Menschen mit ihrem individuellen Krankheitsrisiko beschreiben. Dazu passt die Beobachtung, dass ein Teil der molligen und der dicken Menschen keine begleitenden Stoffwechselerkrankungen hat (Stefan et al, 2013, Morkedal et al, 2014). Anders gesagt:

Wir können aus der Figur eines Menschen nicht den Gesundheitsverlauf in seinem Leben vorhersagen.

Die Veranlagung zu Molligkeit und Dicksein ist erblich. In neuesten Studien konnte die genomische Lokalisation dieser Anlagen (also der Ort der Erbinformation im Zellkern) nachgewiesen werden (Smemo et al, 2014). Das heißt: Menschen bringen unterschiedliche Konstitutionsveranlagungen mit auf die Welt, und diese führen dazu, dass manche einen schlanken Körperbau haben und andere eben einen fülligeren, wobei es dazwischen eine große Bandbreite an Variationen gibt.

Die Erkenntnis, dass der Körperbau eines Menschen erblich ist, scheint zunächst banal. Wenn wir diese Tatsache aber wirklich anerkennen würden, gäbe es per se keine guten Gründe für die Forderung, Menschen sollten unbedingt das «Normalgewicht» erreichen. Der Körperbau eines Menschen ist ein biologisches Merkmal und lässt keine Wertung zu!

Der Druck, der auf einem Menschen lastet, der ständig damit beschäftigt ist, abnehmen zu wollen (oder zu sollen), und der sich auch noch schuldig fühlt, wenn es nicht klappt, ist nicht nur für das Wohlbefinden, sondern auch für die Gesundheit schädlich. Der Diätenwahn und Abnehm-Zwang ist im Sinne einer Gewichtsabnahme schlichtweg kontraproduktiv, wie Sie später lesen werden. Mit solchem Druck im (Hinter-)Kopf kann eine Gewichtsreduktion nicht gelingen. Wenn sie überhaupt gewollt wird.

Wir gehen darum noch einen Schritt weiter und sagen:

Es gibt keine einheitliche Faktenlage, die den Schluss zulässt, dass mollige und dicke Menschen abnehmen müssten.

4.2 Gewicht und Diabetes

Sie wissen nun, dass es keine einheitlichen Studienergebnisse gibt, die die Empfehlung zulassen, mollige und dicke Menschen müssten unbedingt abnehmen. Sie haben sich aber sicher schon gefragt:

> Wie sieht es aus, wenn jemand Diabetes hat? Ist dann die Situation vielleicht anders? Sollte man dann doch abnehmen?

Im Folgenden beziehen wir uns auf Studien und Erkenntnisse, die für Menschen mit Typ 2 Diabetes gelten.

Zwei Fragen wollen wir hierzu klären. Die erste lautet: Hat abnehmen eine Auswirkung auf die Einstellung des Diabetes? Anders gesagt: Werden dadurch die Blutzuckerwerte besser? Die Erfahrungen aus der Praxis zeigen, dass schon eine geringe Gewichtsabnahme von wenigen Kilos die Blutzuckerwerte sinken lässt und dann oft weniger Medikamente oder geringere Insulinmengen zur Diabetesbehandlung ausreichen. Wenn Patienten fünf bis zehn Kilogramm und mehr abnehmen, ist es in seltenen Fällen – für einen begrenzten Zeitraum – möglich, ganz auf Insulin zu verzichten.

Kann diese Wirkung auf die Blutzuckerwerte wissenschaftlich nachgewiesen werden? In einer großen amerikanischen Studie mit über 5000 Patienten mit Typ 2 Diabetes (und einer Studiendauer von über neun Jahren) wurde diese Frage untersucht. Dicke Menschen

(BMI von 30 oder mehr) mit Typ 2 Diabetes nahmen an einem Programm teil, dessen Ziel darin bestand, durch regelmäßige Bewegung, eine Ernährung mit wenig Kalorien und eine entsprechende Schulung Gewicht zu reduzieren (Look Ahead Res. Group, 2013).

Bei den Patienten, denen eine Gewichtsabnahme gelang, sanken die Blutzuckerwerte (beziehungsweise der Blutzucker-Langzeitwert HbA1c). Die Patienten nahmen höchstens neun Prozent ihres Körpergewichts ab. Bei einem Gewicht von 90 Kilogramm sind das höchstens acht Kilogramm. Im ersten Jahr konnte die positive Auswirkung der Gewichtsabnahme anhand besserer Blutzuckerwerte festgestellt werden. Im zweiten Jahr wurde der Einfluss auf die Blutzuckerwerte jedoch schon geringer. Die Blutzuckerwerte (beziehungsweise der Langzeitwert HbA1c) stiegen im Laufe der Jahre wieder bis zum Erreichen des Ausgangswertes an, obwohl die Studienteilnehmenden immer noch ein niedrigeres Gewicht hatten!

Eine Gewichtsabnahme kann also kurzfristig zu einer Verbesserung der Blutzuckerwerte führen, hat aber keinen langfristigen, über viele Jahre andauernden Einfluss darauf.

Menschen, die Typ 2 Diabetes haben, können durch eine mäßige Gewichtsabnahme für eine Dauer von ein bis zwei Jahren bessere Blutzuckerwerte erreichen.

Die zweite Frage lautet: Kann sich eine Gewichtsabnahme bei Menschen mit Diabetes auf das Risiko für andere Erkrankungen oder auf ihre Lebenserwartung auswirken?

Genau diese Thematik war die eigentliche Frage der oben erwähnten amerikanischen Studie (Look Ahead Res. Group, 2013). Das Ergebnis ist deutlich: Nach neun Jahren Studiendauer bekamen die Patienten, die durch Diät und Bewegung an Gewicht abgenommen hatten, genauso häufig schwerwiegende Erkrankungen in Form von Herzinfarkt,

Schlaganfall oder Herzschwäche wie die Patienten in der Vergleichsgruppe. Letztere hatten sich nicht mit einer Diät herumgeplagt und ihr Bewegungsverhalten nicht geändert.

Die Gewichtsabnahme hatte keine positiven Auswirkungen auf schwerwiegende Erkrankungen und wirkte sich auch nicht positiv auf die Lebenserwartung aus. Die Ergebnisse der Studie waren so eindeutig, dass diese nach neun Jahren vorzeitig abgebrochen wurde.

Es ist nicht wissenschaftlich bewiesen, dass eine Gewichtsabnahme bei Menschen mit Typ 2 Diabetes das Risiko für Krankheiten wie Herzinfarkt oder Schlaganfall senkt. Ebenso wenig bewiesen ist, dass eine Gewichtsabnahme die Lebenserwartung verlängert.

Diese Erkenntnisse bedeuten, dass wir und Sie, liebe Leserinnen und Leser, uns von der Annahme verabschieden müssen, ein Mensch mit Diabetes müsse unbedingt abnehmen. Oder vielleicht dürfen wir jetzt schon sagen: Sie dürfen sich vom Druck, abnehmen zu müssen, befreien. Es gibt zum heutigen Zeitpunkt keinen wissenschaftlich eindeutigen Nachweis, dass Sie mit weniger Gewicht gesünder leben!

Damit möchten wir nicht in Frage stellen, dass es im Leben eines Menschen ein riesengroßes Handicap bedeuten kann, wenn dieser durch sein Gewicht so eingeschränkt ist, dass er sich nur noch wenig bewegen und dadurch an vielen Aktivitäten nicht teilnehmen kann. Desgleichen ist es möglich, mit weniger Pfunden ein anderes Wohlbefinden und eine bessere Lebensqualität für sich zu erreichen. Das Glücksgefühl, wieder einen Spaziergang mit dem eigenen Vierbeiner und ohne Luftknappheit machen zu können, kann riesengroß sein. Solch ein Entschluss für ein Leben mit mehr Lebensqualität muss jedoch auf individuellen Erfahrungen und einer freien Entscheidung beruhen, die man für sich ganz alleine trifft. Nicht gerechtfertigt ist es, Menschen mit scheinbar wissenschaftlich fundierten Empfehlungen zu drangsalieren.

4.3 Gewichtsabnahme und Ernährung

Ganz kurz möchten wir auf unserem Flug noch einen kleinen Looping zum Thema Ernährung und Diäten machen – zu unserem gemeinsamen Vergnügen:

Was auch immer man Ihnen an Diäten vorgeschlagen hat oder Sie ausprobiert haben, sei dies Low-Carb, Low-Fat, Trennkost, «FdH», Paleo-Diät, Glyx-Diät, Fatburner-Diät, Formula-Diäten – die wissenschaftlichen Untersuchungen sprechen ein klares Wort:

Es gibt fast keine Empfehlung zum Thema gesunde Ernährung, die wirklich wissenschaftlich stichhaltig ist – in der Wissenschaft spricht man von einem hohen Evidenzgrad – und behaupten kann, entscheidend zu Ihrer Gesundheit beizutragen. Nur Weniges ist gesichert, und dieses Wenige lässt sich oft schlecht umsetzen (siehe Nationale Versorgungsleitlinien Ernährung, 2013). Ein Beispiel, das vorrangig Ihrer Unterhaltung dienen soll, ist die «gesicherte» Empfehlung, täglich 40 Gramm Ballaststoffe zu sich zu nehmen. Um sich diese Menge Ballaststoffe zuzuführen, müssten Sie zum Beispiel 400 Gramm Haferkleie oder vier Kilogramm Gurken oder zwei Kilogramm Tomaten essen.

Also atmen Sie doch bitte entspannt durch. Es gibt keine sinnvolle oder langfristig erfolgreiche Diät, die nachgewiesenermaßen besonders gesund ist oder gar eine langfristige erhebliche Gewichtsabnahme garantiert. Durch eine Diät gelingt es dauerhaft höchstens zehn Prozent des Körpergewichtes abzunehmen. Aber: Früher oder später (spätestens nach fünf Jahren, meistens aber schon viel früher) landen Menschen nach einer Diät in der Regel wieder bei ihrem Ausgangsgewicht.

Noch fataler ist, dass Diäten selbst Stress verursachen und zu einer Ausschüttung von Stresshormonen führen (Nuttall et al, 2003, Tomiyama et al, 2010). Dies ist gesundheitsschädlich und kontraproduktiv, weil Stresshormone wie das körpereigene Cortisol eine Gewichtsabnahme nicht nur verhindern, sondern sogar das Gegenteil bewirken können. Eine Diät ist also ein gutes Mittel, eine langfristige Gewichtsabnahme zu verhindern.

Das war nun unser kurzer Looping, an dessen Ende die klare Erkenntnis steht:

> Diäten machen keinen Sinn, bringen keinen langfristigen Erfolg, und darum sollten wir Diäten einfach sein lassen.

Nun steht auf unserem Spazierflug in der ersten Reihe ein Fluggast auf. Er hat einen ordentlichen Bauch, wie unter dem abstehenden karierten Flanellhemd deutlich zu sehen ist. Er hat leicht zerzaustes Haar und trägt eine randlose Brille. Seine Stirn liegt in Falten, als er sich zu den anderen Fluggästen umdreht: «Aber das verstehe ich nicht – warum ist das so, dass Diäten so wenig Erfolg zeigen? Warum schaffen die meisten Menschen es nicht abzunehmen? Ich denke, es genügt, einfach weniger zu essen, dann muss das doch klappen! So haben wir es im Medizinstudium doch gelernt: Kalorien reduzieren führt zu Gewichtsabnahme. Jedes Pfund muss durch den Mund, haben wir immer gewitzelt. Und das soll nun nicht mehr gelten? Das ist doch nur eine Frage des eisernen Willens! Und der Disziplin!»

Die Fluggäste beginnen leise zu murmeln. Es knackt in den Lautsprechern. Dann kommt aus dem Cockpit plötzlich eine 1,55 Meter große, dunkelhaarige junge Frau. Sie stellt sich als die Kopilotin vor und beginnt zu reden:

«Meine Damen und Herren, ich habe mich eben entschlossen, mich persönlich an Sie zu wenden. Was Sie jetzt hören, ist nicht nur wissenschaftlich bewiesen, sondern auch brandneu, überraschend und stößt alte Weisheiten um. Und häufig, wenn alte Glaubenssätze über Bord geworfen werden müssen, gibt es viele Menschen, denen es schwerfällt, das Neue anzunehmen. Neues zu akzeptieren hat manchmal ja auch zur Konsequenz, dass Machtpositionen aufgegeben werden müssen. Lassen Sie mich etwas erzählen über die wirklichen Ursachen, die hinter Übergewicht und Diabetes stehen. Sie werden staunen und vieles anders sehen als bisher.»

Der Arzt im Flanellhemd hat sich wieder in seinen Sessel bequemt, nicht ohne vorher ein lautes «tsss», begleitet von einem abfälligen Verziehen der Mundwinkel, von sich gegeben zu haben. Neben ihm sitzt offensichtlich seine Frau, die ihm beruhigend den Arm tätschelt und etwas murmelt.

Die Kopilotin setzt sich auf die Lehne eines Sitzes, dreht sich zum Gang hin und beginnt lächelnd zu sprechen:

«Die Forschungsgruppe um Professor Achim Peters in Lübeck beschäftigt sich mit der Frage nach den Ursachen von Übergewicht. Seine ‹Selfish-Brain-Theorie› (‹selfish brain› bedeutet so viel wie ‹egoistisches Gehirn›) ist wissenschaftlich anerkannt und besagt, dass unser Gehirn als oberste Schaltzentrale immer dann, wenn es zu einem ‹Versorgungsengpass› in der Energieversorgung des Gehirns kommt, dafür sorgt, dass wir essen. Die Ursache dafür, dass wir dick werden, liegt ursächlich an solch einem Versorgungsengpass im Gehirn. Dieser kann unter bestimmten Umständen entstehen (Peters et al, 2004, Peters et al, 2009, Peters und McEwen, 2015).

Früher – bitte denken Sie an unsere Vorfahren in der Steinzeit – oder in schlechten Zeiten wie Krieg oder allgemeine Armut mag ein Versorgungsengpass des Gehirns tatsächlich durch mangelndes Nahrungsangebot entstanden sein. In solch einer Situation sichert das Gehirn als oberste Instanz unser Überleben, indem alle anderen Stoffwechselvorgänge und Verhaltensweisen der Nahrungsaufnahme beziehungsweise Nahrungssuche untergeordnet werden. Und gerade weil dies überlebenswichtig ist, ist unser Organismus so gebaut, dass er sich in einer derartigen Notsituation dem Gehirn unterordnen *muss*. Es ist nicht möglich, sich mit einem ‹starken Willen› oder mit Disziplin etwas anderem als der Nahrungsaufnahme beziehungsweise -beschaffung zuzuwenden. Dies hat auch seinen Sinn. Es sichert schlichtweg unser Überleben.

Um seinen Energiebedarf ausreichend zu sichern und somit das Überleben des Menschen zu garantieren, bedient sich das Gehirn des sogenannten Stresssystems. Das Stresssystem besteht unter anderem aus einer Reihe von Stresshormonen, die im Gehirn gebildet und ausgeschüttet werden und über die Blutbahn im gesamten Körper verteilt werden. Eines der wichtigen Zielorgane sind unsere Nebennieren, in denen wiederum das schnelle Stresshormon Adrenalin gebildet und ausgeschüttet wird. Adrenalin dockt an den verschiedenen Organen und an den Blutgefäßen an und ermöglicht die ‹fight or flight›-Reaktion – Kampf oder Flucht-Reaktion – des Körpers. Die Atemwege werden weiter, damit mehr Sauerstoff aufgenommen werden kann, die Durchblutung der Muskeln, die fürs Wegrennen oder für einen Kampf benötigt werden, wird gesteigert, Energie in Form von Zucker wird aus den Körperreserven bereitgestellt und so weiter.

«fight or flight» (Kampf oder Flucht)

Cortisol, das ebenfalls in den Nebennieren gebildet und von dort ausgeschüttet wird, ist das zentrale Stresshormon, das langanhaltende Wirkungen ausübt. Es ist für das Meistern kurzfristiger Stresssituationen notwendig. Ist Cortisol jedoch dauerhaft erhöht, kann es viele schädliche Nebenwirkungen entfalten – für Geist und Körper: Blutdruckerhöhung, Entwicklung eines Diabetes, Förderung arteriosklerotischer Veränderungen, Übergewicht, permanente Stimmungsschwankungen bis hin zu Depressionen. Außerdem beschleunigt es die Alterung des Körpergewebes (Peters und McEwen, 2015).

Eine dauerhafte Erhöhung des Cortisols im Blut ist ein Hinweis auf chronischen Stress. Es gibt sogar Studien, die zeigen, dass erhöhte Cortisolwerte ein Risikomarker für eine verkürzte Lebenserwartung sind (Kumari et al, 2011, Vogelzangs et al, 2010).

Cortisol, das zentrale Stresshormon, das unser Körper bildet, erhöht den Blutzucker.

Normalerweise gelangt Cortisol über die Blutbahn zurück zum Gehirn und bindet dort an spezielle Cortisol-Rezeptoren (Andockstellen innerhalb der Nervenzellen im Gehirn). Diese Bindung führt dazu, dass die Stressreaktion wieder beendet wird – das Stresssystem schaltet sich quasi selbst wieder ab. Die Stressreaktion zu beenden macht Sinn, sonst würde das Notfallprogramm Stress dauerhaft hochtourig feuern.

Es leuchtet ein, dass die Aktivierung des Stresssystems im Gehirn für unsere Vorfahren, die noch Sammler und Jäger waren, entscheidend war – sowohl was ihr individuelles Überleben betraf als auch das Überleben ihrer Art im Laufe der Evolution. Aber was hat dies noch mit unserer Realität heute zu tun? Wann sind wir Stress ausgesetzt, und was ist Stress?

Wann stehen wir jemals vor leeren Regalen im Supermarkt? Wann begegnet uns auf der Straße ein Mammut oder ein Tiger?

Unser Leben findet in einem anderen Szenario statt. Wirklich lebensbedrohlichen Situationen begegnen wir glücklicherweise eher selten in unserem Leben. Stresserlebnisse finden wir im Alltag zum Beispiel im Berufsleben in Form von raschen Veränderungen und wachsenden, neuen und breit gefächerten Anforderungen; befristeten Arbeitsverträgen; Konkurrenz auf jeder Ebene beruflicher Positionen; erheblichem Leistungsdruck mit der Gefahr, entlassen zu werden; somit auch in Form von Existenzangst; von Konflikten mit Vorgesetzten und Mobbing einzelner Mitarbeiter. All dies kann Stress bedeuten. Viele familiäre Strukturen haben ebenfalls einen gesellschaftlichen Wandel erfahren. So gibt es zum Beispiel immer häufiger alleinerziehende Erwachsene, die sich die Erfüllung beruflicher und familiärer Verpflichtungen aufteilen müssen und im Konflikt stehen, allen Aufgaben gerecht zu werden. Dies sind nur einige Beispiele für stressreiche Situationen, die uns im Alltag begegnen können.

Dabei hängt es stark von den persönlichen Erfahrungen ab, ob ein Mensch eine Situation als stressreich empfindet. Die gleiche Situation muss nicht für jeden Menschen Stress bedeuten – Stresswahrnehmung und der Umgang mit Stress sind höchst individuell. Man ist jedoch der eigenen Lerngeschichte nicht hilflos ausgeliefert. Die Wahrnehmung und die Bewertung von Stress im Gehirn sind veränderbar. Stressempfinden kann ‹umgelernt› werden.

Interessanterweise gibt es zwei unterschiedliche Reaktionsweisen auf chronischen Stress: Es gibt Menschen, die bei anhaltenden Stressereignissen an Gewicht abnehmen (oder ihr Gewicht halten). Wiederholter und andauernder Stress bewirkt bei ihnen eine dauerhafte Aktivierung ihres Stresssystems. Es ist sozusagen ständig auf «on». Dies hat unter anderem zur Folge, dass das wichtigste und gefährliche Stresshormon Cortisol bei diesen Menschen im Blut ständig erhöht ist.

Menschen, die derart auf chronischen Stress reagieren, haben typischerweise einen tendenziell schlankeren Körperbau mit einem Bauch. Eher schlanker sind sie, weil sie den höheren Energiebedarf des dauergestressten Gehirns zum großen Teil aus ihren eigenen Körperreserven decken. Der Bauch entwickelt sich, weil der Anteil ihres viszeralen, also Bauchhöhlenfetts, zunimmt. Professor Peters bezeichnet diese Gruppe von Menschen als Typ A (Peters und McEwen, 2015).

Nun gibt es eine zweite Gruppe von Menschen, die anders als der Typ A auf chronischen Stress reagieren: Sie nehmen an Gewicht zu (Typ B). Anfangs führt auch bei ihnen Stress zu einer Aktivierung ihres Stresssystems. Aber bei anhaltendem Stress schaltet sich ihr Stresssystem immer weniger an. Menschen vom Typ B sind in der Lage, ihr Stresssystem zu dämpfen. Dieser Anpassungsmechanismus ist nützlich. Die Ausschüttung des Stresshormons Cortisol normalisiert sich beim Typ B unter Dauerstress wieder. Einen Nachteil hat diese Anpassung allerdings: die Gewichtszunahme. Der Energiebedarf des unter Dauerstress stehenden Gehirns wird beim Typ B nicht vorrangig aus den eigenen Körperreserven wie Muskel, Leber oder Unterhautfettgewebe gedeckt, sondern aus der aufgenommenen Nahrung. Weil in solch einer Situation deutlich mehr Kalorien als sonst zu sich genommen werden – um die Energieversorgung des Gehirns zu gewährleisten – führt dies letzten Endes zu einem Energieüberschuss in den Fettdepots des Körpers (Peters und McEwen, 2015). Menschen vom Typ B werden dicker (Peters, 2011).

Die Ursache dafür, dass Menschen vom Typ B (bei anhaltendem Stress) mehr und mehr essen und mollig oder dick werden, ist die mangelhafte Energieversorgung des dauerhaft unter Stress stehenden Gehirns.

Heißhungerattacken, unbezähmbare Lustgefühle und übermäßiges Essen bei Dauerstress sind also nicht Zeichen von Willensschwäche und Zügellosigkeit, sondern entstehen dadurch, dass bei chronischem Stress der Energiebedarf des Gehirns nicht mehr mit normalem Essverhalten gedeckt werden kann. Professor Peters spricht von einer ‹Energiekrise des Gehirns›. Wissenschaftlich gesehen ist die Vorstellung zweier verschiedener Persönlichkeitstypen, die ihr Essverhalten unterschiedlich im Griff haben (etwa der Typus der Disziplinierten und Willensstarken und der Typus der dicken Willensschwachen) unsinnig.

Die moderne Stressforschung zeigt klar, dass die Stoffwechselreaktionen auf chronischen Stress bei Menschen vom Typ A anders sind als bei Menschen vom Typ B. Die schlankeren Menschen mit Bauch (Typ A) reagieren mit einer dauerhaft erhöhten Cortisolkonzentration im Blut, während die molligen Menschen (Typ B) bei Dauerstress kein erhöhtes Cortisol haben, also eine Anpassung an den Stress zeigen. Menschen vom Typ A haben ein höheres Risiko als Menschen vom Typ B, eine Herz-Kreislauf-Erkrankung wie einen Herzinfarkt zu bekommen und daran zu versterben (Peters und McEwen, 2015).

Dauerhafter Stress hat bei Menschen vom Reaktionstyp B eine Gewichtszunahme zur Folge.
Abnehmen funktioniert bei dauerhaftem Stress nicht.

Natürlich gibt es auch andere mögliche Ursachen für Übergewicht wie spezielle hormonelle Störungen – zum Beispiel das Polyzystische Ovar-Syndrom bei Frauen oder eine ausgeprägte Schilddrüsenunterfunktion. Außerdem können Nebenwirkungen von Medikamenten wie Antidepressiva und Neuroleptika eine Gewichtszunahme verursachen. In seltenen Fällen sind spezifische genetische Defekte die Ursache von Gewichtszunahme.

Wir befassen uns in diesem Kapitel nicht mit speziellen Ursachen von Übergewicht, sondern mit dem Mechanismus, der die häufigste und am weitesten verbreitete Ursache dafür ist, nämlich die Aktivierung des Stresssystems.

Bei permanenter Überaktivierung des Stresssystems kommt es aber auch zu weiteren hormonellen Veränderungen, zum Beispiel zu einem dauerhaften Insulinanstieg im Blut.

Insulin ist eines der Hormone, die in unserer Bauchspeicheldrüse gebildet werden. Es ist (mit seinem Gegenspieler Glucagon) hauptverantwortlich für die Regulation des Blutzuckerspiegels. Seine wichtigste Aufgabe ist es, den Blutzucker nach Bedarf in die Zellen einzuschleusen, damit diese ihn als Energielieferanten verwenden können. Insulin wird immer dann ausgeschüttet, wenn der Blutzucker steigt, also zum Beispiel nach einer Mahlzeit, die Zucker enthält. Wichtig ist es zu wissen, dass auch das Gehirn über Nervenbahnen die Ausschüttung von Insulin kontrolliert.

Der starke Einfluss des Gehirns auf die Insulinausschüttung macht sich besonders bei dauerhaft gestressten Menschen bemerkbar. Bei diesen Menschen können stressbedingte Veränderungen in der Verschaltung des Gehirns dazu führen, dass das Gehirn über seine Nervenbahnen zur Bauchspeicheldrüse den Befehl gibt, höhere Insulinkonzentrationen zuzulassen. So steigen nach einer Nahrungsaufnahme die Insulinkonzentrationen außerordentlich hoch an, was dazu führt, dass ein Großteil der aufgenommenen Energie im Muskel- und Fettgewebe abgespeichert wird. Darauf folgt langfristig eine Gewichtszunahme.

Als Vorstufe von Diabetes findet man bei vielen Menschen bereits vor dem Essen im Blut erhöhte Insulinkonzentrationen. Diese Veränderung findet man oft lange vor der Diagnose eines Diabetes. Die vermehrte Nahrungsaufnahme, die letztlich eine ausreichende Energieversorgung des Gehirns sichert, führt auf Dauer dazu, dass die Blutzuckerkonzentrationen ansteigen, was letzten Endes in einen Typ 2 Diabetes mellitus mündet (Pyykkönen et al, 2010, Speaker und Fleshner, 2012).

Stress ist eine der Ursachen von Typ 2 Diabetes.

Die Erkenntnis, dass Gewichtszunahme und Typ 2 Diabetes in starkem Maße stressbedingt sind, ist wissenschaftlich anerkannt (Wellen und Hotamisligil, 2005, Speaker und Fleshner, 2012, Sörensen et al, 2013, Peters und McEwen, 2015).

Stress beeinflusst nicht nur die Entstehung von Diabetes, sondern auch dessen Verlauf (Skaff et al, 2009, Peters, 2011).

> Stress verschlechtert die Blutzuckerwerte bei Menschen mit Diabetes.

Dauerhafter Stress ist nicht nur die Ursache für Gewichtszunahme und Typ 2 Diabetes, sondern auch eine wichtige Ursache von Herz-Kreislauf-Erkrankungen wie Bluthochdruck, Koronarer Herzkrankheit und Herzinfarkt (Brotmann et al, 2007, Steptoe und Kivimaki, 2012). Auch für einige Angsterkrankungen und Depression wird chronischer Stress als ein wesentlicher ursächlicher Faktor angesehen (Surtees et al, 2008).

Übergewicht, Diabetes, Herz-Kreislauf-Erkrankungen und Depression werden als ‹stressassoziierte Erkrankungen› bezeichnet. Tatsächlich bekommen Menschen mit einer dieser Erkrankungen überdurchschnittlich häufiger auch andere stressassoziierte Erkrankungen.

Wenn also Gewichtszunahme und Diabetes Folge von permanentem Stress sind, dann können Selbstkasteiung und Selbstkontrolle durch Diäten auf Dauer nicht funktionieren. Diäten verursachen Stress und kurbeln damit den Teufelskreis erst richtig an. Der Stress ist es, der die ganze Misere anfeuert und unterhält. Wenn die Ursache weiter am Lodern ist, muss jede Bemühung, am Gewicht etwas zu ändern, scheitern. Die Gewichtszunahme ist dabei als eine Art Symptom zu verstehen und nicht als Ursache.

Daraus folgt, dass die Behandlung an der Ursache, also am Dauerstress, ansetzen muss und nicht an den Auswirkungen. Nur wenn wir den Zusammenhang zwischen unserem Gefühlsleben, dem empfundenen Stress, und dem Stoffwechsel von Gehirn und Körper verstanden haben, können wir uns darüber unterhalten, welche Möglichkeiten es gibt, einen anderen Umgang mit Stress zu erlernen.

Nach dem langen Vortrag der kleinen Kopilotin herrscht im Flieger eine konzentrierte Ruhe. Der Karo-Mann in der ersten Reihe schaut verblüfft, sein Mund steht ein Stück weit offen.

Er hat soeben genau das verstanden, wofür wir in diesem Kapitel plädieren: Eine ganz neue und moderne Form der Diabetes-Therapie, die an der Ursache hoher Blutzuckerwerte ansetzt – den stressreichen Belastungen. Weil diese Therapie eben an der Ursache ansetzt, kümmert sie sich dabei nicht primär um das Thema Gewichtsabnahme. Und da die positive Wirkung einer Gewichtsabnahme noch nicht einmal bewiesen ist, nennen wir diese Therapie die

«gewichtsneutrale Diabetes-Therapie»

Was um Himmels willen mag dies denn nun bedeuten, fragt sich der eine Leser oder die andere Leserin.

In einer gewichtsneutralen Diabetes-Behandlung ist Abnehmen kein zwingendes Therapieziel.

Als Folge eines anderen Umgangs mit Stress, quasi als Nebenwirkung, kann es allerdings sein, dass Sie leichter abnehmen.

Das Flugzeug ist sanft gelandet, und Sie machen sich zum Ausstieg bereit. Vergessen Sie bitte Ihr Köfferchen nicht. Sie verlassen das Flugzeug, sehen in den blauen Himmel, und die Sonne strahlt. Die Luft riecht nach Frühling. Sie lesen auf einem Transparent, das vor dem Flughafengebäude angebracht ist:

Eine gute Diabetesbehandlung setzt an der Ursache an.
Deshalb ist das Ziel ein besserer Umgang mit Stress.
Dieses Behandlungskonzept nennen wir die gewichtsneutrale Diabetes-Therapie.

Das bedeutet, dass wir uns von allem Druck befreien können, abnehmen zu müssen oder anderen Menschen zur Gewichtsabnahme zu verhelfen. Wir wollen stattdessen an der Ursache ansetzen. Damit meinen wir die Verbesserung des eigenen Stressmanagements.

Wie kann ich das denn erreichen, fragen Sie sich jetzt vielleicht.

Sie ahnen es nicht nur, Sie wissen es bereits: Ein hochwirksamer und genussvoller Weg dahin ist das Zürcher Ressourcen Modell, das Sie aus unserem Buch kennen. Mit ZRM, einem Selbstmanagement-Verfahren, lernen Sie, Ihre Gefühle so zu regulieren, wie Sie es möchten und für angebracht halten.

Sie haben gelesen, dass ZRM Sie in die Lage versetzt, Ihre Stärken zu erkennen und diese einzusetzen. Es ermöglicht Ihnen, den Strahler für Ihre «Bühne» aufzudrehen und sich zu bestimmten Dingen zu motivieren. Sie lernen, wie Sie es schaffen können, Ihre Vorhaben in die Tat umzusetzen. ZRM ist aber auch eine Methode in ihrem Schatzkästchen, wenn Sie den Dimmer für negative Gefühle, die Ihnen Ärger, Sorgen und Stress verursachen, selber bedienen können. Dadurch lernen Sie, wie Sie sich selbst «beruhigen» können. Es wäre unrealistisch zu glauben, dass Ihnen keine stressreichen Situationen mehr begegnen werden. Darum ist auch das Herunterdimmen negativer Gefühle eine Hilfe, um mit Stress besser umzugehen.

Dass dies funktioniert, konnte in einer ZRM-Studie mit Studierenden nachgewiesen werden. Eine Gruppe von Probanden nahm an einem ZRM-Stresstraining teil, wie Sie es aus dem Kursteil dieses Buches kennen. Vier Monate später schickte man sie in eine zwar nachgestellte, aber dennoch äußerst stressige Prüfungssituation. Die Studierenden, die vorher das ZRM-Training mitgemacht hatten, schütteten in der Prüfungssituation deutlich weniger Cortisol aus als eine Gruppe von Studierenden, die in der gleichen stressreichen Prüfungssituation waren, aber vorab kein ZRM-Training bekommen hatten (Storch et al, 2007).

Auch was das Gewicht betrifft, sind für das ZRM-Training positive Ergebnisse nachgewiesen. In einer Studie mit gesunden Probanden wurde die gesundheitsfördernde Wirksamkeit von ZRM untersucht. Die Probanden nahmen an einem Programm teil, das aus ZRM-Training in Kombination mit Entspannungsverfahren und Bewegung bestand. Obwohl die Teilnehmer weder Empfehlungen noch Einflussnahme bezüglich ihrer Ernährung erhielten, nahmen sie nach dem ZRM-Training «ungewollt» beziehungsweise nicht beabsichtigt an Gewicht ab. Die Gewichtsabnahme hielt über zwei Jahre nach dem Training an (Storch und Olbrich, 2011). Das Ergebnis belegt die Selfish-Brain-Theorie von Professor Peters passgenau.

Liebe Leserinnen und Leser, unser Ausflug ist zu Ende. Sie können jetzt den Flughafen verlassen und sich auf Ihren ganz persönlichen Weg machen. Sie dürfen Ihren neuen, so inhaltsreichen wie kinderleichten Koffer mitnehmen, sich auf ihn setzen, wenn Sie eine Pause brauchen, und sich daraus bedienen, wenn Sie es möchten! Sollte Sie wieder jemand auf Ihr Gewicht ansprechen oder ein Arzt behaupten, Sie müssten unbedingt abnehmen, dann nehmen Sie Ihr Köfferchen, schwenken es hin und her und lächeln wissend. Diesen Bären lassen Sie sich ab jetzt nicht mehr aufbinden!

5 Die Selbstcoaching-Phase

5.1 Erstes Treffen

Vier Wochen sind vergangen, seitdem unsere Helden den ZRM-Kurs «Dolce vita» besucht haben. Nun treffen sich alle mit Dorabella, um zu berichten, wie es ihnen in dieser Zeit mit dem neuen Motto-Ziel ergangen ist. Von ihren Erfolgen sollen sie berichten, aber auch von den Schwierigkeiten, die es zu bewältigen gilt.

Dorabella hat alles vorbereitet, spaziert genüsslich durch den hellen Seminarraum und genießt die ruhige Atmosphäre – sie freut sich auf das, was die Teilnehmenden zu berichten haben. Wie oft haben sie sich mit ihrem neuen Motto-Ziel beschäftigt? Haben sie ihm genügend Chancen gegeben, erfolgreich aktiviert zu werden? Wie sind sie nach Misserfolgen mit sich umgegangen? Konnten Sie die Kraft ihres Motto-Ziels schon spüren und Vertrauen fassen, dass es in einigen Monaten von alleine «flutschen» wird? Dorabella hat sich einen Milchkaffee zubereitet und trinkt Schluck für Schluck, als die Tür des Seminarraums aufgeht und Elvira, Leander und Renate fröhlich schwatzend hereinkommen. Sie haben sich draußen vor der U-Bahnstation getroffen und sind gemeinsam zum Treffpunkt gegangen. «Dorabella, hoffentlich bist du einverstanden: Wir haben beim Süßkramdealer hier gleich um die Ecke für uns alle eine Mittag-Brotzeit bestellt. Da gibt's so köstliches Essen!»

«Na klar, bin ich einverstanden», sagt Dorabella, «wenn Christoph und Steffi eintrudeln, können wir ja gleich loslegen. Ich bin schon sehr gespannt.» Doch die beiden lassen auf sich warten, und so richten sich die anderen häuslich auf ihren Plätzen im Stuhlkreis ein und nehmen sich vom vorbereiteten Tee oder Kaffee. Kurz nach der vereinbarten

Uhrzeit wird die Tür zum Seminarraum mit Schwung geöffnet, und Steffi und Christoph wehen herein: «Oh, entschuldigt bitte die Verspätung», lächelt Steffi verlegen, und Christoph ergänzt: «Ich habe Steffi ein Stück mit dem Auto mitgenommen. Der Verkehr war doch recht dicht hier in der Stadtmitte.» «Kein Problem, kommt erst einmal in Ruhe an, nehmt euch etwas zu trinken, und macht es euch gemütlich», besänftigt Dorabella.

Nachdem Ruhe eingetreten ist, beginnt Dorabella mit einer kleinen Einleitung: «Ihr befindet euch jetzt schon seit vier Wochen in der wichtigen Selbstcoaching-Phase. Sie dient der Stärkung und dem Wachstum eures neuen Motto-Ziels, das ja, wie ihr euch wahrscheinlich erinnert, eine neu angelegte Verbindung von Nervenzellen im Gehirn ist, ein sogenanntes neuronales Netz. Dieses junge neuronale Netz – euer Motto-Ziel-Netz – war wie ein Neugeborenes, als ihr aus dem Kurs nach Hause gingt. Nach Kursende begann die Selbstcoaching-Phase, in der ihr auf euch alleine gestellt wart. Inzwischen hattet ihr bestimmt schon einige Gelegenheiten, Erfahrungen mit dem Motto-Ziel zu sammeln. Wenn euer neues Motto-Ziel-Netz oft und dabei auch erfolgreich aktiviert wurde, hatte es die Gelegenheit zu wachsen, dicht und immer stärker zu werden, so dass es in Zukunft leichter aktiviert werden kann. Das führt irgendwann dahin, dass es nur durch wenige Reize oder sogar durch einen einzigen Reiz aktiviert wird. Darum ist es auch ganz entscheidend, dass ihr euch jetzt, in dieser Phase, mit dem Motto-Ziel-Netz befasst und es nicht einfach in dem Stadium belasst, in dem es nach Kursende war. Wenn es also benutzt und trainiert wird, kann es vom Krabbelkind zum laufenden und schon sprechenden Vorschulkind wachsen. Wenn ihr es aber in der Besenkammer verstauben lässt, dann wird es ziemlich sicher im Laufe der Zeit in Vergessenheit geraten.

Dass sich euer Motto-Ziel-Netz irgendwann automatisch, völlig mühelos und von alleine abspult, das ist das eigentliche Ziel der Selbstcoaching-Phase. In der Wissenschaft spricht man davon, dass das Motto-Ziel dann ins implizite Wissen übergegangen ist. Damit ist gemeint, dass es ohne das Dazutun des Bewusstseins und ohne Anstrengung automatisch aktiviert werden kann. Erinnert euch an Ludovicas Beispiel: Wenn ihr Italienisch lernt, gibt es zu Beginn einen langen Zeitraum, in dem ihr nachdenken müsst, wie man etwas ausdrückt oder was etwas bedeutet. Später, wenn ihr am Ball bleibt, könnt ihr euch einen Kinofilm ansehen, und da wird es Passagen geben, in denen ihr euch zurücklehnen und sie genießen könnt (vielleicht die Kussszenen??). Aber es wird auch Passagen mit schnellen Dialogen geben, bei denen ihr euch wahrscheinlich mächtig anstrengen müsst, um alles zu verstehen.

Aber irgendwann, wenn ihr weitermacht und nicht nur im stillen Stübchen lernt, sondern oft Italienisch sprecht, wird der Tag kommen, an dem ihr einfach sprechen könnt, wie euch der Schnabel gewachsen ist, und gar nicht mehr viel nachdenken müsst. Genau dies ist der Zustand, den wir mit ZRM und dem neuen Motto-Ziel-Netz erreichen wollen. Irgendwann ist der Inhalt eures Motto-Ziels ein ganz selbstverständlicher Teil von euch selbst geworden, und ihr müsst euch nicht mehr anstrengen, um zielrealisierend zu handeln. Darum hat übrigens ZRM auch etwas mit Persönlichkeitsbildung zu tun. Wenn das Motto-Ziel Teil von euch selbst geworden ist, dann tut ihr nicht so wie, sondern ihr seid so. Das ist ein entscheidender Unterschied im Wohlbefinden und macht sich auch in der Ausstrahlung eines Menschen bemerkbar.

Es gibt noch einen Grund, warum im ZRM-Training das Motto-Ziel-Netz als implizites Wissen zuverlässig im Gehirn abgespeichert werden muss: Implizites Wissen wird immer dann abgerufen, wenn sich ein Mensch in Drucksituationen, Notfall- und Belastungssituationen befindet. Dann ist keine Zeit für den Verstand, lange nachzudenken, zu planen und abzuwägen. In solchen Situationen gewinnen Automatismen, die von selbst ablaufen, die Oberhand und bestimmen unser Verhalten. Und dann ist es natürlich großartig, wenn euer neues Motto-Ziel-Netz euer Verhalten bestimmen kann und nicht der alte unerwünschte Automatismus. Bis dahin ist es natürlich ein längerer Weg, und es kann gut und gerne neun bis zwölf Monate dauern, bis die neuen Verhaltensweisen zu Automatismen geworden sind, die in den meisten Drucksituationen zuverlässig anspringen. Genauso lange, wenn nicht länger, kann es ja auch dauern, bis ihr völlig entspannt die witzigsten Swing- und Lindy-Hop-Figuren auf dem Parkett hinlegen könnt, ohne euch Gedanken machen zu müssen, mit welchem Schritt ihr wieder in die side-to-side-Position oder in den Grundschritt kommt. Damit will ich sagen: Seid geduldig mit euch – es dauert einfach, das neue Motto-Ziel-Netz muss wachsen dürfen. Habt Geduld und bleibt dran! Es ist jetzt entscheidend, dass ihr die Tanzschritte übt, übt und nochmals übt, bis sie wie von selbst erfolgen.

Nun aber genug der Vorrede! Wie strukturieren wir unseren Tag? Erst einmal ist mir ganz wichtig, dass wir gemeinsam eine gute Fehler-Kultur leben: Wenn wir uns hier nur treffen, um uns zu erzählen, was gut geklappt hat, ist das ganz toll. Aber dann sind wir nach einem Kaffee fertig und können uns voneinander verabschieden. Wir sind hier, um voneinander zu lernen, und das können wir am besten, wenn wir uns von gemachten Fehlern und von unerklärlichen Misserfolgen berichten. Es gibt da einen Spruch, den ich sehr gerne mag und der heißt: ‹Ist der Tag nicht mein Freund, so ist er mein Lehrer›. – Wenn euch mit eurem neuen Motto-Ziel etwas misslungen ist, dann ist das erst einmal schade, aber im zweiten Moment könntet ihr denken: ‹Super, danke, ein Fehler, daran kann ich ja lernen! Prima!› Mir ist wichtig, dass ihr eure Fehler bewusst und aufmerksam registriert und euch darüber freut, denn sie bieten euch die Chance zu wachsen.

Weil wir in unserer Kultur diese Perspektive in Bezug auf Fehler nicht gewohnt sind, möchte ich euren Spaß an Fehlern noch ein bisschen vergrößern. Wir werden heute zum Abschluss den besten Fehler, der uns hier begegnet ist, per Abstimmung zum ‹Fehler des Tages› wählen. Der Gewinner erhält einen kleinen Preis. Fehler des Tages soll der Patzer werden, von dem die meisten hier aus der Gruppe der Meinung sind, dass sie aus ihm für sich selbst etwas Wichtiges lernen können.» Mit diesen Worten zeigt Dorabella auf das Flipchart, wo die Definition für den Fehler des Tages aufgeschrieben steht.

Fehler des Tages

Aus welchem Fehler kann ich am meisten lernen?

«Dann möchte ich euch noch die Langzeitperspektive aufzeigen: Wir werden diesen Tag heute gemeinsam unter meiner Anleitung verbringen. Ab dem nächsten Treffen werdet ihr jedoch in der Lage sein, das Seminar auch alleine zu bestreiten, ohne mich also, und gemeinsam eure Selbstcoaching-Phase zu reflektieren. Ihr könnt den Ablauf des heutigen Tages dafür als Richtlinie nehmen. Ihr seid nämlich inzwischen Experten für euch selbst und für euer Selbstmanagement geworden und braucht mich später nicht mehr. Natürlich stehe ich euch im Hintergrund jederzeit zur Verfügung, falls ihr Fragen habt, aber ich bin mir sicher, ihr werdet alleine sehr gut klarkommen.

Dann lasst uns jetzt starten mit einer ersten Runde, in der ihr bitte Auskunft zu all den Punkten gebt, die ich euch hier auf das Flipchart geschrieben habe. Ihr erzählt noch einmal kurz das Thema, an dem ihr gearbeitet habt, damit wir wieder im Bilde sind. Dann gebt ihr euer Motto-Ziel bekannt und erzählt, wie es euch damit ergangen ist. Vielleicht hat sich das Motto-Ziel in der Zwischenzeit verändert, vielleicht ist eine neue Idee hinzugekommen oder ein Wort weggefallen, weil es überflüssig wurde? Das wäre völlig in Ordnung, denn das neuronale Netz im Gehirn wird gerade geknüpft und wächst und verändert sich. Gleich in dieser ersten Runde könnt ihr auch sagen, was gut gelaufen ist; ihr präsentiert der Gruppe eine von euren A-Situationen. Erinnert euch: A-Situationen und die damit verbundenen Erfolgserlebnisse hat jeder, der einen ZRM-Kurs absolviert habt. Ihr habt eure A-Situationen ja in einem Erfolgstagebuch notiert. Sucht euch für diese Runde eine wunderbare, prachtvolle A-Situation heraus, auf die ihr besonders stolz seid.» Damit ist Dorabellas Part erst einmal zu Ende.

Erste Runde

- Mein Thema
- Mein Motto-Ziel
- Eine besonders tolle A-Situation

«Hm, soll ich anfangen?», fragt Steffi vorsichtig. Dorabella nickt ermunternd. «Mir geht es darum, dass ich das Gefühl hatte, meinen Diabetes überhaupt nicht unter Kontrolle zu haben, sondern von ihm kontrolliert zu werden. Das hat mich hilflos gemacht. Mein Motto-Ziel heißt *Supercali-Zaubernuss, Basilikum hält mich in Schuss*. Es kommt mir oft in den Sinn, und häufig reicht schon *Supercali-Zaubernuss*. – Was ist gut gelaufen? Dass ich oft an mein Supercali-Motto-Ziel denke und es leise vor mich hinsage. Und dass ich merke, wie ich guter Stimmung werde, wenn ich es vor mich hindenke. Dann überkommt mich ein Lächeln. Das tut mir gut. Aber trotzdem muss ich ein Problem in den Ring werfen: Ich finde einfach keine A-Situationen in meinem Alltag. Mein Erfolgstagebuch ist leer. Ich glaube, es gibt noch keine Situationen, die ich leicht meistern kann, so ganz automatisch.»

Dorabella schaut in die Runde: «Habt ihr eine Idee, wie wir Steffi helfen können? Mit welchem ZRM-Verfahren?»

«Wie wäre es mit einem Ideenkorb? Geht doch, oder?», wirft Renate ein. «Ganz genau, tiptop», freut sich Dorabella, «dann legt doch mal los!»

«Steffi, wie sieht's denn aus mit deiner Freizeit? Du hast am Anfang mal erzählt, dass dir das ganze Verabreden gar keinen Spaß mehr macht wegen der Diabetes-Verpflichtungen», fragt Leander.

Steffi grübelt. «Wirklich, du hast vollkommen Recht. Diese tausend Dinge, die man immer bedenken muss, rauben einem den letzten Nerv. Aber witzigerweise rief mich vorgestern eine meiner langjährigen Freundinnen an. Sie wollte sich endlich mal wieder verabreden. Sonst habe ich immer eine Ausrede gefunden, weil mir schon ganz schwindlig wurde, wenn ich nur überlegt habe, wo treffen, wie lange, ob ich alles mitnehmen muss zum Messen und Spritzen oder nicht, so dass ich es lieber sein ließ. Und vorgestern hab ich ihr spontan am Telefon gesagt, dass sie auf einen Tee bei mir vorbeikommen kann. Erst später ist mir aufgefallen, dass ich während des Telefonats die ganze Zeit auf meine Basilikum-Tasse geschaut habe. Als wir das Telefonat mit der Verabredung beendet haben, schoss mir durch den Kopf: *Supercali-Zaubernuss!* War das eine A-Situation?»

Steffi lugt unsicher in Dorabellas Richtung. «Aber sicher, liebe Steffi!», bestärkt Dorabella sie und fährt fort: «Steffi, damit du eine Meisterin der A-Situationen wirst, ist es ganz wichtig, dass du sie erstens bemerkst und dir zweitens dafür Applaus spendest! Erinnert euch bitte alle: Eure neuronalen Verbindungen werden trainiert durch häufige Aktivierung und durch Erfolge! – Steffi, wie könntest du diese Aufmerksamkeit trainieren und dir Applaus spenden?»

«Na ja, Ludovica und du, ihr habt es ja im Kurs gesagt: mit diesem A-Situationen-Tagebuch. Aber ehrlich gesagt: Ein Tagebuch finde ich nicht so prickelnd! Vermutlich habe ich das darum auch schleifen lassen in den letzten Wochen.»

Renate rutscht auf ihrem Stuhl hin und her: «Steffi, schau mal, ich hab mir so eine Kette gebastelt mit Perlen in allen Blautönen meines Wals. Die Perlen dazu hab ich mir im Bastelladen gekauft. Ich lege mir die Kette morgens um den Hals mit dem Verschluss in der Mitte. Immer wenn so eine klitzekleine A-Situation tagsüber auftaucht, schiebe ich eine der Perlen von der Seite rechts des Verschlusses hintenherum auf die linke Seite.

Am Abend fasse ich meine Perlen auf der linken Seite an, zähle sie und versuche, mich zu erinnern, welches die dazu passenden A-Situationen waren. Am Anfang war die Tagesernte nur eine oder zwei Perlen, aber jetzt sind es schon fünf bis sieben», berichtet sie begeistert.

Christoph klinkt sich ein: «So eine Kette, das geht bei einem Mann natürlich gar nicht! Ich habe mir zwei schicke verchromte Schalen im feinsten Design gekauft, eine matt und eine glänzend. In der matten liegen schöne dunkelgrüne Murmeln. Wenn mir eine kleine Sache locker in James-Bond-Stimmung von der Hand geht, dann nehme ich eine Murmel aus der matten Schale und lege sie in die glänzende. Das geht doch auch Dorabella, oder?»

«Da hast du gleich deine Achtsamkeit auf die A-Situationen mit der Methode des Primings verknüpft. Die Murmeln funktionieren auch als Primes, Christoph, große Klasse. Renate arbeitet auch nach diesem Prinzip, das ist sehr schlau», erklärt Dorabella. «Habt ihr noch eine Idee für Steffi, wie sie mit ihren A-Situationen umgehen könnte?»

Renate hüpft schon wieder auf: «Steffi, hast du jemandem von unserem Kurs erzählt? Wenn ja, könnte die- oder derjenige dich doch abends ansimsen und fragen, ob du am Tag A-Situationen erlebt hast. Oder wenn dir da niemand einfällt, könnten wir uns abwechseln. Ich schicke dir eine Woche lang täglich eine SMS oder wahlweise eine Mail, um dich zu erinnern, die darauffolgende Woche bist du dran.»

Steffi strahlt: «Das ist eine tolle Idee! Ich kann Nora aus meiner Kanzlei fragen. Die hat mir ja diesen Kurs hier empfohlen!»

Christoph fällt ein: «Es gibt übrigens einen Mail-Erinnerungsservice, da könntest du dein Motto-Ziel eingeben und dir aussuchen, wie oft du per Mail daran erinnert werden möchtest. Such mal unter www.remindolo.de, das geht ganz einfach. Ich hab das für mein Motto-Ziel schon eingetaktet, und es funktioniert prima. Bei jeder Erinnerungsmail checke ich schnell, ob ich bisher A-Situationen erlebt habe.»

«Steffi, bist du mit deinem Ideenkorb zufrieden?», fragt Dorabella. Steffi nickt und lehnt sich aufatmend in ihrem Stuhl zurück. «Na, dann können wir in der Runde weitermachen.» Mit munterem Rundumblick schaut Dorabella die anderen Gruppenmitglieder erwartungsvoll an.

Leander streckt sich und beginnt: «Mein Motto-Ziel ist geblieben wie es war. Es ist einfach fantastisch: *Mein Faultier spielt die Himmelsharfe und lauscht den Sphärenklängen des Augenblicks.* Ich bin ganz glücklich damit. Ach so, falls ihr das nicht mehr wisst: Mein Thema ist, meine Angst im Umgang mit dem Diabetes abzulegen. Solche Dinge wie Blutzucker messen und spritzen gebacken zu kriegen, ohne jedes Mal den Horror davor zu bekommen. Und zusätzlich möchte ich es wieder besser hinkriegen, spontan zu sein und den Moment zu genießen.

Ich kann wirklich sagen, ich habe mich mit Primes vollgepflastert. Ich habe zu Hause ganz viele davon, und Timon hat mir sehr hübsche neue Primes geschenkt. Für unterwegs hab ich mich auch mit Primes ausstaffiert. Das macht mir richtig Spaß: Mein Cellokoffer ist ein Unikat geworden und manch ein Mitmusiker hat schon verstohlen draufgeschaut, sich aber nicht getraut zu fragen. Mein Kolophonium-Behälter ist auch mit einem Faultier bestückt.

Das klappt jetzt morgens schon ganz gut, wenn ich nach dem Aufstehen meinen Blutzucker messe. Da gibt es schon viele A-Erfolge zu sammeln! Ich habe mein Messgerät mit Sternchen beklebt. Es liegt auf einem Tisch neben einem kleinen Schleich-Faultier und einem wunderschönen nostalgischen Glitzer-Klebebild von einem Engel mit Harfe, das Timon mir geschenkt hat. Und wenn ich zum Messgerät gehe, spüre ich deutlich, wie ich in Faultier-Stimmung gerate. Dann bin ich

beim Messen viel gelassener. Ich bin richtig stolz auf mich, und das Primen macht mir großen Spaß!»

«Prima!», freut sich Dorabella, « genauso soll es laufen, perfekt! Wer macht weiter?»

«Wo du das gerade erzählst, Leander, erinnere ich mich an eine coole A-Situation», berichtet Christoph. «Zunächst aber mein Motto-Ziel: Es heißt *Mit souveräner Eleganz halte ich das Steuer in der Hand und gebe Gas.*

Dabei geht es mir um Souveränität. Ich möchte selbstbewusst meine Wünsche ansteuern und mich fühlen wie James Bond. Vor allem möchte ich mich in der Beziehung mit meiner Frau Paula aufrecht und sicher fühlen. Paula ist ja so eine Organisiererin. Wenn ein gemeinsames Wochenende ansteht, hat sie sich spätestens am Donnerstag Gedanken gemacht, wie das Wochenende gestaltet werden soll. Und das wird dann auch so durchgezogen. Mich nervt das häufig, weil ich nicht so ein Planer bin. Wenn wir am Samstag am Frühstückstisch sitzen, ist häufig schon entschieden, was wir machen werden. Vorletzte Woche am Samstag hatte Paula einen Besuch im Freilichtmuseum mit Führung vorgesehen. Mir war gar nicht danach, und plötzlich machte es ‹pling› in meinem Kopf. Ein Kollege hatte mir begeistert von einem Kletterwald in der Nähe Berlins erzählt. Ich hörte mich zu meiner Familie sagen: Heute möchte ich euch mit einem tollen Ausflug überraschen! Zieht euch bequeme Klamotten an und eure Turnschuhe, in einer halben Stunde fahren wir los. – Paulas Unterkiefer klappte herunter. Sie war sprachlos. Aber an ihren Mundwinkeln konnte ich den Anflug eines Lächelns sehen. Und ihr werdet nicht glauben, wie meine Jungs geschaut haben, als wir im Kletterwald ankamen. Es war ein richtig prima Erlebnis, und im Anschluss habe ich die drei zu einem Biergarten gefahren, den ich schon lange nicht mehr angesteuert hatte. Es war locker und heiter mit meiner Familie, und wie ich mit Paula mit einem Aperol Spritz angestoßen habe, wurde mir klar, dass der Kletterwald-Ausflug und der Besuch im Biergarten superklasse A-Situationen waren, die ich meinem James zu verdanken hatte. Zu Paula sagte ich beim Anstoßen nur: ‹Geschüttelt, nicht gerührt›. – Ihr war nicht wirklich klar, was ich meinte, aber sie lächelte glücklich und gelöst.» Christoph wirkt zufrieden und lehnt sich zurück.

«War jetzt deine Frau Miss Moneypenny oder das Bond-Girl?», fragt Renate etwas schnippisch. Sie erschrickt selbst etwas über ihre Schärfe und entschuldigt sich: «Sorry, Christoph, ich wollte dich nicht ärgern. – Ich erlebe derart viele A-Situationen im Moment. Das ist so neu und überrascht mich immer wieder. Mein Ziel hat sich ein bisschen verändert. Ich hatte eine extra Sitzung mit Dorabella, und es ist noch etwas dazugekommen. Es heißt *Ich stehe anmutig und selbstverständlich im Licht unter dem Schutz von Blasius.*»

Was genau die Bedeutung der Blume und der neuen Aspekte des Motto-Ziels sind, muss Renate nicht jedem auf die Nase binden, und so fährt sie fort: «Meine Lieblings-A-Situation ist noch ganz frisch: Gestern habe ich mich für eine Tanzstunde angemeldet. Okay, in einer Gruppe ist mir das noch ein bisschen zu heftig mit meiner Figur und ohne Tanzpartner. Also habe ich mich entschieden, egal was der Tanzlehrer über meine Figur denkt: Ich wage es und buche eine Einzelstunde Salsa-Unterricht. Gesagt, getan. Es ist mir gar nicht schwergefallen, und das Telefonat war so entspannt, dass ich gleich hinterhergeschoben habe, ich hätte weder die Figur von Naomi Campbell noch sei ich zwanzig. Ob das in Ordnung sei. Der Tanzlehrer hat laut gelacht und gemeint, er freue sich auf mich. Das war meine Lieblings-A-Situation, die hat mich sehr stolz gemacht. Noch vor einigen Wochen hätte ich mich das nicht getraut. Es hätte für mich eine riesige Überwindung bedeutet.»

Elvira druckst herum und wirkt ganz unglücklich, was Dorabella natürlich nicht entgeht. Sie fragt: «Elvira, du hast was auf dem Herzen, oder?» Elvira beginnt zögernd zu reden. «Also, ich habe mir den Adler ausgesucht, weil ich mich im Alltag immer um alle und alles kümmere, nur nicht um mich. Mein Motto-Ziel *Ich fliege genüsslich in die Lüfte, gehoben zu meinen Zielen* gefällt mir auch, aber… Ich habe keine A-Situationen gefunden. Ich habe mich wirklich bemüht und mir das Arbeitsblatt ‹Erfolgstagebuch› jeden Tag wieder vorgenommen, aber gar nichts gefunden, keine klitzekleine Situation. Das frustriert mich so, ich habe das Gefühl, alles falsch gemacht zu haben, wenn ich die anderen so höre.» Elvira laufen die Tränen über die Wangen, während sie das erzählt.

«Liebe Elvira», tröstet Dorabella sie, «du brauchst dich nicht zu sorgen, denn solchen Klippen begegnen viele auf ihrem Weg zum Motto-Ziel. Das ist ganz normal. Wir werden uns in der nächsten Runde darum kümmern, wie es gelingen kann, solche Meerengen zu umschiffen.

Damit möchte ich unsere erste Runde von A-Situationen beenden. Ich denke, es ist deutlich geworden, dass es viele A-Situationen gibt, die man notieren kann. Das ist vor allem eine Frage der Aufmerksamkeit. Elviras Schwierigkeit mit A-Situationen werden wir gleich noch genauer unter die Lupe nehmen. Vorher widmen wir uns dem ‹Fehler des Tages›. Hier befassen wir uns mit misslungenen Situationen, mit Unklarheiten, mit Absichten, die aus unerklärlichen Gründen noch nicht richtig umgesetzt werden konnten. In dieser Runde könnt ihr von den Gruppenmitgliedern Ideen dazu einsammeln, warum euch bestimmte Situationen aus dem Ruder gelaufen sind. Mit den Ideen aus der Gruppe könnt ihr dann neue Strategien planen, um diesen Situationstyp in Zukunft in den Griff zu kriegen. Wenn ihr euch ein paar Mal getroffen und solche missratenen Situationen ausgetauscht habt, werdet ihr immer schneller herausfinden, wo jeweils der Hund begraben liegt. Jetzt, beim ersten Durchlauf, bin ich ja noch dabei und kann euch auf die Sprünge helfen, aber ihr werdet sehen, dass euch die Analyse von Fehlern immer besser gelingt.»

Mit diesen Worten schlägt Dorabella ein neues Blatt auf ihrem Flipchart auf.

Zweite Runde

Kanditatensuche für den Fehler des Tages

«Elvira, wenn du einverstanden bist, fangen wir gleich bei dir an», schlägt Dorabella vor. Elvira schnäuzt sich geräuschvoll die Nase. Sie nickt. «Wie geht es dir mit deinem Motto-Ziel?», fragt Dorabella.

Elvira geht kurz in sich: «Ich merke, dass ich ein komisches Gefühl kriege, wenn ich mir mein Motto-Ziel vorsage. Irgendwas passt nicht. Aber jetzt haben wir schon so viel damit gearbeitet, und es ist bestimmt zu spät, noch etwas zu ändern.»

«Nein, das ist es gar nicht, liebe Elvira. Im Gegenteil: Glückwunsch für dein gutes Gespür! Es passiert gar nicht selten, dass man im Nachhinein merkt: Irgendetwas stimmt mit dem Motto-Ziel noch nicht und muss verändert werden. Das ist völlig in Ordnung», versichert Dorabella. «So ein Motto-Ziel entwickelt sich, und es kann sich auch in den nächsten Wochen noch verändern. Das nennt sich work in progress.

Außerdem ist es sehr wertvoll zu entdecken, was einem an einem Motto-Ziel nicht passt. Zu wissen, was man nicht will, bringt einen näher an das heran, das man will! Lasst uns mal mit unseren Strudelwurm-Spürnasen herausfinden, was an Elviras Motto-Ziel gut ist und was nicht und wie man es verbessern könnte. Elvira, dein Wunschelement ist doch der Adler?»

«Ja, warum fragst du das?», antwortet Elvira schüchtern.

«Und, gefällt dir der Adler immer noch?», hakt Dorabella nach.

«Doch, der Adler gefällt mir gut, tolles Tier, der kann hoch fliegen und hat von oben eine andere Perspektive. Meine persönliche Vorstellung

von einem Adler ist, dass sein Blick sehr zielgerichtet ist. Immerfort hat er eine Absicht, eine Aufgabe. Davon will ich aber eben gerade los. Ich will mich nicht ständig auf die Aufgaben und die anderen konzentrieren, sondern mich um mich kümmern. Und für mich genießen und mich mal wieder wahrnehmen. Bei ‹Adler› fällt mir aber auch das Wort Adlerfeder ein. Da sehe ich gleich eine wunderschöne Feder vor mir, leicht, weich, wie sie von der Luft getragen wird.» Elvira kommt ins Grübeln – man sieht es ihr an.

Dorabella möchte wissen, ob im Motto-Ziel noch etwas anderes enthalten ist, das Elviras Würmli ein ‹grmpfl›-Gefühl macht. Eine Pause entsteht. Elvira zögert. «Da ist dieser Adlerflug. Eigentlich stelle ich es mir anstrengend vor, immer bis nach oben zu steigen und immer umher zu kreisen und Ausschau zu halten nach den Zielobjekten. Mir fluppt dann das Bild eines Adlerhorstes hoch mit den hungrigen Adlerjungen, die noch versorgt werden wollen. Irgendwie finde ich es mühsam.» Elvira pustet geräuschvoll aus, nachdem sie diese Entdeckung ausgesprochen hat.

«Habt ihr eine Idee, wie wir Elvira weiterhelfen können?», fragt Dorabella. «Mit einem Ideenkorb», grinst Renate mal wieder «Ich schreibe für dich die Ideen auf, Elvira», bietet sie gleich noch an. Man merkt deutlich, Renate hat das Prinzip begriffen.

Ein Vogel als Wunschelement gefiele ihr sehr, bestätigt Elvira, aber ein anderer als der Adler. Ein Vogel, der nicht immer Aufgaben erfüllen und herumkreisen muss. Da ruft sie aus: «Ein Kolibri! Wisst ihr, was mir an dem so gut gefällt? Dass er ausgesprochen beweglich ist, dass er vorwärts, rückwärts, seitwärts, aber auch ‹im Stehen› fliegen kann, innehalten kann und dabei aus den Blütenkelchen saugt. Er kann wie ein Helikopter in der Luft ruhen.»

Alle beteiligen sich am Ideenkorb zum Bild vom Kolibri. Renate schreibt die Ideen, die zusammenkommen, für Elvira auf:

Kolibri

beweglich und wendig, kann bei den besten Blüten innehalten, kann ganz ruhig vor einer Blüte verharren, saugt geschickt mit dem langen Schnabel den leckersten Blütennektar, federleichter Vogel, deckt seinen enormen Energiebedarf und sorgt für sich.

Flugs gibt ein Wort das andere. Leander, Steffi, Renate, Christoph und Elvira sind angeregt dabei, aus den Lieblingsideen von Elvira ein neues Motto-Ziel zu basteln. Sie haben völlig vergessen, dass Dorabella noch im Raum ist. Die freut sich genau darüber, denn das Ziel vom ZRM-Selbstmanagement ist, dass die Kursleitung überflüssig wird. Sie zieht sich kurz zurück, um sich einen Tee zu kochen.

Als sie wiederkommt, prangt auf dem Flipchart Elviras neues Motto-Ziel:

Den federleichten Kolibri in mir suche ich mir die schönsten Blumen und genieße dort den köstlichen Nektar und labe mich ganz in Ruhe.

Elvira betrachtet strahlend ihren Satz, und ein paar Tränen rollen ihr über die Wangen: «Genau das ist es! Genau so!», freut sie sich, und die anderen freuen sich mit ihr. Sie sind erstaunt, wie leicht und flink dieses schöne, neue Motto-Ziel entstanden ist. Elvira sagt noch: «Liebe Dorabella, ich habe noch ein paar Situationen, von denen ich berichten wollte, aber ich brauche erst mal ein Päuschen. Vielleicht macht jemand anderes weiter?»

Renate nimmt das Heft in die Hand: «Ich hätte da noch von einer Situation zu berichten, ein echter Kandidat für den ‹Fehler des Tages›. Das dauert auch nicht ewig lang. Anschließend könnten wir nach nebenan zum Süßkramdealer gehen und unser Mittagshäppchen zu uns nehmen. Seid ihr einverstanden?» Alle stimmen zu, und Renate erzählt: «Ich bin, glaub' ich, die Hauptkandidatin für den Preis ‹Fehler des Tages› – haha. Letzte Woche war's wieder mal so weit. Ich sage nur:

Quartalstermin. Ihr wisst sicher genau, was ich meine. Der Sprechstundentermin beim Diabetologen mit Blutzucker-Tagebuch, Blutdruck, Urinprobe, Bauchumfang, Gewicht und dem ganzen Gedöns. Okay, dacht' ich mir zu Hause am Abend davor, mein Blasius ist schon ganz schön stark. Und habe auf dem Sofa noch meine Unterlagen durchgesehen: Laut Situationsytpen-ABC ist der Quartalstermin eine B-Situation. Die ist schwierig, aber vorhersehbar. Und da gibt es dieses Thermometer für B-Situationen, um den Schwierigkeitsgrad besser einordnen zu können. Na, ich habe den Quartalstermin bei etwa B60 eingeschätzt. Ludovica hat im Kurs gesagt, dass man mit B-Situationen, die im Schwierigkeitsgrad genau zwischen 40 und 60 liegen, sein Motto-Ziel gut trainieren kann. Optimal, oder?

Am nächsten Tag bewegte ich mich in die Praxis, meldete mich an, gab die Versichertenkarte zum Einlesen ab und nahm im Wartezimmer Platz. Leise habe ich mir meinen Motto-Satz vorgesagt. Dann wurde ich aufgerufen. Mein Arzt wirkte gereizt und fragte nach meinem Zucker-Tagebuch. Schweigend hat er es durchgesehen und dann nach meinem Gewicht gefragt. Als ich es ihm gesagt hab', hat er richtig ungeduldig gewirkt und gemeint, er erwarte endlich Einsatz von mir, und ich solle mir überlegen, wie ich abnehmen könne. Und was soll ich euch sagen: Blasius war perdu. Kein bisschen Wal, kein Fünkchen Miss Marple. Obwohl ich das Gerede von ihm doch schon kenne – jedes Mal diese Sprüche. Was ist da nur falsch gelaufen?»

Nach einer kurzen Pause fragt Leander: «Renate, wie hast du dich denn auf die Sprechstundensituation vorbereitet? Dass du dir dein Motto-Ziel vorgesagt hast in der Praxis, das hat bestimmt geholfen, aber für eine B-Situation ist es doch gerade wichtig, sie zu planen und vorzubereiten. Mit den Erinnerungshilfen, deinen Primes und den sozialen Ressourcen. Auf deinem Arbeitsblatt ‹Den Transfer meines Motto-Ziels in den Alltag sicherstellen› steht das auch konkret drauf, habe ich gesehen.»

Renate ist verblüfft. Das hatte sie völlig vergessen. «Stimmt, das ist total an mir vorbeigegangen. Wartet mal, was hätt' ich denn da alles machen können? Der Diabetologe hat mir nämlich nochmals einen Termin in zwei Wochen gegeben, um das Ergebnis der Laborwerte zu besprechen. Da könnte ich das gut gebrauchen.»

Die Runde steckt die Köpfe zusammen. Es wird deutlich, dass Renate zwar viele stationäre Erinnerungshilfen zu Hause hat, aber wenige mobile, die sie in einer derartigen Situation mit sich tragen kann. Und so sehen die Ideen für die Vorbereitung des nächsten Sprechstundentermins aus:

- Mobile Erinnerungshilfen für die Situation in der Sprechstunde: Walfisch-Sticker auf das Blutzucker-Tagebuch kleben, ein Halstuch in Walfisch-Blautönen leger aus der Handtasche raushängen lassen, einen blauen Ring am Finger tragen, Miss Marple-Ohrringe tragen, ihren Kalender für den nächsten Sprechstundentermin mit Walfisch-Stickern oder unauffällig mit Masking-Tape in Blautönen bekleben, einen blauen Stift mitnehmen, um den nächsten Termin zu notieren, sich endlich ein schickes Nagel-Tattoo in Blau gönnen. 
- Soziale Ressourcen nutzen: Steffi hat angeboten, mit zum Sprechstunden-Termin zu kommen oder, wenn das Renate zu viel ist, ihr kurz vor dem Termin eine SMS mit dem Blasius-Ziel zu schicken.

Renate ist zufrieden und freut sich, endlich mal in ein Nagelstudio zu gehen und etwas Verwegenes auszuprobieren. Unsere Helden gehen, fröhlich wie die Schulkinder schwatzend, in die große Pause und genießen im Bistro nebenan die bestellten Köstlichkeiten.

Nach der Mittagspause genehmigen sich alle einen frisch von Dorabella zubereiteten Cappuccino. Renate hat von nebenan für jeden eine kleine hausgemachte Praline zum Cappuccino mitgebracht. Die Stille wird nur von genießerischen Lauten durchbrochen. «Wer möchte weitermachen?», eröffnet Dorabella den Nachmittag, wobei sie sich den letzten Hauch von Kakao von den Lippen leckt.

Steffi meldet sich: «Ich möchte gerne mein Mega-Problem hier in die Runde einbringen. Letztens hatte ich meinen Quartalstermin bei meinem Diabetologen. Der ist immer etwas maulfaul. Wenn er in mein Blutzuckertagebuch schaut, sehe ich ihm genau an, dass er entsetzt ist über die Werte. Na, jedenfalls dachte ich mir, ich gehe mit meiner *Supercali-Zaubernuss*-Stimmung hin, und damit ertrage ich ihn. Ich hatte mir sogar überlegt, dass ich mich vorher mit meiner Zaubernuss-Lotion eincreme. Ich kann sie den ganzen Tag über riechen, und sie kann mich an meine *Supercali*-Stimmung erinnern. So wollte ich dem Arzt, wenn er wieder so entsetzt die Blutzuckerwerte anschaut, erzählen, dass ich an einem speziellen Kurs teilgenommen habe. Ich dachte, dass es sogar möglich wäre, ihm etwas von *Supercali* zu erzählen. Ich hab mich also wirklich auf diese B-Situation vorbereitet. Tja, da setz ich mich ins Sprechzimmer, und wer kommt rein? Eine kleine rundliche Ärztin im Kittel, mit einer Nana-Mouskouri-Brille, die wie ein Feldwebel auf dem Stuhl mir gegenüber Platz nimmt und erklärt, sie sei die Urlaubsvertretung meines Arztes und nun schon sehr gespannt, was ich ‹zu bieten habe›. Dahin war meine *Supercali-Zaubernuss*-Stimmung!»

«Denkst du denn, das war eine B-Situation für dich, Steffi?», fragt Dorabella.

Steffi denkt kurz nach: «Na ja, die doofe Nana-Mouskouri-Ärztin, die hatte ich da gar nicht erwartet, überhaupt noch nie gesehen, die Frau. Die hat mich kalt erwischt! Dann war das wohl gar keine B-Situation! Eher eine C-Überraschungssituation. Okay. Dann verstehe ich, dass ich kein bisschen Supercali-Zaubernuss-Stimmung mehr hatte.»

«Genau, liebe Steffi», nickt Dorabella. «Du hast eine B-Situation vorbereitet, hast aber eine C-Situation angetroffen. Deine B-Vorbereitung war prima. Dass Nana Mouskouri dich erwartet, konnte wirklich niemand vorhersehen. Und dein neues neuronales Netz war für diese C-Situation offenbar noch zu schwach. Das ist alles.»

«Okay, dann muss ich mir also deswegen keine Vorwürfe machen?»

«Nein, das musst du nicht. Du schreibst dir aber die Situation in dein Arbeitsblatt ‹Meine C-Situationen› auf, damit sie auf jeden Fall festgehalten ist. Möglicherweise würde es sich lohnen, einen B-Situationstyp zu eröffnen, der lautet: Umgang mit unbekannten Diabetologen. Wenn so etwas öfter vorkommt, ist es gut, hierfür passend ausgerüstet zu sein. Wer hat noch einen Kandidaten?»

Leander macht weiter: «Ich habe wirklich schon viele tolle A-Situationen und bin richtig happy. Dann gibt es auch schwierigere Situationen. Für die habe ich dieses Thermometer für B-Situationen auch schon mal benutzt. Entsprechend habe ich meine Vorbereitungen getroffen, wie es in der Arbeitsblättern steht. Es hat auch geklappt. Aber es gibt ein paar Situationen, die haben trotz Vorbereitung einfach nicht hingehauen. Ich verstehe nicht, warum!

Vorletzte Woche zum Beispiel in der Hochschule im Unterricht mit meinem Cellolehrer. Er begleitet mich meistens auf dem Klavier. Er erzählte mir, eine Geigen-Kollegin aus Studienzeiten sei gerade zu Besuch in Berlin und er habe ihr vorgeschlagen, zusammen mit mir Schubert-Trios vom Blatt zu spielen. Das sei doch für mich eine passende Herausforderung so kurz vor der Aufnahmeprüfung. Obwohl ich Schubert liebe und es eine Ehre und tolle Möglichkeit für mich war, mit zwei Profis zu musizieren, wurde ich schrecklich nervös und angespannt. Bevor die Geigerin reinkam, flitzte ich schnell auf die Toilette, um den Blutzucker zu messen, obwohl ich ihn zuletzt vor einer Stunde zu Hause gemessen hatte und das eigentlich vollkommen ausgereicht hätte. Da hab ich mich im Spiegel angesehen und gewusst: Nix spontan den Moment genießen, nix Faultier. Trotz aller Primes. Beim Spielen war ich derart angespannt, dass ich mich ständig verspielt hab und keine der Stellen genießen konnte. Ich bin wahnsinnig frustriert nach Hause gefahren. Es hätte so schön sein können, Schubert mit diesen beiden tollen Musikern zusammen zu spielen! Ich kam mir völlig unfähig vor.»

«Passiert das oft, dass bei dir im Unterricht jemand mitmusiziert, Leander?», fragt Christoph vorsichtig.

«Eigentlich so gut wie nie. Mein Lehrer legt größten Wert auf einen bestimmten Ablauf im Unterricht. Erst warmspielen mit Tonleitern und ein paar Bogenübungen. Dann eine Etüde. Dann kommt das Stück, das ich gerade übe. Und dann eventuell noch ein Blattspiel mit ihm zusammen. Nein, da kommt nie jemand, das ist eine besondere Zeit, die verläuft immer nach bestimmten Regeln, und da schenkt er mir all seine Aufmerksamkeit. Das ist beruhigend für mich.»

«Dann war das gar nicht absehbar und planbar, oder?», hakt Christoph nochmal nach.

«Genau!», antwortet Dorabella für Leander. «Das war für dich sicher keine planbare und vorhersehbare B-Situation, so wie du das beschreibst, Leander. Das war eine typische C-Situation, die dich überrascht und kalt erwischt hat! Das wichtigste in solch einer Situation ist, gleich zu merken, dass es sich um eine C-Situation handelt, und sich sofort zu sagen: Das war eine C-Situation, die kann ich als Anfänger noch gar nicht meistern! Das ist doch völlig normal!

Wir nennen das in der Fachsprache ‹Die Refraktärzeit des negativen Affekts verkürzen›. Das bedeutet, sich möglichst gar nicht lange darüber zu ärgern, denn es ist nicht zu erwarten, dass ein neues Motto-Ziel schon für eine überraschende und schwierige Situation funktioniert. Es kann nur schädlich sein, sich darüber zu ärgern. Das ist der erste Schritt, mit einer derartigen Situation umzugehen. Der zweite Schritt ist: Sich diese Situation auf dem Arbeitsblatt ‹Meine C-Situationen› oder in einem C-Situationen-Tagebuch zu notieren. Ludovica hat euch dieses Arbeitsblatt bereits ausgeteilt. Das Notieren ist deshalb so wichtig, weil ihr die C-Situationen im Nachgang analysieren und herausfinden könnt, unter welchen Umständen sie auftreten und welche Vorläufersignale euch anzeigen können: Hoppla, gleich kommt wieder eine von diesen C-Situationen! Diese Vorläufersignale sind wie Diamanten, nach denen ihr ab sofort wie Indiana Jones jagt und die ihr wie Trophäen in eure Schatzkiste legt. Jedes einzelne Vorläufersignal macht euch stark und dient euch dazu, eure C-Situationen klarer und früher zu erkennen. Wenn ihr eine C-Situation schon im Vorhinein erkennen könnt, wird sie zu einer B-Situation, und eine B-Situation könnt ihr planen!

Darum dürft ihr bei jeder C-Situation laut ausrufen: Prima, danke! Diese C-Situation passiert mir nur einmal, denn jetzt kann ich sie planen fürs nächste Mal. Versteht ihr, wie wertvoll Fehler oder Misserfolge sind? Nur wenn euch C-Situationen begegnen, habt ihr Futter für eure Analyse!» Dorabella schwärmt. «Leander, du hast gesagt, dir sind ein paar Situationen passiert. Möchtest du weitererzählen?»

«Da bin ich etwas verblüfft, dich so schwärmen zu hören, Dorabella», gesteht Leander lächelnd. «Gut, ich erzähle gerne weiter. Ganz in Faultierart habe ich beschlossen, Timon zu überraschen, und habe ein paar unserer liebsten Freunde nach Hause eingeladen. Ich wollte ein leckeres Menü kochen. Heimlich habe ich Rezepte rausgesucht und die Zutaten ganz unauffällig im Kühlschrank einsortiert. Alles prima vorbereitet. Timon sollte an dem Abend erst um halb neun nach Hause kommen. Ich hab rechtzeitig begonnen zu kochen, Schweinefilet mit Vin Santo-Jus im Blätterteigmantel und zum Nachtisch Crème Caramel nach einem Rezept meiner Nachbarin Gilda. Den entsprechenden Wein habe ich kühlgestellt, mein Schleich-Faultierchen auf das Fensterbrett gesetzt. Die ersten Freunde kamen (sie wussten, dass es ein Überraschungsabend für Timon werden sollte und waren pünktlich), und wir haben den Wein vorgekostet und die Bruschette mit Trüffelpaste bestrichen.

Und weil es so ein schöner Abend war, sind wir zum Vorkosten mit einem Schlückchen Wein und ein paar Bruschette schon mal auf den Balkon raus. Da habe ich das Schweinefilet völlig vergessen. Der Blätterteig ist angebrannt und mit ihm auch die Unterseite des Filets, und zwar dermaßen, dass die ganze Küche qualmte. Beim Versuch, das Filet vom Blech abzulösen, habe ich mich an der Hand verbrannt, und das ganze Filet samt Rosmarinkartoffeln landete auf dem Küchenboden.

Meine schöne Stimmung war dahin, obwohl die Gäste sich rührend um das Abendessen kümmerten und versuchten zu retten, was zu retten war.

Gerade noch rechtzeitig fiel mir ein, dass ich Insulin für die Bruschette spritzen sollte. Als ich den Pen mit den Sternen-Stickern rausholte, fiel mir ein, dass ich ihn mit einer neuen Patrone bestücken musste, weil das Insulin verbraucht war. Und beim Blick ins Butterfach des Kühlschranks, in dem ich die Insulin-Patronen aufbewahre, stellte ich mit Entsetzen fest, dass nur noch die leere Verpackung drin war, keine einzige Insulin-Patrone mehr. Ihr könnt euch vorstellen, wie mir zumute war, als in diesem Augenblick Timon zur Tür reinkam. Faultier und Sphärenklänge? Mitnichten! Völlig am Boden zerstört war ich, ein Häufchen Elend, das Timon trösten musste. Er hat es dann alles gedeichselt, ging zur Notapotheke und hat Insulin besorgt und anschließend einfach beim Pizza-Dienst Pizza für alle bestellt. Wie doof ist das denn gelaufen?»

Leander schaut ganz unglücklich drein. «Aber beim Erzählen hab ich's selbst gemerkt: Auch das war ein C-Abend mit lauter Überraschungen – das angebrannte Filet, das Abendessen auf dem Küchenboden, kein Insulin mehr vorrätig. Okay, nicht mehr drüber ärgern. Aber ein Diamant? Na, bin noch weit davon entfernt, das so zu sehen.»

Dorabella fragt: «Wenn du dir diese beiden Situationen anschaust, siehst du Gemeinsamkeiten? Wenn es uns gelingt, ein Muster zu identifizieren, dann können wir zwei Situationstypen auf einen Streich erledigen.» Leander überlegt. In beiden Fällen, sagt er schließlich, habe er sich einen Erfolgszwang auferlegt. Einmal musikalisch, das andere Mal kulinarisch.

«Das kommt mir ausgesprochen plausibel vor», bestätigt Dorabella. «Bitte notiere dir das unbedingt in deinem Arbeitsblatt ‹Meine C-Situationen zur B-Situation machen› als Vorläufersignal. Erfolgszwang – das ist ein fantastischer Diamant. Du kannst dir die nächsten Male die Uhr danach stellen, dass Erfolgszwang ein Risiko darstellt, wieder aus deiner Faultierhaltung rauszufliegen. Darin besteht die Funktion des Edelsteins: dass er aufleuchtet, wenn die nächste C-Situation naht, verstehst du?» Leander nickt verblüfft. «Fällt dir vielleicht noch etwas auf, was diese beiden Situationen gemeinsam kennzeichnet?» Leander denkt nach. Er könne sich nicht vorstellen, dass das etwas mit den Situationen zu tun habe, aber er habe an beiden Tagen nicht bei sich zu Hause übernachtet, sondern bei Timon. «Ob das wirklich ein Vorläufersignal ist, ist nicht ganz leicht zu sagen. Aber genau dafür ist dein Arbeitsblatt so wichtig. Denn bei der nächsten C-Situation kannst du genau darauf achten, Leander. War das wieder eine Nacht, die du bei deinem Liebsten verbracht hast und nicht in deinem Bett? Schreib das unbedingt auf, bitte!»

«Dorabella, sorry, ich muss mal wieder fragen», runzelt Renate die Stirn. «Das ist eine feine Sache mit dem Notieren, Analysieren und den Vorläufersignalen. Sehe ich ein. Aber nun ist das Ding verreckt. Was mach ich denn damit? Da bin ich ja allen C-Situationen hilflos ausgeliefert. Muss ich tatsächlich zwölf Monate warten, bis das Motto-Ziel endlich automatisch flutscht? Das finde ich echt frustrierend.»

«Am Anfang ist es so, dass du die C-Situationen erst hinterher bearbeiten und sie für die Zukunft zu B-Situationen machen kannst. Aber im Laufe der Zeit werden die C-Situationen abnehmen, und es wird immer mehr B-Situationen geben. Außerdem entwickeln sich viele B-Situationen zu A-Situationen. Geduld, Geduld. Denkt an die Schubladen, von denen Ludovica gesprochen hat. Frisch nach dem Kurs sind in der A-Schublade noch wenig Erlebnisse, dafür ist die C-Schublade randvoll. Im Lauf der Zeit wandern immer mehr C-Erlebnisse in die B-Schublade, und die A-Schublade wird auch immer voller. Du hast also laufend Erfolgserlebnisse, dir wird es nicht langweilig. Und irgendwann ist die C-Schublade weitgehend ausgemistet, und nur noch einige wenige Überreste sind zurückgeblieben.

Außer Geduld haben wir aber auch noch eine andere Vorgehensweise auf Lager, unsere Zauber-Wunderwaffe für den Aufbau von neuen Automatismen: die Wenn-Dann-Pläne. Dazu möchte ich euch etwas erzählen. Ich habe euch gesagt, immer wenn man unter Druck steht, und das ist bei einer C-Situation der Fall, erlebt man eine besondere Belastungssituation. Dann tritt das verstandesgesteuerte Verhalten in den Hintergrund, und fest eingespeicherte Automatismen übernehmen die Regie über unser Verhalten. Darum fällt man eben in alte Verhaltensmuster zurück. Es gibt jedoch eine hochwirksame Möglichkeit, eine Art Umgehungsautomatismus zu erzeugen. Diese Form des Automatismus ist strategisch geplant und wird absichtlich herbeigeführt. Man nennt sie Wenn-Dann-Pläne. Wenn-Dann-Pläne haben die sprachliche Form *Wenn x passiert, dann tue ich y.* Diese sprachliche Form wird von unserem Unbewussten extrem gut verarbeitet und erzeugt einen Sofort-Automatismus. Es hört sich wie Zauberei an, weil es kinderleicht ist, aber Wenn-Dann-Pläne sind wissenschaftlich in über 200 Studien untersucht. Ihre Wirkung ist bewiesen. Ein Wenn-Dann-Plan für dich, Leander, könnte zum Beispiel lauten:

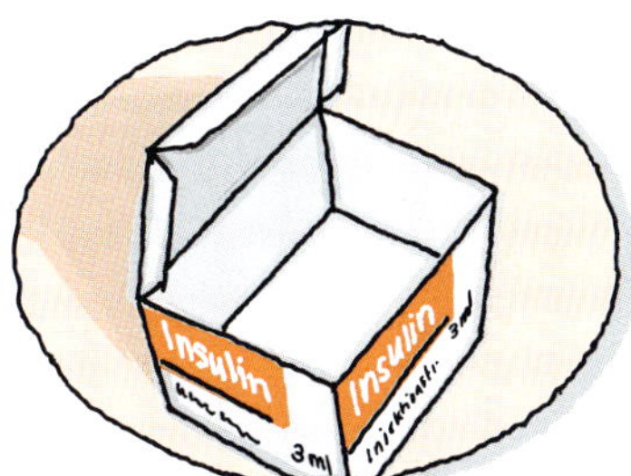

Wenn ich plötzlich entdecke, dass mein Insulinvorrat leer ist...

... dann nehme ich mein Schleich-Faultier in die Hand und atme durch.

Oder ein Wenn-Dann-Plan für Steffi:

Wenn mir in der Diabetes-Sprechstunde plötzlich ein anderer Gesprächspartner gegenübersitzt…

… dann sage ich mir in Gedanken «Supercali-Zaubernuss» und fasse meinen Schlüsselanhänger mit dem Plüsch-Eichhörnchen an.

Wichtig ist dabei, dass ihr den Wenn-Dann-Plan einmal im Ganzen aufschreibt und unbedingt an das Wenn denkt und vor allem auch an das Dann. Für das Unbewusste ist es wesentlich, dass im Wenn-Teil möglichst genau beschrieben ist, wann es mit der Aktion starten soll. Es muss hundertprozentig Bescheid wissen, wann es anspringen soll. Im Dann-Teil könnt ihr entweder ein einfaches Verhalten beschreiben. Zum Beispiel:

Wenn ich mir morgens mein Frühstück vorbereite…

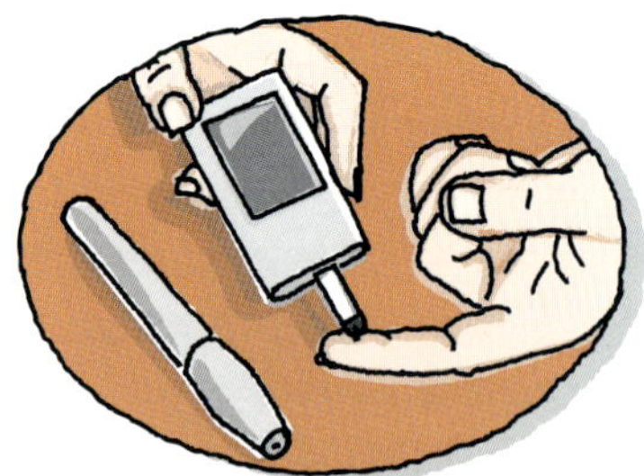

… dann messe ich meinen Blutzucker und drehe den Pen auf.

Oder ihr könnt den Dann-Teil mit dem Motto-Ziel verknüpfen. Zum Beispiel:

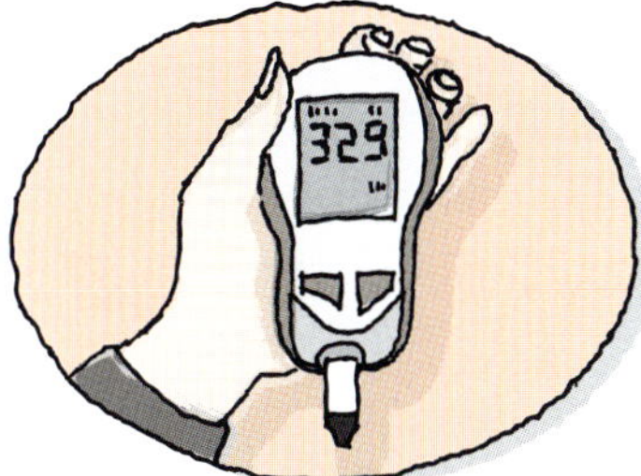

Wenn mein Blutzucker wieder über 300 ist…

… dann schaue ich mir mein Mary-Poppins-Bild an und beruhige mich.

«Wie oft am Tag sollte man sich den Wenn-Dann-Plan denn vergegenwärtigen?», fragt Christoph sorgenvoll. Dorabella lacht: «Ich weiß, es ist kaum zu glauben, aber es genügt wirklich, den Wenn-Dann-Plan einmal im Ganzen aufzuschreiben. Mehr ist nicht nötig und auch nicht von Vorteil. Es gibt sehr viele Experimente, die beweisen, dass die Wenn-Dann-Pläne funktionieren und dazu führen, dass die dadurch unterstützten Vorsätze viel eher umgesetzt werden als solche ohne Unterstützung von Wenn-Dann-Plänen. Es ist bestechend!»

«Und wie viele Wenn-Dann-Pläne kann das Gehirn verarbeiten? Pro Motto-Ziel drei? Oder mehr?», fragt Christoph nach, denn diese Wenn-Dann-Pläne interessieren ihn. «Du kannst dir gar nicht genug Wenn-Dann-Pläne machen, Christoph. Alles, was dir einfällt, das dich aus deiner James-Bond-Haltung rauskatapultieren könnte, kannst du sofort in einen Wenn-Dann-Plan packen, und zack, hast du damit eine Wunderwaffe geladen. Denn dadurch, dass du dieses Hindernis sozusagen mental schon vorweg nimmst und es mit einem erwünschten Verhalten oder deinem Motto-Ziel verknüpfst, wirkt genau dieses Hindernis als Auslöser für deinen erwünschten Dann-Teil. Das ist so, als würdest du kleine Stolpersteine für dich ausnutzen, um höher zu steigen und dein Ziel schneller zu erreichen», begeistert sich Dorabella.

«Das ist echt genial, ich bin sprachlos!», wirft Elvira ein. «Du meinst, für jede kleine Situation kann ich die Dinger einsetzen?»

Weil die Wenn-Dann-Pläne so wirkungsvoll sind und wichtig, startet Dorabella eine Ideenkorb-Runde für Wenn-Dann-Pläne, in die sich unsere Helden gleich voll Eifer stürzen. Dorabella bittet sie im Anschluss, ihren Lieblings-Wenn-Dann-Plan zum Besten zu geben. Und so sehen diese im Einzelnen aus:

Wenn meine Mutter am Telefon mal wieder nörgelt, ich würde mit meinem Gewicht nie einen Mann abkriegen …

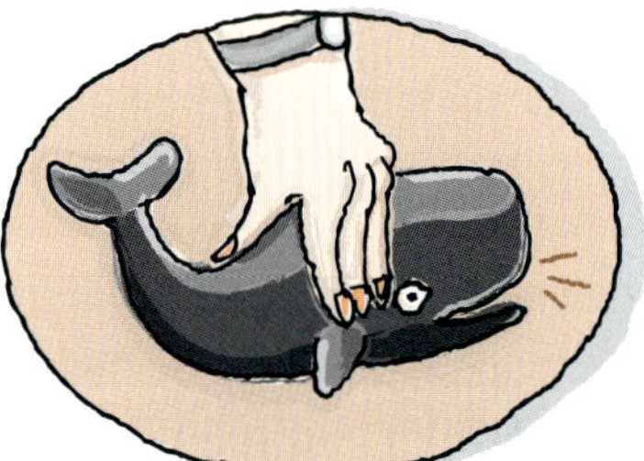

… dann drücke ich auf meinen Plastik-Quietsche-Wal, den ich mir auf den Telefontisch bereitlege.

Wenn ich mit Jule und Jesper am Abendbrottisch sitze …

… dann hole ich mir meinen kolibriroten Pen und sage mir innerlich «Prost, Kolibri!»

Wenn ich beim Kuscheln mit Timon merke, dass ich eine Unterzuckerung kriege…

… dann küsse ich ihn sanft und hole mir ein paar Haribos aus der Küche.

Wenn ich mal wieder einen Blutzuckerwert von über 300 habe…

… dann sag ich mir «Supercali, Zaubernuss!» und nehme meinen Pen in die Hand.

Wenn Paula mir an die Schläfe fasst, um festzustellen, ob ich unterzuckert bin…

… dann fasse ich sie an der Hüfte und wirble sie einmal um mich herum.

Nach dieser tollen Runde mit viel Gelächter gibt es spontanen Applaus von allen. Die Atmosphäre ist locker und fröhlich und Christoph krempelt die Hemdsärmel hoch. «Ja, nun bin ich wohl noch dran in unserem Fehler-Turnier. An und für sich habe ich jetzt gar keine Zeit mehr, weil ich an die 200 Wenn-Dann-Pläne aufschreiben muss.» Er grinst lässig und hat doch tatsächlich schon einen Hauch von Sean Connery an sich. «Aber auch ich bewerbe mich um den best error of the day. Darum bleibe ich noch hier und erzähle euch meine Story.»

«James, komm mal wieder uff's Tapet!», gluckst Renate und die Runde lacht erneut.

«Nun mal im Ernst. Meine missratene Situation werdet ihr wohl eher nicht knacken, die ist echt Hardcore. Vor kurzem sind wir, die ganze Familie, in Hamburg zum Geburtstag meiner Schwiegermutter eingeladen gewesen. Ihr müsst wissen, Paula und ich sind vor einigen Jahren, sehr zum Leidwesen meiner Schwiegereltern, aus Hamburg weggezogen, weil ich ein gutes Jobangebot hatte und weil wir uns unser eigenes Leben aufbauen wollten. Paulas Vater ist Plastischer Chirurg und arbeitet in einer Privatklinik in Eppendorf. Paula hat die ersten fünf Semester Medizin studiert, dann aber ihr Studium abgebrochen, als sie mit unserem großen Sohn schwanger wurde. Nun denn. Geburtstag der Schwiegermutter, wirklich vorhersehbar. Eine B-Situation. Ihr könnt euch vorstellen, wie angespannt die Stimmung bei solchen Familienzusammenkünften ist. Ich werde unterschwellig dafür verantwortlich gemacht, dass Paula ihr Studium nicht zu Ende gebracht hat und dass wir in der Pampa in Brandenburg wohnen. Das spricht aber natürlich niemand aus, das macht sich nur atmosphärisch bemerkbar. Nur mal zur Erläuterung des Szenarios.»

«Donnerwetter, Christoph, du hast echt eine poetische Ader, wusste ich ja gar nicht», wirft Renate, wie immer treffend, in den Raum und amüsiert sich dabei köstlich.

«Gut, ich komme zum Punkt. Jedenfalls wusste ich schon, das wird für James Bond keine leichte Mission, dieser Schwiegermutter-Geburtstag. Darum hab ich mich ausgestattet, mir ein neues weißes Hemd gekauft und meine James-Bond-Manschettenknöpfe angelegt. Meine dunkelgrüne Fliege passte für den Anlass perfekt. Mein Handy hat eine

Erinnerungsfunktion, und ich habe mir eine stündliche Erinnerung mit dem Text ‹Mit souveräner Eleganz halte ich das Steuer in der Hand und gebe Gas› einprogrammiert. Meinen Schlüsselanhänger mit dem Revolver hatte ich die ganze Zeit in der Hosentasche. Ich war wirklich gut vorbereitet. Ich habe mir lange überlegt, wie ich das mit den sozialen Ressourcen machen könnte, und hatte eine Idee. Meine Jungs waren sofort Feuer und Flamme, als sie mein Faible für James Bond entdeckt haben. Da habe ich ihnen ein schwarzes 007-T-Shirt geschenkt, das finden sie supercool.

Paula war zwar nicht sehr begeistert davon, dass die beiden zum Geburtstag der Oma im 007-T-Shirt erscheinen sollten, aber sie hat sich von den Jungs überreden lassen. Stellt euch also vor, die Jungs laufen bei dem Geburtstag mit den T-Shirts rum. Alles läuft wie erwartet: Meine Schwiegermutter begrüßt mich unterkühlt, Paula ist angespannt und gereizt. Sie erkundigt sich schon nach kurzer Zeit, ob mein Blutzucker okay sei. Paulas Bruder, ein erfolgreicher Kieferorthopäde in Blankenese, fragt mich am Tisch vor allen, wann wir aus dem Kuhkaff in Brandenburg endlich wieder wegziehen würden.

Ich antworte, dass wir froh seien, nicht in elitären Kreisen zu leben. Paulas Augen verengen sich. Sie sagt am Tisch – wie schon so manches Mal –, ich hätte wohl einen zu niedrigen Zuckerwert, ich würde das bestimmt nicht so meinen. Paulas Vater lamentiert nach einigen Gläsern Wein, dass Paula das Talent zu einer vielversprechende Ärztin habe, die sein Erbe antreten könnte. Es tut mir leid, Primes und all der Schnickschnack haben angesichts all dessen nichts vermocht. Ich war wieder der Schuljunge, wie immer an solchen Abenden. Warum, und das frage ich euch alle in der Runde, warum ist das schief gelaufen?»

«Diese ganzen miesen Äußerungen – hast du die kommen sehen?», fragt Steffi. «Sicher», entgegnet Christoph, «das ist es ja. Bei diesen Familienfesten kamen schon immer die größten Klopper. Das war zu erwarten. Und ich habe mich doch wirklich vorbereitet. Ich verstehe das nicht!»

Dorabella fragt Christoph: «Du, sag mal, wie hoch hast du den Schwierigkeitsgrad dieses Schwiegermutter-Geburtstags auf dem Thermometer angesetzt?»

«Och, ich dachte mir etwa 60», antwortet Christoph.

Aber Dorabella lässt nicht locker: «Du meinst Herausforderungsgrad 60 inklusive folgender Szenen: Schwiegermutter-Begrüßung, der Bruder von Paula aus Blankenese, die Bemerkung zum Brandenburger Kuhkaff und der angetüttelte Schwiegervater. Und zusätzlich Paula mit ihrer Bemerkung vor allen von wegen Unterzuckerung. Erinnerst du dich, wie schwer das für dich gewesen ist, in deiner James-Bond-Haltung zu bleiben? Gib mir bitte noch einmal eine realistische Einschätzung vom Schwierigkeitsgrad dieser Situation.»

Christoph schaut Dorabella an, seine Mundwinkel hängen nach unten, und er verzieht sie ein bisschen. Er schweigt einen Moment.

«90», murmelt er leise.

«Dann ist es wirklich verständlich, dass das nicht geklappt hat mit deinem James Bond! Christoph, das war doch eine viel zu schwere Kiste. Eine B90-Situation kann man nicht als Trainingssituation nehmen, das kann nicht erfolgreich verlaufen. Wenn ihr euer Motto-Ziel-Netz trainieren wollt, dann müsst ihr ihm auch Erfolg ermöglichen. Und das geht eben nur im Bereich zwischen 40 und 60», erklärt Dorabella ziemlich bestimmt.

«Ich mache dir einen Vorschlag, Christoph. Wir nehmen uns den Schwiegermutter-Geburtstag vor und sezieren ihn. Wir nehmen dafür ein eigenes Thermometer und splitten den Geburtstag in Untersituationen auf.» Christoph schaut Dorabella ziemlich verständnislos an, und auch die anderen wissen nicht genau, was Dorabella vorhat.

«Wir analysieren, aus welchen Teilsituationen der Schwiegermutter-Geburtstag besteht. Elvira, notier das bitte mal für Christoph. Fangen wir an. Der Tag begann bei dir zu Hause, Christoph.» Christoph nickt.

«Du warst vielleicht unter der Dusche und hast dein 007-Quantum-Duschgel benutzt. Wie schwer war es dort für dich, deine James-Bond-Haltung einzunehmen?»

«Pff, das war wohl eine B15-Situation, völlig easy», entgegnet Christoph.

«Und am Frühstückstisch mit Paula und den Jungs, als Paula unzufrieden war, weil die Jungs im 007-T-Shirt zum Wiegenfest fahren wollten – wie war das für dich?», fragt Dorabella weiter.

«Hm, das war schon eine B35-Situation, da hab ich mir schon vorstellen können, wie er so wird, der Tag», denkt Christoph nach. «Und im Auto, das kann ich dir gleich sagen, war Paula unangenehm still und angespannt. Das war für mich schon eine B45-Situation.»

«Und als ihr später an der Tür standet und geklingelt habt?»

«Da lagen die Aktien schon bei B60, mindestens», stellt Christoph nachdenklich fest. «Gut, ich habe das Prinzip verstanden. Was danach kam, ist locker über 60. Das ist ganz klar. Aber ich frage dich, was hab ich von dem ganzen Zinnober, wenn nun mal dieser Geburtstag ansteht und ich ihn mit dem ZRM bis ins Detail vorbereiten möchte? Der kommt auf mich zu, und ich möchte daran arbeiten. Was bringt es mir, wenn es gar nicht funktioniert?»

«Du kannst nur an einer adäquaten Situation trainieren. Denk ans Fitnessstudio. Es bringt nichts, dir megaschwere Gewichte aufzulegen. Du brichst darunter zusammen. Erfolg kann sich nur einstellen, wenn die Gewichte zu deinem Trainingszustand passen, Christoph. Das bedeutet: Du kannst dir jetzt aus den vielen Situationen dieses Tages eine Untersituation zwischen 40 und 60 aussuchen, die du mit Erinnerungshilfen und deinen Jungs als sozialen Primes übst», erklärt Dorabella geduldig.

«Das ist doch pillepalle!», ruft Christoph verärgert aus. «Wenn ich mir die Autofahrt raussuche, ist das nur ein Bruchteil des ganzen Tages. Was hab ich denn davon, wenn ich nur die Autofahrt vorbereite und danach kommt der Gau?»

«Ich kann dich gut verstehen», erwidert Dorabella «aber es macht wirklich nur Sinn so zu trainieren, dass deine Muckis es schaffen können. Und zu deinem Trost: Wenn du für diese Untersituation etwas getan hast, hast du gleichzeitig etwas für die gesamte Situation getan! Das nächste Mal wird dir das Ganze schon leichter fallen, dann kannst du dir sicher schon mehr vornehmen.»

Christoph versteht allmählich, dass es aus der Sicht des lernenden Gehirns viel mehr Sinn macht, eine kleinere Situation erfolgreich zu meistern, als an einer riesig schweren zu scheitern. Ihm ist klar, dass er auch die «dicken Dinger» besser bewältigen wird, wenn er seinen Alltag in handhabbare Häppchen einteilt. Er wirkt schlussendlich halbwegs zufrieden, auch wenn sein James Bond lieber gleich den ganzen Saftladen in Eppendorf ordentlich aufgemischt hätte.

Der Nachmittag ist vorgerückt, und Dorabella fragt, wer noch eine Situation in den Ring werfen oder etwas besprechen möchte. Alle sind mit dem heutigen Pensum mehr als zufrieden, und Dorabella freut sich: «Gut, dann können wir ja voranschreiten und zum Finale – zur Kür des Fehlers des Tages – kommen.

Dritte Runde

Kür des Favoriten-Fehlers

Ich erinnere an die Wettbewerbsteilnehmenden und ihre Rennpferde:

- Steffi, die keine A-Situationen finden konnte
- Elvira, die den Adler gegen einen genussvollen Kolibri getauscht hat
- Renate, die eine B-Situation (in der Diabetessprechstunde) nicht ausreichend mit mobilen Erinnerungshilfen und sozialen Ressourcen vorbereitet hat
- Steffi, die von Nana Mouskouri überrascht wurde
- Leander, der sich im Cello-Unterricht und mit dem Schweinefilet-Abend mächtig in C-Situationen hineingeritten hat und
- Christoph, der sich eine megaschwere B-Situation für sein Fitness-Training ausgesucht hat.

Jeder von euch hat zwei Stimmen. Ihr schreibt die Namen eurer Favoriten auf zwei Zettel. Es steht euch frei, zwei Stimmen an den gleichen Favoriten abzugeben. Ich sammle die Zettel ein, und wir ermitteln den Gewinner.»

Unsere Helden lachen, tuscheln, schreiben und werfen ihre Stimmen in ein Körbchen, das Dorabella anschließend an sich nimmt. Sie zählt mit theatralischer Mimik die Stimmen aus und räuspert sich: «Ich darf den Gewinner unseres Contests verkünden. Es handelt sich um… Leanderrrr!»

Ein kräftiger Applaus erschallt im Raum, und Leander strahlt. Dorabella überreicht ihm eine kleine Flasche Limoncello. «Den hat meine sizilianische Großtante selbst gemacht, sie besitzt eine Zitronenplantage. Ihr Limoncello ist ein Göttergetränk, Schluck für Schluck genießen!

Bevor wir auseinandergehen, verabredet ihr euch bitte für das nächste Treffen in sechs bis acht Wochen. Und probiert mal genau denselben Ablauf wie heute. Wenn es Fragen gibt, dann meldet euch bei mir. Ich drücke euch die Daumen, dass ihr jede Menge A-Situationen sammeln könnt! Tschüss zusammen!»

Steffi, Christoph, Leander, Renate und Elvira verabschieden sich von Dorabella und voneinander und verabreden sich für ihr nächstes Treffen in sieben Wochen.

5.2 Zweites Treffen

Unsere Helden sehen sich also nach sieben Wochen wieder. Renate hat vorgeschlagen, sich bei ihr zu Hause zu treffen, und so trudeln Leander, Christoph und Elvira nach und nach bei Renate ein.

«Aha, ein Walfisch auf dem Fußabtreter», bemerkt Christoph beim Eintreten sofort. Renate grinst: «Wahrscheinlich ruft meine Mutter nachher an, dann kannst du auch meinen Miss-Marple-Klingelton hören.»

Steffi kommt zu spät, ist ganz außer Atem und hat rote Bäckchen: «Entschuldigung, dass ich euch gleich überfalle, aber, ähm. Ich werde nachher abgeholt.» Ihr Gesicht wird puterrot. «Ich wollte fragen, wie lange es heute geht, weil derjenige unten wartet und wissen möchte, wann er wieder kommen soll.»

Die fünf einigen sich auf drei Stunden, und Steffi flitzt nochmal nach unten. Renate hat Tee und Kaffee vorbereitet. Nachdem Steffi die Abholzeit durchgegeben hat, machen es sich alle gemütlich.

Die erste Runde behandelt die A-Situationen, wie sie es bei Dorabella gelernt haben. Elvira macht den Anfang: «Es hat sich ganz schön viel positiv verändert in der letzten Zeit. Es kommt mir ewig vor, dass wir den ZRM-Kurs bei Ludovica und Dorabella besucht haben. Meinen Kolibri hab ich im Gepäck, er hilft mir in vielen Situationen. Ich habe mir genau überlegt, wann ich das Insulinspritzen vergesse. Und ich habe mir für einige Situationen kleine Prime-Parkplätze gebaut.

Das funktioniert gut, weil ich gemerkt habe, dass der Tag blutzuckermäßig viel glatter läuft, wenn ich es schaffe, zum Frühstück und zum Abendbrot zu messen und zu spritzen. Ich habe einfach meine Küche und mein Esszimmer mit Primes ausgestattet. Auf der Kühlschranktür befindet sich ein Kolibri-Magnet. Wenn ich mir Frühstück mache, schaut mich morgens schon ein Kolibri-Bild an. In der Innenseite der Kühlschanktür steht ein Fläschchen mit Gelée Royale, das ist so nahrhaft und luxuriös wie Blütennektar. Beim Frühstücken messe ich gleich und lege mir meinen Pen auf den Frühstückstisch.

Bis ich gekocht habe und das Essen fertig ist, dauert es, deshalb muss das Spritzen abends etwas warten. Da kann ich nicht schon beim Kochen spritzen, sonst rutscht mir der Zuckerwert vor dem Essen runter. Also habe ich mir wunderschöne Kolibri-Tischsets in leuchtenden Grünblau-Tönen gekauft und mir eine Tasse mit einem Kolibri-Bild bedrucken lassen. Abends trinke ich keinen Tee, da stelle ich den Pen einfach in die Kolibri-Tasse. Das fällt auf. Da kann ich das Spritzen kaum vergessen.

Meine Kinder Jule und Jesper finden meine Tasse so schön, dass sie auch unbedingt eine Kolibri-Tasse haben wollten. Sie trinken ihren Tee nun aus ihren Kolibri-Tassen und erinnern mich damit auch ans Spritzen.

Mein letzter Prime-Parkplatz vor dem Schlafengehen ist für die späte Blutzuckermessung eingerichtet. Jesper und Jule zögern das endgültige Lichtausmachen häufig mit hundert Ausreden hinaus. Ich habe ihnen Büchlein über Kolibris geschenkt, die liegen auf den Nachttischen. Da erinnern sie mich an meine Kolibri-Zeit.

Wenn die beiden endlich schlafen, bin ich meist hundemüde, so dass ich es gerade noch schaffe, die Zähne zu putzen, um gleich ins Bett zu sinken. Ihr werdet es nicht glauben, aber ich habe wunderschöne Kolibri-Bettwäsche gefunden, die mich an meine letzte Messung erinnert. Über meinem Bett habe ich eine Lichterkette mit kleinen Kolibris angebracht, die ist dann schon an. Wenn ich sie zum Ausknipsen anfasse, fällt mir fast immer die Messung ein.»

Nun ist Christoph an der Reihe.

«Bei mir hat sich auch einiges getan. Ich sollte vielleicht zuerst erzählen, dass es bei mir neben Diabetes auch noch ein weiteres Thema gab. Ähm, eine Weile hatte ich neben Paula...» Christoph macht eine kurze Pause und rückt dann raus: «...auch noch eine andere Frau. Und nun steckte ich im Dilemma zwischen Paula, die mich immerzu wie ihren dritten Sohn behandelte, und Leila, die ganz anders und ungebunden ist. Den James Bond in mir habe ich gut gefüttert. Mit Paula wurde es besser. Es gefällt ihr selber auch gut, habe ich den Eindruck, dass ich mir die Butter nicht mehr vom Brot nehmen lasse.

Jedenfalls konnte ich mich lange Zeit nicht entscheiden zwischen den beiden. Und da habe ich kurzerhand Ludovica angerufen. Und ihr alles erzählt. Sie hat mich an den Strudelfaktor erinnert, die Affektbilanz, könnt ihr euch entsinnen? Die Plus-Skala mit dem zufriedenen Wurm und die rote Minus-Skala mit dem unglücklichen Wurm. Wir haben uns die Möglichkeiten separat angesehen. Für die Entscheidung, mich von Paula und den Kindern zu trennen, haben wir eine Plus- und eine Minus-Bilanz gemacht. Desgleichen für die Möglichkeit, mich von Leila zu trennen. Auch hier haben wir eine Bilanz gemacht. Diese Bilanzen haben mir schon ganz viel gezeigt. Ich habe mit Ludovica verabredet, in ein paar Wochen noch einmal zu telefonieren. Bis dahin hatte sich die Bilanz so verändert, dass mir klar war: Ich möchte mit Paula zusammenleben und mit meinen Jungs, aber eben mit einer gehörigen Portion James Bond im Blut!

Ich erzähle das hier, weil mir nicht klar war, wie gut man diesen Strudelfaktor im Alltag benutzen kann. Seitdem ich das mit Ludovica durchgespielt habe, benutze ich die Bilanz im Alltag ganz oft. Mein Chef fragt mich, ob ich noch einen wichtigen Kunden in dieser Woche reinnehmen kann. Ich bitte um kurze Bedenkzeit, befrage meinen Wurm: Wie viel ist auf der ‹grmpfl›-Skala an Minus-Gefühl von 0 bis 100 vorhanden? Wie viel ist auf der Plus-Skala verzeichnet? Das hilft mir ganz schnell abzuwägen, ob es wichtiger ist, die Wünsche des Chefs zu befriedigen oder mit meiner Familie, wie geplant, zum Inline-Skaten aufs Tempelhofer Feld zu gehen.

Paulas Bruder lädt zu einem Herrenabend im Golfclub ein? Ich mache flott eine Bilanz, und mein Wurm zeigt mir ganz schnell, ob ich ausreichend auf der Plusseite habe, um eine solche Veranstaltung zu ertragen, oder ob das Minus derart stark ist, dass ich es sein lasse. Im Laufe der Zeit geht mir die Bilanz immer flotter von der Hand. Ich hab das Gefühl, ich kann mich immer besser spüren und bessere Entscheidungen treffen. Das kann ich prima nutzen, darum erzähle ich es euch.»

«Na, du bist ein ganz schönes Früchtchen», bemerkt Renate mit leicht hochgezogenen Augenbrauen. «Da hast du einen gehörigen Schuss James Bond intus, das erinnert mich glatt an Miss Moneypenny!»

Elvira lacht besonders laut mit.

«Was meinen Blutzucker betrifft», fährt Christoph unbeeindruckt fort, «ist mir etwas klar geworden: Wenn ich wie James am Steuer sitzen und Gas geben will, kann ich mir keine Unterzuckerung leisten. James lässt sich auch immer vor seinen Missionen von Q instruieren, damit er sicher und für alle Notfälle gewappnet ist. So eine Unterzuckerung mit Schwitzen und Schwächeln passt nicht zu Bond. Nicht nur bevor ich ins Auto steige, sondern auch vor jeder aufregenderen oder längeren Unternehmung messe ich meinen Blutzucker und denke dabei an Bond und Q. Die Vorstellung macht mir richtig Spaß.

Im Übrigen gibt es noch eine nette A-Geschichte. Als ich das letzte Mal bei meinem Diabetologen war, gewappnet mit mobilen Primes, habe ich das Gespräch an mich genommen. Habe ihm erzählt, wie sich die Beziehung zwischen Paula und mir verändert hat, dass ich eine Affäre hatte und dass ich meine Unterzuckerungen heute ganz anders im Griff habe. Und ich habe erzählt, dass das mit ZRM zu tun hat.

Mein Arzt war bass erstaunt, er hat den Mund nicht mehr zugekriegt. Als ich von Leila, meiner Bekannten, erzählt hab, hat er etwas peinlich berührt auf seinen Schreibtisch geschaut. Und zum Abschluss der Sprechstunde hat er nur noch gesagt: Das ist ja großartig. Vielleicht sollte ich auch so einen Kurs besuchen.»

Renate hat einen kleinen Snack mit gefüllten Blätterteig-Taschen vorbereitet und Melone mit Parmaschinken. Die Fünf genehmigen sich eine kleine Pause.

Danach nimmt Steffi den Faden wieder auf: «Ich bin ganz überrascht, was in den letzten Wochen bei mir gelaufen ist. Ich arbeite seit einiger Zeit wieder in der Kanzlei. Es ist mehrfach vorgekommen, dass Kollegen mich darauf angesprochen haben, dass ich so verändert wirke. Gut, die Prime-Kette, die Renate für mich gebastelt hat, sieht einfach klasse aus, und ich habe mir ein paar schöne Kleidungsstücke zugelegt. Mary-Poppins hat diesen schicken Nostalgie-Look, und ich habe für mich entdeckt, dass ich es supergerne mag, wenn unter meinen Oberteilen ein bisschen Spitze hervorlugt. Natürlich ganz anständig, wie Mary Poppins das eben getragen hätte.

Mit Nora aus meiner Kanzlei maile ich zweimal in der Woche, und ich berichte ihr von meinen A-Situationen. Es werden immer mehr. Ich bin richtig stolz auf mich. Was soll ich euch sagen – etwas ist merkwürdig. Meine Blutzuckerwerte haben sich auch verändert. Die sind nicht perfekt, aber dieses totale Chaos mit nicht messbar hohen Werten und ständigen Unterzuckerungen, das gibt's viel seltener.

Frau Lauscher, die Diabetesberaterin, hat mich beim letzten Termin ausgefragt. Ob ich eine Idee hätte, warum das so ist. Ob ich andere Nadeln benutze oder in eine andere Stelle spritze? Ich habe alles verneint. Da hat sie mich gefragt, ob ich mich anders fühle, ob es mir besser gehe. Es ist mir wie Schuppen von den Augen gefallen. Dass sich meine Stimmung und der Stress und die Anspannung auf mein Blutzucker-Mobile auswirken. Das hatte mir die Frau Lauscher ja bereits erklärt.

Ich konnte es nicht glauben und habe Dorabella eine Mail geschrieben und gefragt, ob sie das für möglich hält. Vielleicht ist es doch nur mein Zyklus, und in zwei Wochen ist der Traum wieder vorbei. Ich habe Dorabella auch von meinem Mobile-Bild erzählt. Dorabella hat mir Folgendes zurückgeschrieben: Das Mobile wurde vorher von dem Druck, den ich hatte, von dem Gefühl, den Diabetes nicht unter Kontrolle zu haben, von der Panik, alles falsch gemacht zu haben, wie wild angestoßen und geschaukelt.

Das Mobile ist immer noch da, aber es ist jetzt so, wie wenn ich das Fenster geschlossen hätte und der Wind von draußen nicht mehr reinkönnte. Es hat sich beruhigt und pendelt nur noch sanft. Es ist völlig klar, dass sich das auf die Blutzuckerwerte auswirkt!»

Leander fällt ein: «Steffi, das ist irre. Ich habe etwas Ähnliches beobachtet. Wobei ich nicht weiß, ob es mein verändertes Verhalten in Bezug auf meinen Diabetes ist oder meine innere Verfassung, die einfach ruhiger, gelassener, optimistischer geworden ist. Es bestärkt mich, dass es dir auch so geht! Ich möchte euch noch etwas berichten, das Timon eingefallen ist: Im Laufe der Wochen habe ich gemerkt, dass ich mit den Notizen zu meinen A-, B- und C-Situationen nachlasse oder dass es mir einfach zu viel wird, alles zu beachten, zu planen und zu analysieren. In der Hinsicht hab ich auch schon eine Weile völlig geschlunzt.

Timon hatte eine schöne Idee: Wir übernachten meist zusammen, entweder bei ihm oder bei mir. Timon, dem ich natürlich längst von unserem Situationen-Selbstcoaching erzählt habe, legt mir jede Woche ein Zettelchen in meinen Cellokasten und schlägt mir eine Aufgabe für die Woche vor: A-Situationen aufmerksam beachten oder eine B-Situation in der Woche planen oder eine Woche lang aufschreiben, welche C-Situationen mir passiert sind. Einmal im Monat ist Faultierstunde, da schau ich mir meine Notizen an. Das ist wirklich der Hammer: Es werden immer mehr A-Situationen, die B-Situationen fallen mir immer leichter, und die C-Situationen werden weniger! Die Schubladeninhalte werden umgeschichtet. Genauso, wie Ludovica das erklärt hat.

Last but not least will ich euch noch erzählen, dass ich in zwei Wochen meine Aufnahmeprüfung an der Musikhochschule habe. Ich bin schon wie wild am Vorbereiten – sowohl mit dem Cello als auch mit meinen Primes und so. Gilda Montefiore, meine Nachbarin, nehme ich als soziale Ressource mit. Das passt super, denn sie ist Notenwenderin, und mein musikalischer Begleiter lässt sich von ihr die Noten umblättern.»

«Leander, ihr Lieben», wirft Renate ein, «ich möchte euch jetzt um etwas bitten. Wenn das Telefon gleich klingelt, ist meine Mutter sicher an der Strippe. Ich habe das Telefonat mit ihr bewusst in die Zeit unserer Sitzung gelegt. Ich habe die Nase voll davon, dass sie mich jeden Tag anruft und die Krise kriegt, wenn ich nicht rangehe. Ich bin doch keine 17 mehr. Kann ich euch um Unterstützung bitten? Ich will ihr gleich am Telefon sagen, dass es mir guttun wird, wenn wir in Zukunft nur einmal in der Woche telefonieren. Und dass ich es sein möchte, die sie anruft. Pff, könnt ihr euch vorstellen, wie heftig das für mich ist? Ihr kennt meine Mutter nicht. Die bringt Blasius voll zur Strecke. Ich hab's schon mehrfach mit seiner Hilfe probiert. In etwa einer halben Stunde ruft sie an. Könnt ihr mir einen Ideenkorb dazu geben, was wir gleich machen können, damit ich es packe, ihr das zu sagen?»

Renates Vorpreschen entfacht die volle Gruppenpower. Folgende fantasievolle und ein bisschen verrückte Ideen werden vorgeschlagen:

- Renate bereitet sich ein kühles Wal-Fußbad vor, in dem sie mit den Füßen waten kann, um ihr Gemüt abzukühlen.
- Leander quietscht leise, aber für Renate hörbar mit dem Plastikwal in der Nähe des Telefons.
- Elvira hat auf Renates Laptop ein Bild von Miss Marple aufgerufen, wie diese den Mörder gerade überführt, und stellt ihn vor Renates Telefontisch.
- Steffi hält zwei blaue Zettel bereit, mit denen sie Renate zuwinken wird, wenn sie merkt, dass Blasius Unterstützung braucht.
- Christoph bekommt die Regieanweisung, nach zehn Minuten an Renates Wohnungstür zu klingeln.

«Und nach dem Telefonat gönnen wir uns was», sagt Renate, «egal wie es ausgeht!

Steffi, ich wollte dich noch fragen: Was ist eigentlich mit deinem Chauffeur? Davon hast du uns gar nichts erzählt? Ist das dein Bert aus Mary Poppins?» Steffi lächelt. «Das ist Jakob. Gleich als er zum ersten Mal in der Kanzlei durch die Tür kam, hab ich gedacht: Wow! – Er ist schüchtern. Er hat sich nicht einmal getraut, die Kanzlei telefonisch zu kontaktieren. Darum kam er persönlich. Meine Kette hat er gleich bemerkt und gefragt, woher ich sie habe. Es entspann sich ein nettes Gespräch. Ich hab mir ganz leise gesagt ‹Supercali-Zaubernuss!› und habe ihn einfach gefragt, ob er Lust hätte, mal mit mir spazieren oder einen Kaffee trinken zu gehen. Dafür hab ich mir gleich drei Perlen der Kette auf die andere Seite geschoben. Am nächsten Tag sind Jakob und ich zusammen in den schönen Teeladen um die Ecke gegangen. Na ja, nachher holt er mich ab, und wir gehen in den Tiergarten spazieren.» Sie strahlt.

Das Telefon klingelt, und alle schrecken auf – vermutlich Renates Mutter. Jeder bezieht seinen Platz, und Renate geht ans Telefon. Ihr Gesicht bestätigt die Vermutung. Schade, dass niemand ein Foto machen kann von Renate im Fußbad, Steffi mit den blauen Zetteln, Leander mit dem Quietsche-Plastik-Wal, Elvira, die auf den Laptop zeigt, und Christoph, der wie verabredet zur Wohnungstür geht, um zu klingeln.

Renate kämpft tapfer am Telefon und spricht ihren Wunsch aus. Zum Schluss kommt noch ein Wenn-Dann-Plan zum Zuge: *Wenn meine Mutter die Verletzte raushängen lässt, nachdem ich ihr gesagt habe, dass ich sie nur einmal in der Woche anrufen werde, dann lade ich sie kurzerhand für die nächste Woche ins Kino ein.*

Renate beendet das Gespräch, weil angeblich der Briefträger an der Tür klingelt. Dann pustet sie mit aller Blasius-Kraft erst einmal kräftig durch.

Sie lacht und geht zum Kühlschrank, in dem ein gekühlter Crémant wartet. Auf diesen Erfolg stoßen unsere Helden jetzt an, bevor sie sich an die zweite Runde für den ‹Fehler des Tages› machen. Nach dem zweiten Glas Crémant sind sich alle einig, dass sie beim nächsten Treffen eine Spezialkür vornehmen werden mit der gruseligsten C-Situation, die natürlich preisgekrönt werden wird.

Und so machen sie mit ihrem Gelächter und ihrer guten Laune dem Dolce-Vita-Training alle Ehre.

Nach einer Woche bekommen alle Gruppenmitglieder des Dolce-Vita-Seminars eine E-Mail von Elvira.

Betreff: Dolce Vita
Von: elvira@kolibri.de
An: mail@leandrocello.de, info@blasius.d
Cc: chris@007.de, steffi-mary@basilikum.

Liebe Leute, mein Kolibri und ich haben uns die Zeit genommen, alle Tipps von Dorabella in einem Steckbrief zusammenzufassen. Das ist sicher hilfreich bei unserem nächsten Treffen.

Liebe Grüße, Elvira

Checkliste fürs Selbstcoaching

Fallstricke, die sich einem in den Weg legen können

Motto-Ziel
Problem: Mit dem Motto-Ziel stimmt etwas nicht

- Stimmt mein Bild / das Wunschelement noch? (macht es mir ein supergutes Gefühl? Oder auch ein kleines ‚grmpfl'?)
- Stimmen die einzelnen Worte im Motto-Ziel?
- Macht mir mein Motto-Ziel ein ‚grmpfl'-Gefühl?
- Macht mir mein Motto-Ziel ein starkes Bingo-Gefühl?
- Ist mein Motto-Ziel möglicherweise nicht hundertprozentig unter meiner Kontrolle? (hundertprozentig unter meiner Kontrolle = nur ich kann es beeinflussen!)

A-Situationen

Problem: Ich finde keine A-Situationen

Mögliche Fehler:

- kein Erfolgstagebuch geführt
- A-Situationen nicht erkannt („Viel zu einfach")
- A-Situationen keinen Applaus spendiert („Ist doch nichts Besonderes")

B-Situationen

Problem: B-Situation klappt nicht

- Sich B-Situation nicht regelmäßig vorgenommen, also auch kein Training
- B-Situation nicht mit dem Arbeitsblatt vorbereitet (Wie wird sie sein? Wer ist dabei? Welche Erinnerungshilfen benutze ich? Welche sozialen Ressourcen setze ich ein?)
- Situation war keine B-Situation, sondern eine C-Situation (überraschend!)
- B-Situation hat keinen Bezug zum Motto-Ziel
- Zu schwere B-Situation ausgewählt (schwerer als B60)
- B-Situation nicht realistisch eingeschätzt (zwischen B40 und B60, in Wahrheit höher)

C-Situationen

Problem: C-Situation klappt nicht

- Nicht bemerkt, dass es eine C-Situation war, also auch nicht notiert
- Bemerkt, aber nicht im C-Situationen-Tagebuch notiert
- Keine Analyse der C-Situationen, somit ihr Muster nicht erkannt
- Keine Vorläufersignale (Diamanten) gesammelt
- Keine Wenn-Dann-Pläne gemacht (also nicht in die B-Schublade gesteckt)
- Sich über misslungene C-Situationen zu lange geärgert

Anhang

Literatur mit Kommentaren

Berentzen, TL, Jakobsen, MU, Halkjaer, J, Tjonneland, A, Overvad, K, Sorensen, TIA: *Chances in waist circumference and mortality in middle-aged men and women,* PloS ONE 2010 (5), e13097.

→ Bessere Überlebenschancen mit höherem BMI (Allgemeinbevölkerung)

Brotman, DJ, Golden, SH, Wittstein, IS: *The cardiovascular toll of stress,* Lancet, 2007 (370), 1089–1100.

→ Psychosozialer Stress als Risikofaktor für kardiovaskuläre Ereignisse.

Buettner, HJ, Mueller, C, Gick, M, Ferenc, M, Allgeier, J, Comberg, T, Werner, KD, Schindler, C, Neumann, FJ: *The impact of obesity on mortality in UA/non-ST-segment elevation myocardial infarction,* Eur J Heart, 2007 (28), 1697–1701.

→ Patienten mit einem hohen BMI überlebten länger nach einem Herzinfarkt.

Cameron, AJ, Magliano, DJ, Shaw, JE, Zimmet, PZ, Carstensen, B, Alberti, KG, Tuomilehto, J, Barr, EL, Pauvaday, VK, Kowlessur, S, Soderberg, S: *The influence of hip circumference of the relationship between abdominal obesity and mortality,* Int J Epidemiol 2012 (41(2)), 484–494.

→ Zusammenhang besserer Überlebenschancen in der jüngeren Allgemeinbevölkerung mit höherem BMI.

Carnethon, MR, De Chavez, PJ, Biggs, ML, Lewis, CE, Pankow, JS, Bertoni, AG, Golden, SH, Liu, K, Mukamal, KJ, Campbell-Jenkins, B, Dyer, AR: *Association of weight status with mortality in adults with incident diabetes,* JAMA 2012 (308), 581–590.

→ Gewichtsparadox bei Menschen mit Typ 2 Diabetes.

Degoulet, P, Legrain, M, Reach, I, Aime, F, Devries, C, Rojas, P, Jacobs, C: *Mortality risk factors in patients treated by chronic hemodialysis. Report of the Diaphane collaborative study,* Nephron, 1982 (31), 103–110.

→ Gewichtsparadox bei Dialysepatienten.

Flegal, KM, Graubard, BI, Williamson, DF, Gail, MH: *Excess deaths associated with underweight, overweight, and obesity,* JAMA 2005, 293, 1861–1867.

→ Übergewicht ist nicht mit einem erhöhten Sterblichkeitsrisiko assoziiert.

FLEGAL, KM, KIT, BK, ORPANA, H, GRAUBARD, BI: *Association of all-cause mortality with overweight and obesity using standard body mass index categories. A systematic review and metaanalysis,* JAMA 2013 (309), 71–82.

→ Metaanalyse, die bestätigt, dass Menschen mit höherem BMI länger leben.

HAMER, M, STAMATAKIS, E: *Metabolically healthy obesity and risk of all-cause and cardiovascular disease mortality,* J Clin Endocrinol Metab 2012 (97), 2482–2488.

→ Bessere Überlebenschancen in der jüngeren Allgemeinbevölkerung mit höherem BMI.

HARTEMINK, N, BOSHUIZEN, HC, NAGELKERKE, NJ, JACOBS, MA, VAN HOUWELINGEN, HC: *Combining risk estimates from observational studies with different exposure cutpoints: a meta-analysis on body mass index and diabetes type 2,* Am J Epidemiol 2006, 163, 1042–1052.

→ Zusammenhang zwischen Übergewicht und höherem Risiko für Typ 2 Diabetes.

HORN, Paula (2004/51.Aufl.): *Kochbuch,* Echo Verlag: Freiburg.

KALANTAR-ZADEH, K, ABBOTT, KC, SALAHUDEEN, AK, KILPATRICK, RD, HORWICH, TB: *Survival advantages of obesity in dialysis patients,* Am J Clin Nutr 2005 (81), 543–554.

→ Gewichtsparadox bei Dialysepatienten.

KOPPLE, JD, ZHU, X, LEW, NL; LOWRIE, EG: *Body weight-for-height relationships predict mortality in maintenance hemodialysis patients,* Kidney Int, 1999 (56), 1136–1148.

→ Gewichtsparadox bei Dialysepatienten.

KRAUSE, F. & STORCH, M. (2012): *Ressourcen aktivieren mit dem Unbewussten. Manual und ZRM-Bildkartei,* Bern: Huber.

→ Die ZRM-Bildkartei als Trainings- und Coachingtool mit einem Manual, in dem diverse Einsatzmöglichkeiten ausführlich beschrieben sind.

KUMARI, M, SHIPLEY, M, STAFFORD, M, KIVIMAKI, M: *Association of diurnal patterns in salivary cortisol with all-cause and cardiovascular mortality: findings from the Whitehall II study,* J Clin Endocrinol Metab, 2011 (96), 1478–1485.

→ Cortisol ist ein Risikofaktor für erhöhte Sterblichkeit.

LARSSON, B, SVARDSUDD, K, WELIN, L, WILHELMSEN, L, BJORNTORP, P, TIBBLIN, G: *Abdominal adipose tissue distribution, obesity, and risk of cardiovascular disease and death: a 13 year follow up of participants in the study of men born in 1913,* Br Med J Clin Res Ed 1984 (288), 1401–1404.

→ Meilensteinarbeit: abdominelles Fett als Risikomarker für erhöhte Sterblichkeit.

LENZ, M, RICHTER, T, MÜHLHÄUSER, I: *The morbidity and mortality associated with overweight and obesity in adulthood: a systematic review.,* Dtsch Ärztebl Int 2009, 106 (40), 641–648.

→ Übersicht über das Risiko für verschiedene Erkrankungen bei Übergewichtigen.

The Look Ahead Research Group: *Cardiovascular Effects of Intensive Lifestyle Intervention in Type 2 Diabetes,* N Engl J Med, 2013 (369), 145–54.

→ Eine Gewichtsabnahme kann die Blutzuckerwerte von Menschen mit Typ 2 Diabetes kurzfristig verbessern; die Gewichtsabnahme senkt aber nicht das Herz-Kreislauf-Risiko.

Meisinger, C, Doring, A, Thorand, B, Heier, M, Lowel, H: *Body fat distribution and risk of type 2 diabetes in the general population: are there differences between men and women? The MONICA/KORA Augsburg cohort study,* Am J Clin Nutr 2006, 84, 483–489.

→ Zusammenhang zwischen Übergewicht und höherem Risiko für Typ 2 Diabetes.

Morkedal, B, Vatten, LJ, Romundstad, PR, Laugsand, LE, Janszky, I: *Risk of myocardial infarction and heart failure among metabolically healthy but obese individuals: HUNT (Nord-Trøndelag Health Study), Norway,* J Am Coll Cardiol, 2014, 63(11), 1071–1078.

→ Adipöse Menschen ohne Stoffwechselkrankheit haben selbst bei starkem Übergewicht kein erhöhtes Risiko für einen Herzinfarkt, aber ein höheres Risiko für eine Herzinsuffizienz.

Nationale Versorgungsleitlinie (August 2013; geändert April 2014): *Therapie des Typ 2 Diabetes,* Kap. 5.2., 1. Auflage, Vs 3.

Nuttall, FQ, Gannon, MC, Saeed, A, Jordan, K, Hoover, H: *The metabolic and hormonal responses of subjects with type 2 diabetes to a high-protein, weight-maintenance diet,* J Clin Endocrinol Metab 2003 (88), 3577–3585.

→ Diäten als Stressfaktor.

Peters, A. (2011): *Das egoistische Gehirn,* Berlin, Ullstein Verlag.

→ Leicht verständliche Einführung in das Thema mit zahlreichen Fallbeispielen.

Peters, A, Schweiger, U, Pellerin, L, Hubold, Co, Oltmanns, KM, Conrad, M, Schultes, B, Born, J, Fehm, HL: *The selfish brain: competition for energy resources,* Neurosci Biobehav Rev 2004 (28), 143–180.

→ Grundlagenarbeit zur Theorie des egoistischen Gehirns.

Peters, A, Langemann, D: *Build-ups in the supply chain of the brain: on the neurogenetic cause of obesity and type 2 diabetes mellitus,* Front Neuroenergetics, 2009 (1:2), doi:10.3389/neuro.14.002.2009.

→ Vertiefende Veröffentlichung zur Theorie des egoistischen Gehirns.

Peters, A, McEwen, B. S.: *Stress habituation, body shape and cardiovascular mortality,* Neuroscience and Biobehavioral Reviews 2015 (56), 139–150.

→ Review (Übersichtsarbeit) über die Zusammenhänge von Stress und kardiovaskulärer Sterblichkeit und den beiden Stressreaktionstypen A und B.

Pyykkönen, AJ, Räikkönen, K, Tuomi, T et al: *Stressful life events and the metabolic syndrome,* Diabetes Care 2010 (33), 378–384.

→ Stressreiche Ereignisse erhöhen das Risiko für das metabolische Syndrom, die Vorstufe von Diabetes.

Romero-Corral, A, Montori, VM, Somers, VK, Korinek, J, Thomas RJ, Allison, TG et al: *Association of bodyweight with total mortality and with cardiovascular events in coronary artery disease: a systematic review of cohort sutdies,* Lancet 2006, 368, 666–678.

→ Sterblichkeit bei übergewichtigen Menschen / Übergewichtige bekommen seltener einen zweiten Herzinfarkt.

Sjöström, L, Narbro, K, Sjöström, D et al: *Effects of bariatric surgery on Mortality in Swedish Obese Subjects,* New England Journal of Medecine, 2007, 357 (8), 741–752.

→ Sterblichkeit nach bariatrischer Chrirugie: Nicht-randomisierte Studie.

Skaff, MM, Mullan, JT, Almeida, D, Hoffman, L, Masharani, U, Mohr, D, Fisher, D: *Daily negative mood affects fasting glucose in Type 2 Diabetes,* Health Psychol, 2009, 28 (3), 265–72.

→ Negative Stimmungen wirken sich auf die Blutzuckerwerte von Patienten mit Typ 2 Diabetes aus.

Smemo, S, Tena, JJ, Kim, K-H, Gamazon, E-R et al: *Obesity-associated variants within FTO form long-range functional connections with IRX3,* Nature, 2014, 507 (7492), 371–375.

→ Lokalisierung der Genregion, die determinierend für Übergewicht ist.

Sörensen, M, Andersen, ZJ, Nordsborg, RB, Becker, T, Tjönneland, A, Overvad, K, Raaschou-Nielsen, O: *Long-Term Exposure to Road Traffic Noise and Incident Diabetes: a Cohort Study,* Environm Health Persp, 2013, 121(2), 217–222.

→ Zusammenhang zwischen Stress und Diabetes: Anhaltende Belastung durch Lärm als Stressor kann das Risiko für das Auftreten eines Diabetes vergrößern.

Speaker, KJ, Fleshner, M: *Interleukin-1 beta, a potential link between stress and the development of visceral obesity,* BMC Physiology, 2012, 12:8.

→ Zusammenhang zwischen Stress und Typ 2 Diabetes bzw. Übergewicht.

Stefan, N, Häring, HU, Hu, FB, Schulze, MB: *Metabolically healthy obesity: epidemiology, mechanisms, and clinical implications,* Lancet Diabetes Endocrinol, 2013, 1(2), 152–162.

→ Menschen mit Übergewicht sind in Bezug auf ihren Stoffwechsel nicht gleich: Eine Gruppe übergewichtiger Menschen ist stoffwechselgesund und hat kein erhöhtes Krankheitsrisiko.

Steptoe, A, Kivimaki, M: *Stress and cardiovascular disease,* Nat Rev Cardiol 2012 (9), 360–370.

→ Stress als Risikofaktor für Mortalität bzw. Trigger für kardiovaskuläre Erkrankungen.

Storch, M. (2012). *Machen Sie doch, was Sie wollen! Wie ein Strudelwurm den Weg zu Zufriedenheit und Freiheit zeigt.* Bern: Huber.

→ Das Wurmbuch zum Einstieg.

Storch, M & Krause, F (2014): *Selbstmanagement – ressourcenorientiert. Grundlagen und Manual für die Arbeit mit dem Zürcher Ressourcen Modell ZRM,* Bern: Huber.

→ Basisbuch zur Arbeit mit dem Zürcher Ressourcen Modell.

Storch, M, Gaab, J, Küttel, Y, Stüssi, A-C, Fend, H: *Psychoneuroendocrine effects of resource-activating stress management training,* Health Psychol, 2007, 26 (4), 456–63.

→ Die Cortisolausschüttung ist in einer stressreichen Situation (Prüfungssituation) deutlich niedriger, wenn Studenten vorher an einem ZRM-Training teilgenommen haben.

Storch, M, Olbrich, D: «Das GUSI-Programm als Beispiel für Gesundheitspädagogik in Präventionsleistungen der deutschen Rentenversicherung», in: Knorzer, W & Rupp, R: *Gesundheit ist nicht alles – was ist sie dann? Gesundheitspädagogische Antworten,* Schneider Verlag Hohengehren, 2011, 111–126.

→ Wirksamkeitsstudie zum ZRM, in der die Probanden an Gewicht abnahmen.

Surtees, PG, Wainwright, NW, Luben, RN, Wareham, NJ, Bingham, SA, Khaw, KT: *Psychological distress, major depressive disorder, and risk of stroke,* Neurology 2008 (70), 788–794.

→ Stress als Ursache depressiver und Angsterkrankungen.

Tomiyama, AJ, Mann, T, Vinas, D, Hunger, JM, Dejager, J, Taylor, SE: *Low calorie dieting increases cortisol,* Psychosom Med 2010 (72), 357–364.

→ Diäten als Stressfaktor.

Vemmos, K, Ntaios, G, Spengos, K, Savvari, P, Vemmou, A, Pappa, T, Manios, E, Georgiopoulos, G, Alevizaki, M: *Association between obesity and mortality after acute first-ever stroke: the obesity-stroke paradox.* Stroke, 2011 (42), 30–36.

→ Gewichtsparadox: Patienten mit einem hohen BMI überlebten länger nach einem Schlaganfall oder einer Hirnblutung.

Vogelzangs, N, Beekman, AT, Milaneschi, Y, Bandinelli, S, Ferrucci, L, Penninx, BW: *Urinary cortisol an six-year-risk of all-cause and cardiovascular mortality,* J Clin Endocrinol Metab 2010 (95), 4959–4964.

→ Cortisol ist ein Risikofaktor für erhöhte Sterblichkeit.

Weber, J & Storch, J (2012): *Tigerblick trifft Himbeerlächeln. Lustvoll flirten mit dem Unbewussten,* Bern: Huber.

→ ZRM-Kurs für Flirtwillige zum Selbstanwenden.

Wellen, KE, Hotamisligil, GS: *Inflammation, stress and diabetes,* J. Clin. Invest, 2005, 115: 1111–1119.

→ Zusammenhang zwischen Stress und Typ 2 Diabetes bzw. Übergewicht.

Arbeitsblätter

Wunschelemente

Mein Thema lautet:

....

....

....

Welches Wunschelement hat Eigenschaften, die mir helfen, bei meinem Thema den Wurm ins Boot zu holen?

Wunschelement	Eigene Ideen	Ideenkorb

Arbeitsblatt

Wunschelement	Eigene Ideen	Ideenkorb

Arbeitsblatt

Auswertung meines Ideenkorbes

Kennzeichnen Sie jede Idee Ihres Ideenkorbes, welche eine Affektbilanz von 0– und mindestens 70+ aufweist.

Folgende Worte, Assoziationen, Ideen aus meinem Ideenkorb haben eine Affektbilanz von 0– und mindestens 70+ und sind meine Lieblingsideen:

Meine eigenen Lieblingsideen:

Arbeitsblatt

Fünf B-Situationen, in denen ich mein Motto-Ziel einsetzen möchte

Verteilen Sie den Schwierigkeitsgrad Ihrer fünf B-Situationen über das ganze Thermometer

Schwierigkeitsgrad

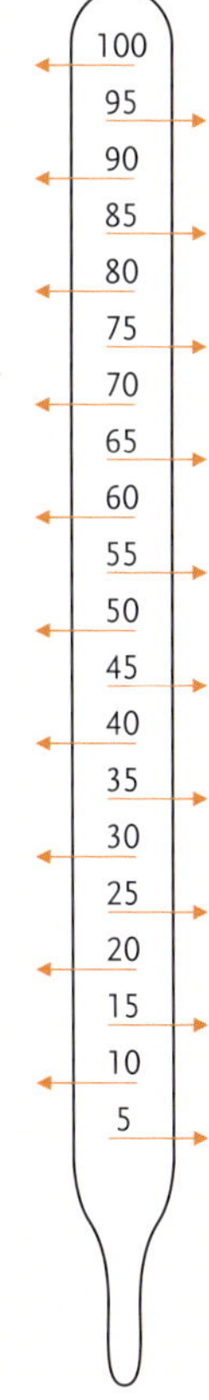

Den Transfer meines Motto-Ziels in den Alltag sicherstellen – für vorhergesehene B-Situationen

Folgende **Situation** hat für mich den passenden Schwierigkeitsgrad:

....

....

....

....

....

Folgende **Erinnerungshilfen** – mobile und stationäre – werde ich einsetzen, um mein Ziel aktuell in dieser Situation zu aktivieren:

....

....

....

....

An folgendem Ort, in folgender Weise werde ich mir eine **«Ressourcen-Tankstelle»** einrichten, an der ich mich mit meinen Ressourcen «aufladen» kann:

....

....

....

Auf folgende Weise werde ich mir **Unterstützung durch Dritte** sichern, um meinen Ressourceneinsatz zu gewährleisten (Arbeitskollegin, Netzwerkpartner, etc.):

....

....

....

Arbeitsblatt

Logbuch für C-Situationen

Bei folgenden überraschenden C-Situationen hat es mich «kalt erwischt», wurde ein alter, unerwünschter Automatismus aktiviert:

1. ....
....
2. ....
....
3. ....
....
4. ....
....
5. ....
....
6. ....
....
7. ....
....
8. ....
....
9. ....
....
10. ....
....

Arbeitsblatt

Meine C-Situationen zu B-Situationen machen: Die Analyse meiner C-Situationen

Welche **Gemeinsamkeiten** im (Vor-) Verlauf meiner C-Situationen erkenne ich?

Welche **Vorläufersignale** kann ich identifizieren (äußere, in meinem Umfeld; innere, in mir selber)?

Welche **Maßnahme** ist für mich geeignet, um das unerwünschte neuronale Netz zu hemmen?

Arbeitsblatt

Ausbildung und Adressen

Wenn Sie Lust bekommen haben, unsere Dolce-Vita-Methode anhand dieses Buches selbst auszuprobieren, können Sie die hier vorgestellten Arbeitsblätter gerne kostenlos downloaden auf der Website des Instituts für Selbstmanagement und Motivation **www.ismz.ch.**

Sollten unsere Helden Sie neugierig auf «Dolce Vita mit Diabetes» gemacht haben, sodass Sie am liebsten selbst an einem Dolce-Vita-Kurs teilnehmen und Ihr Leben mit dem Diabetes auf eine andere Art anpacken möchten, erhalten Sie weitere Informationen unter **www.giovanna-eilers.de.**

Ein Verfahren bekommt Leben eingehaucht, wenn es genau dort, wo *die* Menschen hinkommen, die Unterstützung brauchen, gelernt und praktiziert werden kann. Darum haben wir für diejenigen, die beruflich mit Menschen mit Diabetes zu tun haben, eine Ausbildung entwickelt, die es ihnen in kurzer Zeit erlaubt, selbst Dolce-Vita-Kurse geben zu können bzw. mit der Dolce-Vita-Methode Menschen einzeln unterstützen und beraten zu können.

Die Dolce-Vita-Train-the-Trainer Ausbildung richtet sich an alle Interessierten und beruflich im Bereich Diabetes Tätigen, egal ob DiabetesassistentIn oder DiabetesberaterIn, Mitglied eines Praxisteams, Arzt oder Ärztin, ErnährungsberaterIn, Psychologe/in, Bewegungsexperte uvm. Informationen zur Ausbildung finden Sie unter **www.giovanna-eilers.de** (unter ZRM-Kurse; Dolce-Vita-Seminare).

Allgemeine Informationen zum Zürcher Ressourcen Modell (ZRM®) finden Sie auf der Homepage **www.zrm.ch.** Auf dieser Homepage gibt es unter anderem ein kostenloses online-tool zur Entwicklung eines Basis-Motto-Ziels. Mit diesem Tool können Sie die vorgestellte Methode direkt online ausprobieren.

Die Autorinnen

Giovanna Eilers

Dr. med, Fachärztin für Innere Medizin,
Diabetologin DDG, ZRM®-Trainerin, Coach

- Arbeitsgebiete: Gesundheitsmanagement, Diabetes und Motivation, Stressmanagement, Burn-Out-Prävention, Persönlichkeitsentwicklung
- ZRM®-Seminare, Einzelcoaching, ZRM®-Vorträge

Berlin,Deutschland
www.giovanna-eilers.de

Maja Storch

Dr. phil., Dipl.-Psych., Psychoanalytikerin.
Inhaberin und wissenschaftliche Leiterin des Instituts für Selbstmanagement und Motivation Zürich ISMZ

- Arbeitsgebiete: Motivation, Persönlichkeitsentwicklung, Ressourcenaktivierung, Gesundheitspsychologie, Psycho-Edukation, Selbstmanagement
- ZRM®-Vorträge, Workshops und Seminare

Zürich, Schweiz
maja.storch@ismz.ch, www.ismz.ch, www.zrm.ch

Inserate